湖南工商大学学术专著出版资助

旅游产业发展的
社会福利效应研究

刘长生 王丽丽 著

中国财经出版传媒集团

经济科学出版社

Economic Science Press

图书在版编目（CIP）数据

旅游产业发展的社会福利效应研究/刘长生，王丽丽著．－－北京：经济科学出版社，2023.3
ISBN 978－7－5218－4593－8

Ⅰ. ①旅…　Ⅱ. ①刘…②王…　Ⅲ. ①旅游业发展－研究－中国　Ⅳ. ①F592.3

中国国家版本馆 CIP 数据核字（2023）第 040670 号

责任编辑：周国强
责任校对：王京宁
责任印制：张佳裕

旅游产业发展的社会福利效应研究

刘长生　王丽丽　著
经济科学出版社出版、发行　新华书店经销
社址：北京市海淀区阜成路甲 28 号　邮编：100142
总编部电话：010－88191217　发行部电话：010－88191522
网址：www.esp.com.cn
电子邮箱：esp@esp.com.cn
天猫网店：经济科学出版社旗舰店
网址：http://jjkxcbs.tmall.com
固安华明印业有限公司印装
710×1000　16 开　15.75 印张　230000 字
2023 年 3 月第 1 版　2023 年 3 月第 1 次印刷
ISBN 978－7－5218－4593－8　定价：98.00 元
（图书出现印装问题，本社负责调换。电话：010－88191581）
（版权所有　侵权必究　打击盗版　举报热线：010－88191661
QQ：2242791300　营销中心电话：010－88191537
电子邮箱：dbts@esp.com.cn）

前　言

　　旅游业作为综合性极强的现代产业，有着"一业兴百业旺"的带动作用，在调整经济结构、促进地区就业、拉动经济发展等方面起着重要作用，可通过发挥乘数效应带动相关产业发展，进而带动整个地区快速发展。旅游产业集经济功能、政治功能和社会功能于一体，且随着社会经济的发展，生产力的解放，人们可自由支配的收入和闲暇时间不断增加，生活水平得到很大程度提升，有目的有计划的旅游出行已成为高质量生活的重要组成部分。大众旅游时代的到来，旅游出行成为人们常态化的休闲消费模式，这一时期旅游产业呈现出供需两旺的特征，其产业属性也逐渐由经济功能向政治功能和社会功能过渡，旅游产业不仅是地区经济发展的推动力，更是满足人们日益增长的美好生活需要的重要途径，是缩小地区间差距、助力区域协调发展走向共同富裕、最终实现民族团结与国家稳定的重要举措。但旅游产业的蓬勃发展在带来一系列正向效应的同时，不可避免会对旅游目的地产生一定负面影响，如破坏旅游目的地的生态环境、堵塞交通、哄抬物价、产业结构失衡等。因此，多角度多方面探究旅游产业发展的社会福利效应显得尤为迫切和重要。

旅游产业发展不能仅仅注重其经济影响，而应结合其产生的社会文化、生态环境效应进行综合权衡，应追求旅游经济、生态、社会环境的协调可持续发展。正是基于此，本书探索性地对旅游产业发展的社会福利效应作出了系统的科学阐述，对此提出了新的学术观点并开展了充分论述。本书主要内容如下：第一部分，通过查阅文献及相关统计资料，对已有研究成果及中国旅游产业发展的基本概况和区域差异做了详尽介绍；第二部分，基于中国旅游产业发展的典型特征，采用理论分析与实证研究相结合的方法开展研究工作，在厘清旅游产业社会福利效应产生机理的基础上，对其影响因素、动态路径进行理论与规范分析；第三部分，引入计量分析模型，进一步就旅游产业的总体经济福利效应、消费福利效应、公共福利效应、价格效应、生态环境效应、收入分配效应、旅游城镇效应等方面分别开展了实证探究，多方面多角度分析旅游产业发展对社会福利所产生的系统性影响。本书紧密结合我国旅游产业发展的现实需要，以期为中国旅游产业的持续健康发展提供科学依据和理论指导，为促进我国旅游基础理论的不断完善，尽我们的一份微薄之力，努力作出我们应有的贡献。

本人长期以来一直从事旅游发展、社会福利、旅游就业、产业发展等领域的学术研究与实践应用，在长期旅游教学、科研与社会实践中，取得了较为丰富的研究成果，并获得了国家社科基金项目"旅游产业发展的社会福利效应研究"的资助，在此深表感谢！旅游产业发展对社会、经济、文化、生态环境等方面的系列研究成果具有十分重要的理论与实践指导意义，本人对相关研究成果进行了多次打磨、修改、完善后，撰写了本书。在撰写期间，许多专家学者先后就本书的结构体系、学术观点都提出了极为宝贵且具有独特见解与建议；国家社科基金课题组成员为相关领域研究付出了艰辛努力；王丽丽、白银等人在相关领域进行了相应的实证调查，数据收集、研究分析与文献综述；本书的成功出版还得益于湖南工商大学的资助。在此，对他们的辛勤付出表示由衷的感谢！

由于本书涉及内容广，工作难度较大，加之我们学术水平有限，本书还存在诸多不足之处，有待完善，我们期望得到读者的指正和宝贵意见。

刘长生

2023 年 2 月 20 日于长沙

目　　录

| 第一章 |

绪　论

第一节　研究背景

改革开放 40 多年来，中国宏观经济平稳快速发展，经济总量由 1978 年的 0.36 万亿元增长到 2019 年的 98.65 万亿元。[1][2] 随着中国社会、经济、文化快速发展，中国旅游产业也得到快速发展并跻身于世界旅游大国行列，旅游外汇收入从 1978 年的 2.63 亿美元猛增到 2019 年的 1312.54 亿美元，成为全球第二大入境旅游

---

① 国家统计局. 中国统计年鉴：1978 ［M］. 北京：中国统计出版社，1979.
② 国家统计局. 中国统计年鉴：2019 ［M］. 北京：中国统计出版社，2020.

接待国。[1][2] 2019 年全国旅游总收入 6.63 万亿元，国内旅游人次达 60.06 亿人次，入境旅游人次 1.45 亿人次，出境旅游总人次达 1.55 亿人次；2020 年，新冠肺炎疫情对中国旅游业产生巨大冲击，国内旅游总收入降至 2.23 万亿元，国内旅游人次下降至 28.79 亿人次[3]；但在 2021 年，中国旅游产业又得到一定程度复苏，国内旅游人次和国内旅游收入分别为 32.46 亿人次、2.92 万亿元，分别恢复至 2019 年的 54.0%、51.0%。[4] 良好的经济环境与旅游产业发展态势大大提高了我国旅游目的地社会福利水平。《中国旅游业"十三五"发展规划纲要》明确提出"旅游业具有内生创新引领性、协调带动性、环境友好性、开放互动性、共建共享性，与五大发展理念高度契合，贯彻落实五大发展理念将进一步激发旅游业发展动力和活力，促进旅游业成为新常态下的优势产业"。《中国旅游业"十四五"发展规划纲要》进一步明确提出"以推动旅游业高质量发展为主题，以深化旅游业供给侧结构性改革为主线，注重需求侧管理，以改革创新为根本动力，以满足人民日益增长的美好生活需要为根本目的，坚持系统观念，统筹发展和安全、统筹保护和利用，立足构建新发展格局。"这充分显示，旅游产业发展不仅要关注其经济效应，更要关注其生态、文化、社会效应，关注其是否能长期持续地为旅游目的地谋福利。因此，旅游产业发展的社会福利效应研究具有十分重要的理论与现实意义。

理论上，首先，基于中国旅游产业发展的典型特征，深入而系统地研究旅游产业发展社会福利效应产生的内在机理、影响因素，进而构建旅游产业发展的社会福利效应综合评价体系，丰富旅游产业社会福利效应研究成果；

---

[1]　中华人民共和国文化和旅游部. 中国旅游统计年鉴：1978［M］. 北京：中国旅游出版社，1979.

[2][3]　中华人民共和国文化和旅游部. 中国文化文物和旅游统计年鉴：2021［M］. 北京：中国旅游出版社，2022.

[4]　中华人民共和国文化和旅游部. 旅游抽样调查资料：2021［M］. 北京：中国旅游出版社，2022.

其次，从经济、社会、文化、生态环境等多视角提出中国旅游产业社会福利效应的提升对策，可以进一步丰富和发展现有相关理论，为实现我国提出的由"旅游大国"到"旅游强国"跨越目标提供理论参考。

实践上，一方面，"十三五"时期我国以全面科学发展为主题，以加快转变经济发展方式为主线，更加注重扩大内需特别是消费需求，更加注重改善民生，更加注重生态环境保护。另一方面，旅游业作为扩大消费需求的重要领域，作为老百姓日常生活的重要组成部分，作为资源节约、环境友好型产业，进一步凸显其自身优势。故综上所述，从社会福利效应视角，深入探究旅游产业发展战略与对策，对于中国加快转变经济发展方式，实现经济高质量增长具有重要指导意义。

第二节　研究综述

一、国外相关研究综述

旅游产业发展的最终目标要看其在多大程度上提升旅游目的地社会福利水平。因此，旅游产业发展社会福利效应问题成为国内外相关学者研究重点。国外关于旅游产业发展社会福利效应研究的观点可分为积极产出效应（GDP effect）和消极外部效应（externality effect）两大派，并提出相应社会福利效应评价体系。

（一）积极产出效应

旅游收入、GDP 增加→就业、消费→社会福利积极影响。持这种观点的学者普遍认为旅游产业发展会增加旅游目的地的收入水平，提高其经济增长率，为旅游目的地提供更多的就业机会，进而提升其消费水平，最终对旅游目的地社会福利水平产生积极影响。如杜巴利（Durbarry，2004）认为旅游业发展创造了就业机会，促进了居民收入增长，刺激了消费需求，从而提升了旅游目的地居民生活水平。克鲁斯（Croes，2006）指出发展入境旅游是外汇收入的主要来源之一，这为促进国内消费与经济增长作出了重要贡献。梅尔（Mayer，2010）基于面对面的游客调查，测量了德国6个国家公园，认为旅游产业发展对工农业、服务业产生较大的"直接效应"与"诱导效应"，推动相关产业发展与就业，提升了社会经济发展水平。阿斯兰图尔克（Arslanturk，2012）认为旅游产业发展对固定资产与基础设施投资起到重要推动作用，可以带动就业与关联产业的发展，从而推动社会经济发展水平提升。斯特凡（Stefan，2011）提出入境旅游对地区社会经济发展存在显著的"短期"与"长期"效应。维托塔斯（Vytautas，2014）基于人均GDP、人均月收入、FDI、政府支出、政府收入等分类指标，分析了旅游产业发展对地区宏观经济运行所产生的积极影响。曼纽尔（Manuel，2016）基于人力资本积累视角，实证分析了旅游产业发展对地区社会经济所带来的积极效应。塞利米（Selimi，2017）运用面板回归计量技术，实证分析了旅游产业发展对西巴尔干国家经济增长的影响，估计结果表明旅游业产业对西巴尔干国家的经济增长具有积极和显著的影响。乔治（George，2018）从投资拉动、就业带动等角度出发，探究分析了旅游产业对其他产业所产生的正向带动能力。桑塔玛利亚（Santamaria，2019）从收益率曲线着手，实证探讨了旅游需求对旅游目的地经济增长的积极促进作用。柯林（Colin，2019）通过实证分析，证明发展旅游产业能够显著带动旅游目的地实际GDP的增长。博佐（Bozo，2020）通过实证研究也提出发展旅游产业是推动世界经济发展的重要动力之一。

（二）消极外部效应

旅游收入增加但社会、生态、经济负外部效应更为凸显→社会福利负面影响。这种观点认为旅游产业发展虽然为旅游目的地增加了可观的旅游收入与就业机会，带动了消费能力的快速增长，大大促进了其社会福利水平提升，但是，旅游产业发展所带来的生态环境恶化、社会文化异化、产业经济结构畸形发展、收入分配悬殊等负外部效应也相伴而生，从而给旅游目的地居民的社会福利水平带来显著的负面影响。如纳兹米亚（Nazmiye，2006）认为旅游业发展对赌博、吸毒、卖淫等犯罪活动的负面影响大大抵消旅游总收入增加对社会发展的正面影响。达韦德（Davide，2009）认为旅游业发展对生态环境、能源消耗、交通运输等产生负面影响，影响社会幸福指数。戴安娜（Dianne，2010）认为旅游产业发展对私人投资主体存在积极影响，但同时对社会公众利益会产生显著负面影响。李（Li，2011）认为旅游业发展会对当地物价水平、收入分配、生活成本、产业替代等方面产生负面影响。尼达姆（Needham，2011）认为由于旅游产业发展存在较为严重的"漏出效应"，从而在一定程度上抵消了旅游收入增长对旅游目的地社会福利所产生的积极影响。布朗（Brown，2015）以美国到阿鲁巴岛的旅游流为例，分析当地居民对旅游产业发展所带来的社会犯罪、风险感知效应。卢（Lu，2018）提出过度依赖旅游产业的地区会产生"旅游资源诅咒"现象，即旅游产业对地区其他产业产生"挤出效应"进而阻碍区域经济增长。古普特（Gupta，2018）认为旅游产业虽能提高欠发达地区资本存量及国民收入，但同时也破坏了旅游目的地的生态环境。卡拉斯卡尔（Carrascal，2015）以西班牙加利福尼亚为例开展实证研究，提出发展旅游业会加剧区域的经济失衡，扩大贫富差距。阿拉姆（Alam，2016）则以收入不平等表征经济不平衡，认为旅游产业与地区经济二者间是非线性关系，存在先加剧而后缓解的发展规律。不少学者以不同区域作为研究对象，着重探究了旅游产业与区域经济不平衡二者间关系，并形成了不同观点。如史（Shi，2020）、可汗（Khan，2020）、武科娅（Vukoja，2020）等学者相继以发展中国家为例，实证探究了旅游产业、经济增长、能源消耗及环境之间的关系，提出旅游产业发展过程中应注重追求可持续发展。庄德科达特（Villanthenkodath，2022）提出旅游发展和结构变化有助于旅游目的地的社会经济进步；然而，旅游产业发展和结构变化对地区环境质量的影响还有待详细探讨，并基于 ARDL 的长期结果实证研究证明旅游产业发展的确恶化了旅游目的地的环境质量。

（三）旅游产业发展社会福利效应的评价方法研究

由于影响社会福利效应的内在因素较多，在度量社会福利效应大小时存在较大的难度，从而在实践操作中 GDP、收入等相关经济指标自然而然就成为度量社会福利的替代指标，因此，对于旅游产业发展社会福利的评价也是在经济指标的基础上发展起来的。国外对旅游产业社会福利效应评价研究的文献首先也大多是利用旅游产业的经济指标直接评价其福利效应。例如，杜巴利（Durbarry，2004）利用旅游总收入、就业、外汇、投资等指标来测度旅游产业发展对地区经济发展的贡献程度。其次，随着旅游产业快速发展，社会生态环境在旅游产业发展中日益凸显其重要地位，对旅游目的地居民与旅游者的旅游效用水平产生了更为重要的影响，因此，相关文献在导入环境资源价值的基础上，利用旅游环境资源价值评估等方法来评价旅游产业发展的社会福利效应。例如，赵（Chao，2006）利用旅游环境资源价值评估方法分析与评价旅游产业发展对社会福利所带来的负面影响；刘（Liu，2007）通过定量分析方法证明旅游地国际旅游收入每增加 1%，地区 GDP 会随之增加 0.012%。最后是一般均衡模型评价方法。不少学者提出，评价旅游产业发展的社会福利影响不仅要关注旅游产业的直接影响，还要关注其"间接关联效应"，旅游产业发展不仅对该行业的就业、消费、收入分配等产生显著影响，还带动了工业、农业、服务业等相关行业的快速发展，从而进一步带动社会福利水平的提升，正基于此，相关学者利用一般均衡模型来评估旅游产业发展的社会福利效应。例如，拉里（Larry，2004）基于一般均衡模型，利用投入产出分析方法，即 I-O 分析法，研究了旅游产业发展的直接与间接带动能力及其对社会福利所产生的积极与负面影响；生（Sheng，2009）、马里奥（Mario，2011）利用递归的一般均衡模型，评价与分析了旅游产业发展对社会福利的积极产出效应；库马（Kumar，2014）全面比较了旅游产业发展的经济影响评价，乘数分析、投入－产出分析、可计算一般均衡（CGE）分析、货币生成模型（MGM）分析等方法在性质、结构、结果驱动、数据需求和复杂性等方面所存在的差异性和相似性；沙提（Shiaty，2016）利用生态足迹方法，以埃及为例展开实证研究，对其发展生态旅游过程中所产生的经济效应、生态效应、能源消耗、环境质量等方面进行了相应定性与定量评价。

二、国内相关研究综述

随着中国旅游产业的快速发展，旅游产业在社会、经济、文化、生态环境方面的综合影响也日益受国内学者的关注，国内也有很多学者从正、反两方面分析旅游产业发展的社会福利效应。

（一）评价旅游业发展积极效应

旅游产业发展对社会福利积极效应的相关研究主要集中于经济领域，例如：申葆嘉（2003）通过理论与实析认为旅游产业开发对社会经济发展存在较大的直接与间接贡献；李江帆（2003）运用旅游消费剥离系数估算了全国19个省市的旅游增加值；张凌云（2010）利用社会实验方法测算旅游业对国民经济的影响；李军等（2011）认为旅游业与三次产业各部门存在较大关联性与带动作用；邹统钎（2011）分析了京津冀地区城市旅游经济的辐射能力。其次，从生态环境优化、文化产品挖掘等角度分析旅游产业发展的积极社会福利效应。例如：齐子鹏（2003）从区域旅游开发中生态环境质量优化与公共福利提升的内在影响关系角度分析旅游产业发展的积极社会福利效应。

庞闻等（2011）从旅游经济发展与生态环境耦合的角度分析旅游产业发展的积极影响。另外，是关于旅游产业发展对民生福祉的综合影响研究，例如：范业正（2010）从旅游富民与生活福利的内在影响关系角度分析旅游产业快速对民生福祉的积极影响；汪宇明（2010）认为旅游产业发展在提高民生福利方面产生了重要积极影响；麻学锋等（2011）基于张家界市20多年来旅游产业发展的实践，分析了旅游产业发展对当地居民社会福利的综合影响；孙琼（2015）以北京南锣鼓巷居民为例，对旅游产业发展的社会经济影响及其居民感知进行总体、分类评价；姜佳（2017）采用模型预测和类比分析等方法预测、分析和评价海岛旅游开发活动所带来的积极生态影响；袁智慧（2018）以海南省为例，从时空两个维度分别探究旅游业对经济增长的拉动效应；张淑文（2020）实证探究旅游产业集聚对旅游经济增长的空间溢出效应，并提出旅游产业集聚对本地区旅游经济增长有正向溢出效应，对周边地区则相反；毛军（2021）构建杜宾模型，以31个省份为例对旅游减贫的空间溢出效应开展分析，实证结果表明旅游减贫具有显著正向溢出效应；唐健雄（2022）在厘清旅游发展对地区生态文明空间溢出效应的作用机理上，从全国及东、中、西地区不同尺度开展实证研究。

（二）侧重于旅游产业发展消极社会福利效应的研究

国内学者关于旅游产业发展消极社会福利效应的研究也是从旅游产业发展所导致的旅游目的地产业结构变异、收入分配异化、生态与社会环境恶化、能源消耗增加与资源破坏等方面展开。例如：左冰等（2007）认为旅游业发展对旅游目的地的收入分配差距扩大存在显著的负面影响；陈田等（2008）认为旅游发展对旅游目的地的土壤生态环境产生了显著的负面影响；石培华等（2011）认为旅游业发展增加了能源消耗、二氧化碳排放，从而对旅游目的地的生态环境产生显著负面影响，对旅游目的地居民的社会生活产生了不利影响；熊元斌（2011）认为旅游资源的"公地悲剧"问题容易导致旅游发展中出现经济下滑、资源破坏、环境恶化等问题，从而影响当地居民的生活质量；杨懿等（2015）对旅游地"荷兰病"效应所带来的旅游产业异常繁荣而其他产业发展相对滞后及其所产生的负面影响进行了全面的评价；唐晓云（2015）通过构建结构方程模型，对古村落旅游社会文化的消极影响及其居民感知进行实证研究；查建平（2018）认为旅游发展会借助旅游乘数效应间接加剧区域经济失衡；邓涛涛（2019）提出发展旅游产业引致的"资源诅咒"现象日益凸显，地区产业不协调现象越发加重，并且在旅游产业发展过程中伴随着较弱的产业协同与"荷兰病"效应；刘长生（2020）通过对中国60个优秀旅游城市开展实证分析，认为旅游产业对旅游目的地的一、二、三产业均存在显著产业协同与"荷兰病"效应；胡美娟（2020）提出旅游产业所带来的生态福利效应在逐年下降，旅游目的地存在资源节约程度下降、环境压力激增等问题；李竹（2022）以长江经济带为对象开展实证研究，提出旅游产业依赖度与地区经济增长二者间关系呈"N"形曲线分布，当地区对旅游产业的依赖程度处于6.24%～13.44%区间段时，该地区存在"旅游资源诅咒"现象。

三、研究评述

综观国内外相关研究可知，针对旅游产业福利效应研究，基本上是沿着两大不同主线在进行：积极影响与消极影响。已有研究所得出的结论既相互统一又相互矛盾，统一之处在于二者均赞同旅游产业发展的短期积极福利效应存在，矛盾之处在于长期福利效应的存在与否及旅游产业发展社会福利效应产生的内在机理，这些研究成果为本研究的纵深发展奠定了坚实的基础。综观这种矛盾的产生根源可知，已有的相关研究存在如下几个方面还有待深入：第一，旅游产业发展社会福利效应产生的内在机理分析不够深入。社会福利是一个内涵深邃、外延宽广的范畴，旅游产业发展的福利效应研究不能仅仅专注于经济影响视角,还应从社会、经济、环境、文化等多视角去挖掘其产生的内在机理。第二,旅游产业发展社会福利效应评价指标体系应以社会福利函数为基础,综合分析旅游产业发展的短期、长期影响及其内在、外部性影响。第三,国外对旅游产业发展的社会福利效应的实证评价方法研究较为成熟,而国内对这方面的研究大多数仅仅停留在经济效应层面上,针对社会、文化、生态层面的相关研究相对较少。第四,我国旅游产业发展仍然处于粗放型发展向集约型发展转变的轨道上,对提升中国旅游产业发展的社会福利效应的发展战略与重点拓展领域、体制机制创新、发展模式创新等方面缺乏系统研究。

第三节 研 究 框 架

从国内外学者相关研究成果可知,旅游产业发展不能仅注重其经济影响,而应结合其产生的社会文化、生态环境效应进行综合权衡,应追求旅游经济、生态、社会环境的协调可持续发展。基于此,本书在综述已有研究成果的基础上提出旅游产业发展社会福利效应研究的基本框架构想,为该主题的研究提出基本思路。

一、旅游产业发展社会福利效应产生的内在机理研究

旅游产业发展社会福利效应的产生受到多方面因素的影响,不能单纯地由某一方面分析其产生的内在机理。旅游产业发展所带来的经济影响、社会效益及其生态环境的外部性影响都会对其社会福利产生积极与负面影响,因此,对于旅游产业发展社会福利效应的研究首先必须对其内在产生机理进行深入分析。本研究基于中国旅游产业发展的典型特征,提出如下旅游产业发

展社会福利效应内在机理的路径依赖（见图1-1）：一方面，旅游产业发展带动旅游资源的合理、有效利用，旅游产业投资的高效运转，创造大量新的就业机会，启动巨大的旅游消费需求，带动工、农业及其相关服务业发展，为旅游目的地创造了巨额的旅游总收入，推动其社会经济的快速发展，从而通过收入效应进入其社会福利函数，对社会福利产生显著的积极影响；另一方面，旅游业发展带来生态环境破坏、交通拥挤、物价高涨、产业替代、收入分配异化、价格效应、旅游收入的"漏出效应"等社会、经济、文化方面的负外部效应，对旅游目的地的社会居民及其游客的社会福利产生显著的负面影响。

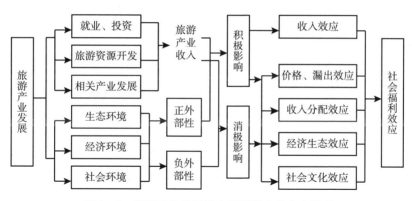

图1-1 旅游产业发展社会福利效应的内在机理

二、旅游产业发展社会福利效应的 CGE 模型构建

旅游产业发展社会福利效应的理论评价模型构建应以社会福利函数、一般均衡的宏观经济学模型为基础，构建可计算的一般均衡（CGE）模型，该模型应综合考虑旅游产业发展过程当中对社会经济、社会文化与生态影响、静态与动态影响、短期与长期影响，全面权衡旅游产业发展中相关变量的系统性变动与社会福利的内生性均衡，并从理论上推导了旅游产业发展社会福

利效应与相关变量间的内在影响关系。具体来说，主要从如下三个方面进行理论构建与数理推导：首先，将旅游产业发展的收入效应、价格效应、漏出效应、收入分配效应及生态与社会环境效应等引入社会福利函数与递归的宏观经济学模型之中，构建旅游产业发展社会福利效应的理论框架；其次，以图解方式剖析旅游产业发展社会福利效应的变化路径（积极与消极影响）、变化强度；最后，以理论推导方式演绎旅游产业发展社会福利效应的影响因素、内在机理，并以数字模拟方式估算 CGE 模型参数。

三、旅游产业发展社会福效应评价的实证分析

在构建好旅游产业发展的社会福利效应的 CGE 模型之后，可以利用我国不同省份、不同旅游目的地的实证数据资料，对旅游目的地旅游产业发展的社会福利效应进行实证测算。这个方面的研究重点主要在于做好如下三个方面工作：一是针对旅游产业发展社会福利效应的综合评价，这主要是从旅游目的地角度，利用一般均衡理论、递归的宏观经济学理论与实证计量经济学方法，从整体上来分析旅游目的地旅游产业发展水平与社会福利水平之间的内在影响关系；二是针对旅游产业发展的收入效应、价格效应、漏出效应、收入分配效应及生态与社会环境效应等对社会福利影响的相关实证研究；三是甄别旅游目的地旅游产业发展的社会福利效应的主要影响因素及其相关政策模拟。

四、提升旅游产业发展社会福利效应的对策研究

基于理论与实证结论及其现状分析，从中国不同旅游目的地旅游产业发展战略与重点拓展领域、能源消耗、价格引导、体制机制创新、发展模式创新、旅游收入分配机制、人才支撑体系、旅游目的地社会、文化、生态环境管理创新等方面提出提升旅游产业发展社会福利效应的对策。这其中蕴含了

诸多学术研究主题，如旅游产业发展虽为旅游目的地带来了较为丰富的旅游收入，但旅游目的地居民仅从旅游产业发展中获得微薄劳动性收入与资源补偿性收入，大部分旅游收入却被旅游产业投资者或相关管理部门所获得，或者转化为"输入性产品性"的旅游收入使得旅游产业发展中存在较为严重的收入"漏出效应"，造成旅游目的地收入分配异化现象，对旅游目的地社会福利带来一定负面影响。因此，构建完善的旅游目的地收入分配机制，以提升其社会福利水平将成为一个重要的研究主题。

第四节　研 究 方 法

本研究采用理论与实证研究相结合的方法。第一，理论与规范分析。对旅游产业发展社会福利效应内在机理的基本框架、积极与负面影响、影响因素及其动态路径进行理论与规范分析。第二，综合指标评价法。从经济、社会、文化、生态环境等方面创建相应的多元评价指标体系，基于一般均衡理论，构建 CGE 模型，通过不同分析指标对旅游产业发展的福利效应进行定量分析。第三，比较研究方法。以中国不同省份旅游产业发展为例进行比较研究，比较其旅游产业福利效应存在的时空差异性。第四，计量分析。建立计量模型分析各相关主体在旅游产业发展过程中的生产与消费行为及其对旅游产业社会福利效应的影响，利用空间计量方法实证分析旅游产业发展社会福利效应的影响因素及其动态变化路径。

第五节　主要创新之处

第一，剖析旅游产业社会福利效应产生机理，丰富旅游学基础理论。基于社会福利效应的视角，深入探讨旅游产业发展的民生福祉功能、影响及其内在机理，这在旅游学研究上具有一定的创新性。

第二，构建旅游产业社会福利效应的 CGE 模型。结合中国旅游产业发展的典型特征，构建 CGE 模型，从社会、经济、文化、生态环境等方面分析旅游产业发展对社会福利的系统性影响，这相较于旅游总收入、旅游人次、旅游产业增加值等经济指标而言，更为科学全面。

第三，研究方法运用创新。从社会、经济、文化、生态环境等方面创建评价指标体系，利用递归的宏观经济学理论来分析旅游目的地旅游产业社会福利效应的内在产生机理，并进一步利用空间计量方法，来实证分析旅游产业社会福利效应的影响因素及其动态变化路径。

第六节 主 要 观 点

第一，旅游产业发展是社会福利提升的重要推动器。随着中国社会经济发展水平的不断提升，旅游产业发展速度迅猛，旅游产业规模日益扩大，旅游产业成为我国国民经济的战略性支柱产业，而且，旅游产业具有资源消耗低、带动系数大、就业机会多、综合效益好等显著特点，它在扩大消费、文化繁荣、惠及民生等方面作用显著。对于以前的贫困地区，旅游产业发展会起到"扶贫富民"的作用，推动当地社会福利水平提高，对于发达地区，旅游产业发展更会起到"锦上添花"效果，在推动经济发展、美化生态环境、促进社会文化进步、优化经济结构等方面都会产生巨大作用，从而有力地提升其社会福利水平。

第二，旅游产业发展规模与其社会福利效应不相协调。尽管伴随着我国社会经济快速发展，旅游产业总体规模巨大，旅游总收入快速增长，但由于其粗放型发展模式而导致的负外部性日益凸显，使旅游目的地一定程度上产生了生态环境恶化、交通拥挤、物价高涨、收入分配与产业结构畸形等现象，对其社会福利带来较为严重负面影响，使得其旅游产业发展的社会福利效应提升速度明显小于其旅游产业发展规模的增长速度。

第三，旅游产业发展的社会福利效应存在显著的时空差异性。中国不同地区、不同时期的经济发展水平、生态环境保护意识、旅游产业发展模式、发展战略、管理体制等均存在显著差异，因此，不同地区发展旅游产业对该地区社会福利所产生的影响也大不相同，存在显著差异性特征。

第四，通过制度与管理创新促进旅游产业粗放型发展模式转变，提升社会福利效应。中国旅游产业发展普遍存在重开发、轻保护；重规模、轻品质；重硬件、轻软件等问题，这虽然使旅游总收入在短期内实现"暴发式"增长，但同时也引致了消极福利效应。故应不断创新旅游产业财税、投融资、行业制度、土地制度，以期通过能源、价格、收入分配、文化、生态环境管理等方面的创新来推进旅游产业发展模式实现优化升级。

| 第二章 |
中国旅游产业发展的基本概况

随着中国社会经济的快速发展，我国旅游产业也取得了快速发展，旅游业已逐渐成为我国经济的战略性支柱产业，并且将继续作为国家重点发展的产业之一。2019 年全国旅游总收入 6.6 万亿元，同比增长 11%，国内旅游人次达 60.1 亿人次，国内旅游收入 5.7 万亿元，分别比上年增长 8.4% 和 11.7%；入境旅游人数 1.5 亿人次，实现国际旅游收入 1313 亿美元，分别比上年增长 2.9% 和 3.3%；中国公民出境旅游人数达到 1.4 亿人次。[①] 2019 年全国旅游业对 GDP 的综合贡献为 10.9 万亿元，占 GDP 总量的 11.1%。旅游直接就业 2825 万人，旅游直接和间接就业 7987 万

[①] 中华人民共和国文化和旅游部. 中国文化文物和旅游统计年鉴：2020 ［M］. 北京：中国旅游出版社，2021.

人，占全国就业总人口的 10.3%。① 发展至 2020 年，受新冠肺炎疫情影响，我国旅游人次及旅游收入均出现大幅度下降，该年国内旅游人次为 28.8 亿人次，国内旅游收入 2.2 万亿元，分别较上年下降 52.1% 和 61.1%。① 在 2021 年，旅游业出现一定程度复苏，国内旅游人次达 32.5 亿人次，同比增长 12.8%，国内旅游收入 2.9 万亿元，同比增长 31.0%。② 本研究从国内旅游、入境旅游的时期变化、空间结构、组成结构体系等方面分析中国旅游产业发展的基本状况。

第一节　中国国内旅游发展状况

改革开放以来，中国国内旅游业持续增长，在国内生产总值和第三产业增加值中占比稳步增加，对国民经济增长作出了积极贡献。

一、国内旅游总收入

1995～2019 年，中国国内旅游总收入（旅游总花费）从 0.14 万亿元增加到 5.73 万亿元，增长了近 33 倍。其中：城镇居民旅游总花费从 0.11 万亿元增加到 4.75 万亿元，增长近 43.2 倍；而农村居民旅游总花费从 0.03 万亿元增加到 0.97 万亿元，增长约 31 倍。2020 年，中国国内旅游总花费下降至 2.23 万亿元，下降约 53.1%，其中：城镇居民旅游总花费为 1.80 万亿元，农村居民旅游总花费为 0.43 万亿元，分别下降了 62.2% 和 55.7%。2021 年，

① 中华人民共和国文化和旅游部.2019 年旅游市场基本情况［EB/OL］.https://www.mct.gov.cn/whzx/whyw/202003/t20200310_851786.htm，2020－03－10.
② 中华人民共和国文化和旅游部.旅游抽样调查资料：2021［M］.北京：中国旅游出版社，2022.

中国国内旅游总花费达到 2.92 万亿元，上涨了约 34.5%。其中：城镇居民旅游总花费达 2.36 万亿元，同比增长了约 31.6%；而农村居民旅游总花费达 0.55 万亿元，同比增长约 28.4%。1995～2019 年，全国国内旅游出游人均花费从 218.7 元增加到 953.3 元，增长约 4.36 倍。其中：城镇居民人均旅游花费从 463.5 元增加到 1062.6 元，增长约 2.3 倍；农村居民人均旅游花费从 61.5 元增加到 634.6 元，增长约 10.3 倍。2020 年，全国国内旅游出游人均花费为 774.1 元，比上年同期下降 18.8%。其中：城镇居民人均出游花费为 870.3 元，农村居民人均每次出游花费为 530.5 元，分别下降了 18.1% 和 16.4%。2021 年全国国内旅游出游人均花费达 899.3 元，同比增长 16.2%，恢复至 2019 年的 94.3%。其中：城镇居民人均旅游花费达 1009.6 元，农村居民人均每次旅游消费达 613.6 元，分别同比增长 16.0% 和 15.7%。具体见表 2－1。

表 2－1　　　　　　　　　　1995～2021 年我国国内旅游情况

年份	旅游总收入（花费）（亿元）			旅游总人次（百万人次）			人均旅游花费（元）		
	全国	城镇居民	农村居民	全国	城镇居民	农村居民	全国	城镇居民	农村居民
1995	1375.7	1140.1	235.6	629.0	246.0	383.0	218.7	463.5	61.5
1996	1638.4	1368.4	270.0	640.0	256.0	384.0	256.0	534.5	70.3
1997	2112.7	1551.8	560.9	644.0	259.0	385.0	328.1	599.2	145.7
1998	2391.2	1515.1	876.1	695.0	250.0	445.0	344.1	606.0	196.9
1999	2831.9	1748.9	1083.7	719.0	284.0	435.0	393.9	615.6	249.1
2000	3175.5	2235.3	940.3	744.0	329.0	415.0	426.8	679.4	226.6
2001	3522.4	2651.7	870.7	784.0	375.0	409.0	449.3	707.1	212.9
2002	3878.4	2848.1	1030.3	878.0	385.0	493.0	441.7	739.8	209.0
2003	3442.3	2404.1	1038.2	870.0	351.0	519.0	395.7	684.9	200.0
2004	4710.7	3359.0	1351.7	1102.0	459.0	643.0	427.5	731.8	210.2
2005	5285.9	3656.1	1629.7	1212.0	496.0	716.0	436.1	737.1	227.6

续表

年份	旅游总收入（花费）（亿元）			旅游总人次（百万人次）			人均旅游花费（元）		
	全国	城镇居民	农村居民	全国	城镇居民	农村居民	全国	城镇居民	农村居民
2006	6229.7	4414.7	1815.0	1394.0	576.0	818.0	446.9	766.4	221.9
2007	7770.6	5550.4	2220.2	1610.0	612.0	998.0	482.6	906.9	222.5
2008	8749.3	5971.7	2777.6	1712.0	703.0	1009.0	511.1	849.5	275.3
2009	10183.7	7233.8	2949.9	1902.0	903.0	999.0	535.4	801.1	295.3
2010	12579.8	9403.8	3176.0	2103.0	1065.0	1038.0	598.2	883.0	306.0
2011	19305.4	14808.6	4496.8	2641.0	1687.0	954.0	731.0	877.8	471.4
2012	22706.2	17678.0	5028.2	2957.0	1933.0	1024.0	767.9	914.5	491.0
2013	26276.1	20692.6	5583.5	3262.0	2186.0	1076.0	805.5	946.6	518.9
2014	30311.9	24219.8	6092.1	3611.0	2483.0	1128.0	839.4	975.4	540.1
2015	34195.1	27610.9	6584.2	4000.0	2802.0	1198.0	854.9	985.4	549.6
2016	39390.0	32280.5	7109.5	4440.1	3200.0	1240.1	887.1	1008.8	573.3
2017	45701.1	37698.8	8002.3	5001.2	3677.2	1324.0	913.8	1025.2	604.4
2018	51300.0	42600.0	8700.0	5539.0	4119.0	1420.0	925.8	1034.0	612.7
2019	57300.0	47500.0	9700.0	6006.0	4471.0	1535.0	953.9	1062.6	634.6
2020	22300.0	18000.0	4300.0	2879.0	2065.0	814.0	774.1	870.3	530.5
2021	29200.0	23600.0	5500.0	3246.0	2342.0	904.0	899.3	1009.6	613.6

资料来源：中华人民共和国国家旅游局.中国旅游统计年鉴：1995［M］.北京：中国旅游出版社，1996；中华人民共和国文化和旅游部.中国文化文物和旅游统计年鉴：2021［M］.北京：中国旅游出版社，2022。

二、旅游总人次

1995～2019年，国内旅游总人次从6.3亿人次增加到60.1亿人次，增长了近10倍。其中：城镇居民旅游总人次从2.5亿人次增加到44.7亿人次，增长约17.8倍；农村居民旅游总人次从3.8亿人次增加到15.4亿人次，增长了约4.4倍。2020年，国内旅游总人数为28.8亿人次，下降了52.1%。其中：城镇居民当年出游人次为20.7亿人次，下降了53.8%；农村居民当年出游人次为 8.1 亿人次，下降了 47.0%。2021 年，当年旅游总人次增长至 32.5 亿人次，同比增长约 12.8%，恢复至 2019 年的 54.0%。其中：城镇居民出游人次为 23.4 亿人次，农村居民出游人次为 9.1 亿人次，分别同比增长 13.4% 和 11.1%。

三、国内旅游消费结构

根据中国旅游研究院发布《中国国内旅游发展年度报告 2019》显示，2019 年中国旅游消费结构的主要特征体现在探亲访友和观光游览成为社会居民旅游的主要动机。具体而言，2019 年，我国城镇社会居民旅游动机首先以探亲访友为主，占总量比重达到 30%；最后，是观光游览占总量比重达到 28.8%；最后，是度假休闲，占总量比重达到 23.8%；出差商务占总量的比重达到 13.3%；而文体、娱乐、健身和养生保健疗养及其他旅游目的的游客，比例都低于 5%，其比重分别为 1.9%、1%、1.1%。农村社会居民旅游动机也具有城镇居民旅游动机相似特点，首先，探亲访友同样是最为重要的旅游动机，占总量比重达到 37%；其次是观光游览，占总量比重达到 23.9%；最后是出差商务，占总量比重达到 16.3%；度假休闲占总量比重为 13.3%，其他旅游目的占总量比重为 6.1%，而文体、娱乐、健身和养生保健疗养的游客，比例都低于 5%，其比重分别为 1.4%、1.9%。具体内容如图 2-1 所示。

由图 2-2 可知，从旅游"六大要素"内在消费结构来看，交通、餐饮、购物是我国国内旅游消费的主体。在 2019 年，我国城镇社会居民的人均旅游消费达到 1062.6 元。首先，从城镇居民散客旅游的消费构成情况来看，其中，旅游交通费所占比重最高，其占总量的比重达到了 34.3%；餐饮费紧随其后，所占比重达 23.6%，而住宿费、购物费、景区游览费及其他费用所占比重则相对较低，依次为 16.7%、15.5%、5.1%、4.8%。其次，从农村居民旅游消费情况来看，2019 年，农村居民旅游消费水平相对城镇居民旅游消费情况而言，其消费水平较低，人均花费约 634.6 元，但内部消费结构农村居民与城镇居民基本相似，农村居民散客旅游者的消费构成情况如下：旅游交通费用占比最高，占总量比重达到了 32.0%，住宿费、餐饮费、购物费、景区游览费、其他费用的比重分别为 26.1%、12.7%、17.8%、4.9%、6.5%。

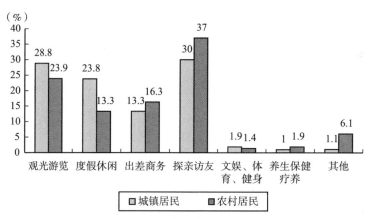

图 2 - 1 中国国内旅游消费动机结构 (2019 年)

资料来源：中国旅游研究院. 中国国内旅游发展年度报告 2019 [M]. 北京：中国旅游出版社，2020。

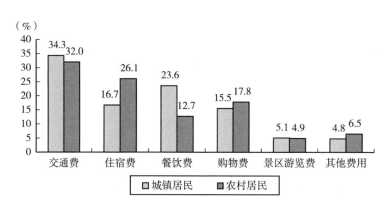

图 2 - 2 中国国内旅游消费"六大要素"结构 (2019 年)

资料来源：中国旅游研究院. 中国国内旅游发展年度报告 2019 [M]. 北京：中国旅游出版社，2020。

第二节　中国入境旅游发展的总体状况

一、入境旅游总人次和过夜游客人数

20 多年来，中国的入境旅游发展迅速，入境旅游人数和国际旅游收入均实现了较大幅度增长。具体而言，1995～2019 年，我国入境旅游人次从 4638.7 万次增加到了 14530.8 万人次，增长了约 3.1 倍，其中：外国人入境旅游总人次从 588.7 万人次增加到了 3188 万人次，增长了约 5.4 倍；而港澳台同胞入境旅游总人次从 4038.4 万人次增加到了 11342 万人次，增长了约 2.8 倍。入境过夜游客数则从 1995 年的 2003.4 万人次增长到了 2019 年的 6573 万人次，较期初增长了约 3.3 倍；此外，国际旅游收入在这期间也实现了迅猛增长，从 1995 年的 873300 万美元增长到了 2019 年的 13130000 万美元，其数值在观测期内增长了约 15 倍。具体数据见表 2-2。

表 2-2　　　　　　　　1995～2019 年我国入境旅游发展情况

年份	入境游客数（万人次）				入境过夜游客数（万人次）	国际旅游收入（万美元）
	总计	外国人	港澳同胞	台湾同胞		
1995	4638.65	588.67	3885.17	153.23	2003.40	873300
1996	5112.75	674.43	4249.47	173.39	2276.50	1020000
1997	5758.79	742.80	4794.33	211.76	2377.00	1207400
1998	6347.84	710.77	5407.54	217.46	2507.30	1260200
1999	7279.56	843.23	6167.06	258.46	2704.70	1409900
2000	8344.39	1016.04	7009.93	310.86	3122.90	1622400

续表

年份	入境游客数（万人次）				入境过夜游客数（万人次）	国际旅游收入（万美元）
	总计	外国人	港澳同胞	台湾同胞		
2001	8901.29	1122.64	7434.45	344.20	3316.70	1779200
2002	9790.83	1343.95	8080.82	366.06	3680.30	2038500
2003	9166.21	1140.29	7752.73	273.19	3297.10	1740600
2004	10903.82	1693.25	8842.05	368.53	4176.10	2573900
2005	12029.23	2025.51	9592.79	410.92	4680.90	2929600
2006	12494.21	2221.03	9831.84	441.35	4991.30	3394900
2007	13187.33	2610.97	10113.57	462.79	5471.98	4191900
2008	13002.74	2432.53	10131.65	438.56	5304.92	4084300
2009	12647.59	2193.75	10005.44	448.40	5087.52	3967500
2010	13376.22	2612.69	10249.48	514.06	5566.45	4581400
2011	13542.35	2711.20	10304.85	526.30	5758.07	4846400
2012	13240.53	2719.16	9987.35	534.02	5772.49	5002800
2013	12907.78	2629.03	9762.50	516.25	5568.59	5166354
2014	12849.83	2636.08	9677.16	536.59	5562.20	10538000
2015	13382.00	2598.50	10233.60	549.90	5688.60	11365000
2016	13844.00	2815.00	10456.12	573.00	5927.20	12000000
2017	13948.02	2917.00	10444.04	587.00	6074.00	12340001
2018	14119.83	3054.0	9912.0	614.0	6290.0	1270000
2019	14530.78	3188.0	10729.0	613.0	6573.0	13130000

资料来源：中华人民共和国国家旅游局.中国旅游统计年鉴：1995［M］.北京：中国旅游出版社，1996；中华人民共和国文化和旅游部.中国文化文物和旅游统计年鉴：2019［M］.北京：中国旅游出版社，2020。

二、国际旅游收入

1995～2019年，我国国际旅游市场发展迅猛，国际旅游收入从87.3亿美元增长到了 1312.54 亿美元，增长了约 15 倍，年均增长达到 13.6%。具体而言，我国国际旅游收入在 1995 ~ 2019 年，整体呈波动上升趋势，除个别年份国际旅游收入出现下降或大幅度上涨情况外（例如：2003 年发生的"非典"疫情和 2008 年发生的国际金融危机导致 2003 年、2008 年及 2009 年国际旅游收入均出现不同程度下降，而在 2014 年国际旅游收入出现成倍增长），其余年份国际旅游收入均呈现出缓慢上升的趋势（见图 2 - 3）。

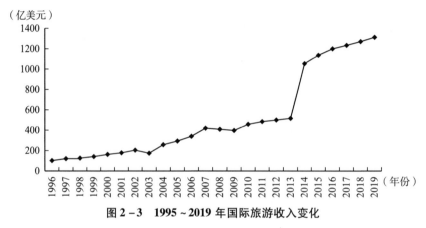

图 2 - 3　1995 ~ 2019 年国际旅游收入变化

资料来源：中华人民共和国国家旅游局. 中国旅游统计年鉴：1995［M］. 北京：中国旅游出版社，1996；中华人民共和国文化和旅游部. 中国文化文物和旅游统计年鉴：2019［M］. 北京：中国旅游出版社，2020。

三、入境旅游消费结构

从入境旅游消费结构来看，2019 年国际旅游收入总额为 1312.54 亿美元，其中：交通国际旅游收入占比最大，达 443.91 亿美元，占国际旅游收入总额的 33.82%；其次为购物，国际旅游收入达 302.97 亿美元，占比为 23.08%；餐饮和住宿两部门国际旅游收入相差较小，分别为 160.41 亿美元和 200.49 亿美元，其所占比例依次为 12.22% 和 15.27%。游览、娱乐及其他服务国际旅游收入较少，分别为 58.66 亿美元、44.21 亿美元、101.89 亿美元，其占比依次为4.47%、3.37%、7.76%。综上，在2019年国际旅游收入，长途交通所占的比重最大，而游览和娱乐旅游外汇收入较少，贡献不大（见图2-4）。

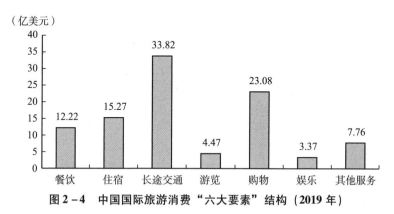

（亿美元）

图2-4　中国国际旅游消费"六大要素"结构（2019年）

资料来源：中华人民共和国文化和旅游部．中国文化文物和旅游统计年鉴：2019 [M]．北京：中国旅游出版社，2020。

第三节　中国旅游业发展的区域差异性

我国地域辽阔，从南到北、自东向西地理跨度很大，自然地理环境地域分异显著，自然环境各要素区域差异明显。综合自然地理景观千差万别、异彩纷呈。在各地独特自然环境下千百年来形成了各具特色的生产生活方式。5000多年的历史留下了众多文物古迹，56个民族形成了56种文化风情。所有这些使得我国的自然旅游资源和人文旅游资源数量极为丰富、庞大，种类极其齐全、完美，这也使得我国的旅游产业发展相对较快，但是由于资源禀赋、经济发展水平、地理位置以及交通等条件的差异，导致各个省份间旅游产业发展出现不均衡性。

一、国内旅游消费发展的区域差异性

2000 年 31 个省份中收入排在前十位的分别是湖北、福建、北京、广东、海南、吉林、安徽、天津、江西、重庆，其中湖北省（810 亿元）排在首位，与排名第二的福建（775 亿元）仅相差 4.3%，是排名第十的重庆（248 亿元）国内旅游收入的约 3.3 倍。31 个省份中排在后十位的分别是云南（3 亿元）、新疆（9 亿元）、西藏（10 亿元）、宁夏（19 亿元）、山东（320 亿元）、浙江（52 亿元）、陕西（58 亿元）、内蒙古（63 亿元）、四川（70 亿元）、上海（77 亿元），湖北国内旅游收入是排名最末云南的 270 倍，且后十位省份的旅游收入总和（393 亿元）仅占湖北约 50%，可见地区国内旅游发展不均衡尤其明显。

至 2010 年 31 个省份中收入排在前十位的分别是广东、海南、湖北、吉林、江苏、福建、北京、安徽、重庆、江西。此时，位列第一的为广东（4288 亿元），海南（3046 亿元）排名第二，比广东国内旅游收入约少 29%，江西国内旅游收入为（1409 亿元）位列第十，约为广东的 1/3。31 个省份中排在后十位的分别是云南、新疆、西藏、四川、宁夏、内蒙古、山东、浙江、黑龙江、辽宁。其中云南以 64 亿元排在最后，该年广东国内旅游收入是云南的 67 倍，排名后十位省份的旅游收入总和（3987 亿元）占广东收入的 93%。省份间国内旅游发展不均衡情况得到一定程度改善。

在 2019 年，31 个省份中，旅游收入前十位的分别是广东、湖北、陕西、重庆、吉林、海南、甘肃、广西、安徽、湖南，在该年位居第一的仍然为广东（13902 亿元），约为排名第十湖南国内旅游收入（9613 亿元）的 1.4 倍。排在后十位的分别是新疆、云南、西藏、四川、辽宁、宁夏、内蒙古、天津、山东、福建，该年广东国内旅游收入排名最末位新疆（336 亿元）的 41 倍，此时，排名后十位省份的旅游收入总和（24832 亿元）已赶超广东，约为广东的1.8倍，说明国内旅游发达省份与欠发达省份间的差距进一步缩小，区域不均衡情况得到很大程度改善。具体见表2-3。

表2-3　　　　　　　2000～2019年31个省份国内旅游收入　　　　单位：亿元

省份	2000年	2005年	2010年	2015年	2019年
北京	683	1300	2425	4320	5866
天津	297	542	1150	2521	4148
河北	202	421	891	3396	9249
上海	77	282	1052	3429	7999
山东	32	180	693	2194	4559
江苏	224	675	2533	3623	6103
浙江	52	219	712	2221	4878
辽宁	121	252	832	1337	2640
福建	775	1308	2523	3005	4789
广东	588	1626	4288	8769	13902
海南	430	1240	3046	6720	10829
山西	150	289	1095	3981	8292
河南	231	578	1202	2798	7393
黑龙江	130	312	795	3600	9597
吉林	386	975	2916	6505	10852
安徽	347	783	2294	4982	9751
江西	270	451	1409	4206	6744
湖南	130	421	1366	3660	9613
湖北	810	1354	2965	7977	13740
广西	147	278	898	3136	9999
四川	70	115	236	528	991
贵州	137	279	868	2185	5560
重庆	248	696	1862	6138	11455

省份	2000 年	2005 年	2010 年	2015 年	2019 年
陕西	58	243	1053	3500	12298
甘肃	183	386	917	3104	10680
云南	3	16	64	270	540
青海	127	316	916	2904	6979
宁夏	19	58	237	975	2676
西藏	10	25	70	246	559
新疆	9	18	67	160	336
内蒙古	63	131	281	985	3594

注：限于篇幅，仅列出主要年份数据，如有需要可向作者索取。

资料来源：中华人民共和国国家旅游局．中国旅游统计年鉴：2000［M］．北京：中国旅游出版社，2001；中华人民共和国文化和旅游部．中国文化文物和旅游统计年鉴：2019［M］．北京：中国旅游出版社，2020。

二、入境旅游消费发展的区域差异性

2000 年 31 个省份中入境旅游收入排在前十位的分别是广东、北京、上海、福建、江苏、浙江、辽宁、云南、山东、广西，其中广东（411221 万美元）遥遥领先，是位居第二北京入境旅游收入的 1.5 倍，位居第十位广西的近 13.4 倍。31 个省份中入境旅游收入最低的十个省份依次是宁夏（272 万美元）、青海（720 万美元）、山西（4991 万美元）、贵州（6092 万美元）、西藏（5226 万美元）、甘肃（5463 万美元）、吉林（5804 万美元）、江西（6234 万美元）、安徽（8621 万美元）、新疆（9494 万美元）。其中位居第一的广东入境旅游收入是宁夏的近 1512 倍，入境旅游收入最低的 10 个省份其收入共计 52917 万美元，不足广东入境旅游收入的 1/7。

至 2010 年，31 个省份中入境旅游收入排在前十位的分别是广东、上海、北京、江苏、浙江、福建、辽宁、山东、天津、云南，此时，广东还是排在首位，而位居第二的省份已由 2000 年的北京转移至上海，该年广东省入境旅游收入（1238261 万美元）是上海（634092 万美元）的近 2 倍，第十位云南（132365 万美元）的 9.4 倍，说明入境旅游收入发达省份间差距在不断扩大，但入境旅游发达省份与相对发达省份间差距却在逐渐缩小。2010 年，31 个省份中入境旅游收入最低的 10 个省份依次是宁夏（599 万美元）、甘肃（1481 万美元）、青海（2045 万美元）、西藏（10359 万美元）、贵州（12958 万美元）、新疆（18542 万美元）、吉林（30492 万美元）、海南（32236 万美元）、江西（34603 万美元）、河北（35071 万美元）。位居第一的广东省入境旅游收入是位居末位宁夏的 2067 倍，此时入境旅游收入最低的 10 个省份收入共计 1783.86 亿美元，仍不足广东省的 1/7，说明入境旅游发达省份与欠发达省份间的差距也在不断扩大。

在 2019 年，31 个省份中入境旅游收入最高的 10 个省份分别是广东、上海、北京、云南、江苏、广西、山东、福建、安徽、陕西。在这一阶段还是广东（2052131 万美元）、上海（824351 万美元）分别位居第一、第二位，但此时广东入境旅游收入是上海的近 2.5 倍，是位居第十位陕西（336765 万美元）的约 6.1 倍。2019 年入境旅游收入最低的 10 个省份分别是青海（3336 万美元）、甘肃（5905 万美元）、宁夏（6932 万美元）、西藏（27907 万美元）、贵州（34503 万美元）、山西（40995 万美元）、新疆（45400 万美元）、吉林（61496 万美元）、黑龙江（64593 万美元）、河北（74023 万美元）。此时，国际旅游收入最少省份已经由宁夏转移至青海，甘肃和宁夏的国际旅游取得了相对较快发展，这一阶段位居第一的广东入境旅游收入是位居末位青海的 615 倍，此时，入境旅游收入最低的 10 个省份收入共计 3650.9 亿美元，约为广东省的 1/6，说明在 2010～2019 年，入境旅游发达省份与欠发达省份之间的差距呈现出逐渐缩小的趋势。具体见表 2-4。

表 2 - 4 　　　　　　　2000~2019 年 31 个省份入境旅游收入　　　单位：万美元

省份	2000 年	2005 年	2010 年	2015 年	2019 年
北京	276800	361891	504461	460500	519247
天津	23176	50901	141951	329811	118254
河北	141	20917	35071	50191	74023
山西	4991	11622	4646	29710	40995
内蒙古	126.45	35207	6019	96249	134009
辽宁	38265	73777	225933	163650	173903
吉林	5804	11952	30492	72414	61496
黑龙江	18905	34043	7625	39533	64593
上海	161267	355588	634092	586044	824351
江苏	72384	225974	478343	352729	474356
浙江	51397	171626	39302	678847	266824
安徽	8621	18558	70898	226287	338769
福建	89382	130529	297824	556140	339845
江西	6234	10395	34603	56700	86538
山东	31513	78023	215504	289648	341314
河南	1239	21604	49877	62360	94696
湖北	14572	27636	75116	167190	265416
湖南	22078	39024	90622	85772	225087
广东	411221	638805	1238261	1788466	2052131
广西	30661	35893	80615	191686	351128
海南	10883	12846	32236	24852	97237
重庆	1384	26436	70320	146857	252483
四川	12187	31595	35409	118087	202379
贵州	6092	10141	12958	23133	34503
云南	33902	52801	132365	287550	514736
西藏	5226	4443	10359	17666	27907
陕西	28025	44625	101596	200022	336765

续表

省份	2000 年	2005 年	2010 年	2015 年	2019 年
甘肃	5463	5876	1481	1418	5905
青海	720	1102	2045	3876	3336
宁夏	272	230	599	2084	6932
新疆	9494	10009	18542	55589	45400

注：限于篇幅，仅列出主要年份数据，如有需要可向作者索取。

资料来源：中华人民共和国国家旅游局. 中国旅游统计年鉴：2000 ［M］. 北京：中国旅游出版社，2001；中华人民共和国文化和旅游部. 中国文化文物和旅游统计年鉴：2019 ［M］. 北京：中国旅游出版社，2020。

| 第三章 |

旅游产业发展的总体经济福利效应分析

第一节 引　　言

我国旅游产业发展迅速，1995 年旅游总收入为 175.7 亿元，相当于 GDP 的 2.24%[①]，1998 年中央将信息业、房地产业、旅游业确立为新的经济增长点后，旅游业在我国得到了更多的重视，2019 年旅游总收入增长到了 66307.4 亿元，相当于 GDP 的 11.05%，年均增长率达到了 16.77%，明显高于国内生产总值 11.75% 的年均增长率[②]，

---

① 中华人民共和国国家旅游局. 中国旅游统计年鉴：1995 [M]. 北京：中国旅游出版社，1996.
② 中华人民共和国文化和旅游部. 中国文化文物和旅游统计年鉴：2019 [M]. 北京：中国旅游出版社，2020.

对国民经济发展起到了明显的拉动作用。我国旅游产业发展取得了较为可喜成绩的同时，也引起了各个不同地区政府对旅游产业发展的进一步重视。各地政府在旅游业的发展中起到越来越重要的作用，目前全国已有山西、黑龙江、江苏、浙江等20多个省份将旅游业列为国民经济的支柱产业；北京、河北、广东将旅游业列为第三产业中的支柱产业；辽宁将旅游业列为国民经济的先导产业；天津、吉林、宁夏将旅游产业列为第三产业中的重点产业；上海将旅游业列为新的经济增长点；内蒙古将旅游业列为第三产业中的先导产业。在《中国旅游业"十三五"发展规划纲要》中，更是明确提出中国旅游业发展四大目标："旅游经济稳步增长、综合效益显著提升、人民群众更加满意及国际影响力大幅提升。"这些都充分说明各地对发展旅游产业的高度重视，也充分说明旅游产业发展对我国总体经济福利所产生的显著积极影响。因此，研究我国旅游产业发展的总体经济福利效应具有十分重要的现实意义。

第二节 国内外文献综述

关于旅游产业发展对经济增长的影响，及其所产生的总体经济福利效应，国内外相关学者进行了较为深入的理论研究和实证分析，取得了较为丰富的研究成果。本研究主要从如下几个方面进行相应的综述。

一、国外相关研究

国外学者关于旅游业与经济增长相关关系的研究兴起于20世纪六七十年代，发展至今已有许多相关研究成果，从经济学角度来探讨旅游给旅游目的地带来的经济影响一直是研究的重点。这些研究的结果大致可以分为三类：

（一）旅游产业的发展能单向促进经济的发展

巴拉格尔（Balaguer，2002）最早开始研究旅游产业发展与经济发展间的关系，他们利用西班牙1975～1997年数据进行分析发现，旅游发展与经济增长间存在长期均衡关系，并利用格兰杰因果关系检验发现旅游经济发展对总体经济增长具有单向影响，从而支持其提出旅游主导型发展假说。格雷戈里（Gregory，1992）、布劳（Brau，2007）、卡雷拉（Carrera，2008）、霍尔茨纳（Holzner，2010）等学者认为旅游产业不仅作为一个产业或经济部门对整个经济体作出贡献，而且是决定经济增长的独立因素，在对全世界多个国家的实证研究中发现，在旅游收入较高的国家往往也拥有较高的经济增长率，并且不存在所谓的"荷兰病效应"的危险。贡杜兹（Gunduz，2005）通过杠杆自助法，以土耳其为例，运用1963～2002年的年度数据分析了旅游产业发展与经济发展之间的因果关系后，发现旅游带动经济增长模式的假设成立，即旅游产业能够单向促进地区经济增长。基姆（Kim，2006）以韩国为例开展实证探究，提出在韩国发展旅游业对其经济发展也存在正向的促进作用。布瑞达（Brida，2008）运用了协整检验、VAR模型、格兰杰因果关系检验以及脉冲响应函数等方法对墨西哥1965～2007年间的数据进行研究，结论显示旅游业发展与经济增长之间存在协整关系且旅游单向促进经济增长。另外，吉梅内斯（Jimenez，2009）的研究得出的结论也是旅游产业发展与地区经济增长之间存在长期协整关系且旅游产业可以单向促进经济增长。加列戈（Gallego，2011）认为，入境旅游与对外贸易之间存在长期稳定的协整关系，入境旅游能显著促进对外贸易的发展，经济增长和地区金融发展是协整的，实证结果表明，入境旅游在长期和短期内都促进了印度的经济增长。邓（Deng，2014）以中国黄山、泰安、乐山和南屏为案例发现，虽然过度依赖旅游业的城市确实出现了荷兰病现象，然而，旅游产业发展所带来的资金和人力资本对旅游目的地的经济也会产生积极的影响。德古（Drgou，2018）提出发展入境旅游能够为旅游目的地带来大量人流、物流、资本等要素，进而推动地区经济实现持续、健康发展。阿里（Ali，2018）以印度为例，探究了旅游业对该地区经济的影响，实证结果表明旅游产业已经成为印度外汇收入的主要来源及印度经济发展的重要手段，并就印度如何更好发展旅游产业提出了一系列政策建议。蒙达尔（Mondal，2020）提出在资源枯竭型城市发展工业遗产旅游，是该类型城市充分发挥自身资源独特优势，促进地区经济振兴的有效途径，更是实现工业遗产保护及实现地区经济转型的重要举措。

（二）旅游产业的发展不能单项促进经济增长

科普兰（Copeland，1991）认为旅游发展会通过阻碍技术进步、挤出物质资本和人力资本等方式来抑制经济增长。欧（Oh，2005）指出旅游业驱动经济发展的旅游带动经济增长模式（TLG）在其他国家不一定成立，因为西班牙是一个高度旅游专业化的国家，旅游业收入占 GDP 比例比韩国高得多，并利用格兰杰因果关系检验及 VAR 模型，分析了韩国 1975～2001 年旅游发展对经济增长的贡献度，结果发现韩国旅游产业和经济增长之间不存在长期均衡关系，韩国是经济驱动旅游业发展，而非旅游业带动经济发展。帕瑞科斯（Papyrakis，2007）以美国各州为例开展实证研究，实证结果表明在自然资源丰裕的地区，政府会减少投资、教育、开放和研发支出，且增加了地方腐败，并进一步提出丰裕的自然资源对地区经济增长存在负面影响。卡蒂尔格鲁（Katircioglu，2009）运用边界检验法和 Johansen 方法对土耳其 1960～2006 年的数据进行实证检验，实证结果表明通过发展旅游来带动经济的增长模式这一结论在土耳其并不成立。阿达穆（Adamou，2011）研究了旅游专业化和经济增长之间的关系，发现在相对较低的专业化水平上，旅游专业化与较高的经济增长率有关，但最终收益递减，旅游业的贡献变得很小。因此，发展中国家以旅游业为主导的增长是有希望的，但也必须发展其他经济活动，以便在以旅游业为主导的增长潜力耗尽后推动经济发展。阿斯兰图克（Arslanturk，2011）也对土耳其 1963~2006 年的数据进行分析研究，VECM 模型内的全样本结果表明，旅游收入与地区 GDP 之间并不存在格兰杰因果关系，TLG 的假设在该研究中并不成立。詹姆斯（James，2010）对克罗地亚进行的研究也发现旅游产业发展并不会单向促进地区经济增长。阿什沃兹（Ashworth，2011）指出旅游业能够带来持续的经济利益，但高度依赖旅游业会降低相关产业的带动效应进而阻碍地区经济增长。阿拉扬（Arayan，2012）利用 CGE 模型对斐济旅游产业进行实证研究，研究发现旅游产业每扩张 10%，斐济的国内生产总值将随之增加 1.15%。福赛斯（Forsyth，2014）以澳大利亚为研究对象发现，旅游发展大量占用地区的土地、资金、劳动力等生产要素，致使生产要素成本上升，同时，资本日益从制造业等实体经济部门流向旅游部门而导致实体经济部门竞争力下降，造成经济停滞不前。马吉德（Majeed，2021）提出经济增长受旅游产业波动的影响程度在不同地区间存在显著差异，其中，收入处于中等及以下的国家，其经济增长受旅游产业波动的影响程度较大，而在收入较发达国家这一现象则不太明显。

（三）旅游业发展与整个国民经济增长是相互促进关系

德蒂萨（Dritsakis，2004）对希腊 1960~2000 年季度数据采用多变量 VAR 模型进行研究，结果表明旅游业发展与希腊经济增长间是双向因果关系。杜巴利（Durbarry，2004）对毛里求斯的研究也表明旅游产业发展与毛里求斯的经济增长间存在相互促进的关系。翁甘（Ongan，2005）运用格兰杰因果关系检验方法，对土耳其 1980~2004 年的相关数据进行实证分析，发现土耳其的旅游业发展与经济增长之间存在相互促进的关系。基姆（Kim，2006）以韩国为研究对象探究韩国旅游业与经济增长间的关系，实证结果表明韩国旅游业和经济增长两者间存在双向因果关系。西塔纳（Seetanah，2011）认为旅游产业发展对岛国经济增长存在显著的促进作用，格兰杰因果关系检验证实两者之间存在显著双向因果关系。张（Chang，2012）以外贸依存度、投资变量与政府规模作为门槛变量，检验了旅游业发展对经济增长影响的门槛特征，检验结果表明旅游产业发展对经济增长影响关系分别呈现出基于三种门槛变量的单一门槛特征。塞利米（Selimi，2017）通过阈值分析及分位数回归，提出旅游收入和经济增长相互影响且二者之间存在线性关系。林（Lin，2018）探讨了旅游产业发展与中国区域经济扩张之间的因果关系，提出旅游产业会影响区域经济增长，反之区域经济的适应力、抵抗力、转型力及恢复力也会在一定程度上影响区域旅游产业的健康稳定发展，并进一步揭示了决定这些关系发生的因素。可汗（Khan，2020）通过计量经济学程序和技术，考察了旅游产业、经济增长（GDP、资本投入）、能源消费和环境污染物之间的因果关系，研究结果表明，经济增长支持旅游业发展，且游客到访对能源消耗、资本投入和 CO_2 排放有显著的正向影响。马吉德（Majeed，2021）认为旅游产业发展快速，但同时存在极强脆弱特征，故通过普通最小二乘、固定效应和随机效应模型等基本面板数据方法探究旅游产业及其不确定性对旅游地经济增长的影响，实证结果表明了国际旅游有助于实现经济高增长，但旅游产业的不确定性又在一定程度上阻碍了增长效应的发挥，此外，格兰杰因果关系检验也证实了旅游产业、旅游产业波动与旅游地经济增长之间存在双向因果关系。

二、国内相关研究

（一）旅游业对经济增长的贡献度及衡量标准

闫敏（1999）运用投入－产出的方法对《1992 年中国投入－产出表》进行分析，认为只有当国民经济发展进入到工业化阶段，尤其是重化学工业化发展阶段后，才可能进入产业化阶段，否则旅游产业不可能成为"低投入、高产出"的行业。李江帆（1999）对旅游产业的增加值进行了实证测算，并以此来分析旅游产业在国民经济中的地位。张吉林（1999）提出旅游产业作为非物质生产部门，若是运用传统的投入－产出理论，则无法给旅游业进行适当的定位，因此要有新的理论和研究方法去重新定位旅游业在国民经济中的地位。任佳燕、刘赵平（1994）借鉴国外研究成果，在国内首次引入了旅游卫星账户的概念。罗明义（2001）提出了"分类测算法"，并对云南省1998年的旅游收入进行了测算和分析。王磊震等（2006）运用投入产出理论对旅游活动的产业关联和产业波及效应进行了量化分析，并给出了定量测算旅游对区域经济发展贡献度的研究思路和有关模型。刘长生等（2008）利用面板数据VAR模型和格兰杰因果关系检验模型，对中国1990～2006年旅游业发展与经济增长两者间关系进行了研究，结果表明二者存在长期稳定的协整关系以及双向因果关系，但旅游业对经济增长的促进作用要小于经济增长对旅游发展的促进作用。黎洁（2009）则对我国创建卫星账户的机制进行了初步探讨。马仪亮（2014）通过应用旅游卫星账户和投入产出理论，结合入境旅游和国内旅游统计调查实际，构建了一套符合国际统计核算标准和旅游卫星账户框架要求的旅游业增加值算法流程。钟伟（2016）认为旅游发展是否引致去工业化进而抑制地区经济增长，这与地区收入效应及地区资源的转移效应有关，当地区资源转移效应明显大于地区收入效应时，旅游发展导致去工业化现象进而抑制地区经济增长现象才会出现。翟志宏（2016）认为应该参照2008年版的旅游卫星账户（TSA）和SNA，制定和提出适合我国国情的旅游卫星账户，并提出相关的测算原则和方法。李秋雨（2017）通过实证分析，提出发展旅游产业对经济发达地区带动作用更大，且相较于入境旅游，发展国内旅游更能带动经济增长。苏建军（2019）提出，中国旅游城市自身旅游业的扩张并未直接助推地区"去工业化"现象产生，即在现有条件下，旅游城市发展旅游与发展工业并非互相矛盾，发展旅游不会造成地区出现"荷兰病现象"，相反，由于产业间的关联性，地区发展旅游业可在一定程度上促进自身工业经济发展。王霞（2020）通过引入空间计量模型，探究了旅游产业对旅游目的地经济增长的带动作用，并提出地区之间存在显著的空间相关性，旅游产业发达地区对周边区域存在显著空间溢出效应。

（二）旅游业的发展对经济增长没有促进作用

董雪旺（2004）认为旅游产业发展虽对其他产业存在较强的拉动作用，但同时任何行业的风吹草动都有可能造成旅游产业的大起大落，进而降低甚至抵消了旅游产业的带动作用。依绍华（2004）认为旅游产业的发展会给旅游目的地带来一系列负面影响，例如：物价上涨、"荷兰病"效应、漏出效应等。韩春鲜（2009）、王玉珍（2010）等学者分别以新疆、山西为例进行实证研究，探讨旅游资源禀赋与区域旅游经济发展的关系，得出两省在旅游经济发展过程中已经存在经济学中的"资源诅咒"现象。左冰（2011）认为中国旅游业的增长属于典型要素驱动型增长，旅游发展可能会降低旅游目的地的人力资本以及教育投资需求，且价格水平的持续上涨也会对地区制造业发展带来不利影响。徐文海、曹亮（2012）认为旅游部门的扩张会提高非贸易品相对价格，挤出了以牺牲贸易品部门发展为代价的生产要素，即"荷兰病"效应。罗文斌等（2012）认为中国旅游发展与经济增长、第三产业增长之间存在长期稳定的协整关系，且分别有经济增长和第三产业增长到旅游发展的单向格兰杰因果作用关系，但不存在旅游发展到经济增长或第三产业增长的单向格兰杰因果作用关系。刘芳、段文军（2016）也认为桂林经济增长是旅游发展的格兰杰原因，但旅游发展不是经济增长的格兰杰原因，二者只存在单向的因果关系。杨懿（2019）提出由于旅游业的极强关联带动性，决定了地区在发展旅游业过程中产业体系存在"一业兴，百业旺"的特点，但同时，旅游产业这一关联带动性也极有可能造成地区产业体系产生"一业衰，百业废"的多米诺骨牌效应，旅游目的地的"荷兰病"效应其实质是地区旅游业过度繁荣的负反馈，这既是旅游目的地过度发展旅游业引致的"机会成本"，也是旅游目的地陷入旅游资源比较优势陷阱的主要表现，更是旅游目的地经济发展存在高脆弱性特征的主要诱因，不利于旅游目的地经济实现可持续发展。王钦安（2020）指出由于旅游产业具有敏感性及脆弱性等特征，极易受经济环境、政策、突发事件等外在因素影响，进而加剧了区域经济波动性。张大鹏（2021）以资源枯竭型城市为实证对象，提出在资源枯竭型城市发展旅游业的初期，旅游业可在一定程度促进地区的经济振兴，但随着地区旅游业规模的不断扩大，其边际贡献逐渐下降，直至推动效力枯竭，在这一过程中，资源枯竭型城市甚至会产生新的"荷兰病"问题，进而抑制地区经济实现可持续增长。

三、文献评述

综述国内外相关研究，宏观经济运行与旅游经济增长方面文献较多，主要围绕二者之间的因果关系及其内在影响因素开展了相应的研究分析，但关于中国不同区域旅游产业发展总体经济福利效应差异性研究的文献较少。正基于此，本书通过构建 VAR 模型和格兰杰因果关系检验，分析中国各个省份和不同区域旅游业发展对总体经济福利的影响机制，以期为中国旅游产业政策制定者和旅游企业管理者提供相应的实践参考。

第三节　中国不同省份旅游业发展对总体经济福利影响的计量分析

一、数据收集与处理

本研究利用中国各省份的地区生产总值（GDP）作为衡量其经济增长的

变量，各个省区的旅游总收入作为其旅游经济扩张的代理变量，记为 *TOUR*。各省份 *TOUR*、*GDP* 的时间序列数据是以年度数据为基础，分别取自 1995 ~ 2016 年，并用自然对数进行转换，记为 *LTOUR*、*LGDP*，分别以其系数来进行相应经济含义的解释，对数函数的系数能够表示一种特殊经济含义：当自变量每变化 1% 时，因变量变化的反应程度，即为经济学上的弹性。数据资料来自《中国旅游统计年鉴》、各省份统计年鉴和中经网数据库。从统计年鉴和中经网数据看，20 世纪 80 年代很多省份国内旅游收入、人次的数据不全，所以样本选择的样本数据是从 1996 年开始。本书利用协整分析和向量自回归（VAR）模型进行计量估计，分析旅游业发展与经济增长之间的关系。表 3 - 1 列出了我国 31 个省份部分年度的旅游总收入与 GDP 的具体数据，可以看不同省份旅游产业发展对 GDP 影响具有显著时期差异与空间差异，产生了差异性的总体社会福利效应。

表 3 - 1　　　2010 ~ 2016 年我国 31 个省份旅游总收入与 GDP 情况　　　单位：亿元

省份	2010 年		2012 年		2014 年		2015 年		2016 年	
	GDP	旅游收入	GDP	旅游收入	GDP	旅游收入	GDP	旅游收入	GDP	旅游收入
北京	14113.6	2768.0	17879.4	3626.6	21330.8	4280.1	23014.6	4607.1	24899.3	5021.0
天津	9108.8	1497.3	12885.2	1805.5	15722.5	2505.9	16538.2	2809.9	17885.4	3129.0
河北	20197.1	914.5	26575.0	1588.3	29421.2	2561.5	29806.1	3434.0	31827.9	4654.5
上海	17166.0	2956.6	20181.7	3602.3	23567.7	3336.4	24965.0	3408.2	27466.2	3890.0
山东	39170.0	3058.8	50013.2	4519.7	59426.6	6192.5	63002.3	7062.5	67008.2	8030.7
江苏	41425.5	4611.5	54058.2	6482.8	65088.3	8145.5	70116.4	9050.1	76086.2	10263.6
浙江	27747.7	3312.6	34739.1	4801.2	40173.0	6300.6	42886.5	7139.0	46485.0	8093.0
辽宁	18278.3	2686.9	24801.3	3940.0	28626.6	5289.5	28743.4	3322.7	22037.9	4225.0
福建	14737.1	1337.1	19701.8	1969.4	24055.8	2708.2	25979.8	3141.5	28519.2	3935.2
广东	46036.3	3809.4	57147.7	7456.1	67809.9	9378.0	72812.6	11575.8	79512.1	10469.0

续表

省份	2010 年		2012 年		2014 年		2015 年		2016 年	
	GDP	旅游收入	GDP	旅游收入	GDP	旅游收入	GDP	旅游收入	GDP	旅游收入
海南	2064.5	257.6	2855.5	379.1	3500.7	485.0	3702.8	543.4	4044.5	672.1
山西	9088.1	1083.5	12112.8	1813.0	12759.4	2846.5	12802.6	3447.5	12928.3	4247.1
河南	23092.4	2294.8	29599.3	3364.1	34938.2	4366.2	37010.3	5035.1	40160.0	5764.1
黑龙江	10235.0	883.4	13691.6	1300.3	15039.4	1066.1	15083.7	1361.0	15386.1	1603.3
吉林	8577.1	732.8	11937.8	1178.1	13803.8	1807.7	14274.1	2315.2	14886.2	2897.4
安徽	12359.3	1150.6	17212.1	2617.8	20848.8	3430.0	22005.6	4120.0	24117.9	4932.4
江西	9451.3	818.2	12948.9	1404.8	15714.6	2652.9	16723.8	3637.7	18364.4	4994.0
湖南	15902.1	1425.8	22154.2	2234.9	27048.5	3050.7	29047.2	3712.9	31244.7	4707.4
湖北	15967.6	1460.3	22250.5	2635.0	27379.2	3759.9	29550.2	4319.2	32297.9	4870.0
广西	9569.9	953.0	13035.1	1659.7	15672.9	2602.0	16803.1	3252.0	18245.1	4191.2
四川	17185.5	1885.4	23872.8	3280.3	28536.7	4891.0	30103.1	6210.5	32680.5	7705.5
贵州	4602.2	1061.2	6852.2	1860.2	9266.4	2896.0	10502.6	3511.4	11734.4	5027.5
重庆	7925.6	916.0	11409.6	1662.2	14262.6	2003.4	15719.7	2251.3	17558.8	2645.2
陕西	10021.5	984.0	14451.2	1713.3	17689.9	2521.4	18171.9	3005.8	19165.4	3813.4
甘肃	4120.8	237.2	5650.2	471.2	6835.3	780.3	6790.3	975.0	7152.0	1220.5
云南	7224.2	1006.8	10309.8	1702.5	12814.6	2668.1	13717.9	3281.8	14869.95	4726.25
青海	1350.4	71.0	1884.5	123.8	2301.1	201.9	2417.1	248.0	2572.5	310.3
宁夏	1689.7	67.8	2341.3	103.4	2752.1	142.7	2911.8	161.3	3150.1	210.0
西藏	507.5	71.4	701.0	126.5	920.8	204.0	1026.4	281.9	1150.1	330.8
新疆	5418.8	306.0	7530.3	579.3	9264.1	650.1	9324.8	1022.0	9617.23	1401.0
内蒙古	11655.0	732.7	15988.3	1128.5	17769.5	1805.3	18032.8	2257.1	18632.6	2714.7

资料来源：中华人民共和国国家旅游局．中国旅游统计年鉴：2000 [M]．北京：中国旅游出版社，2001；中华人民共和国国家旅游局．中国旅游统计年鉴：2016 [M]．北京：中国旅游出版社，2017。

二、单个省份的 LTOUR 和 LGDP 的平稳性检验和协整分析

在进行向量自回归（VAR）模型估计和分析前须先对变量平稳性进行检验。此处运用 DF、ADF 和 PP 检验进行单位根检验。如存在单位根，则各变量是非平稳的时间序列，然后对各个变量进行一阶差分，再进行单位根检验，如此时不存在单位根，拒绝非平稳的原假设，则原变量时间序列为一阶单整时间序列，为 I（1），并可依此类推，I（2），I（3），…，I（N）。从 LTOUR、LGDP 单整阶数的检验结果可知，LTOUR、LGDP、LK、LL 差分之前只有个别省份的时间序列数据通过 DF 检验（辽宁、山东、四川、海南、广东等），基本上没有通过 ADF 检验和 PP 检验，说明各省份的时序列数据存在单位根，都是非平稳序列，经过一阶差分后，没有单位根变成平稳序列，所以 LTOUR、LGDP 都可以认为是 I（1）。限于篇幅，各省份变量的 DF、ADF 和 PP 检验值及其协整关系检验值未列出，如有需要可向作者索取。

因为 LTOUR、LGDP 的时间序列存在单位根，是一种不平稳的变量，所以不能直接用于回归分析；但是，如果两个不平稳序列存在协整关系，也可以建立相应回归关系。按照格兰杰的观点，协整关系意味着同阶的单整的非平稳变量间的残差序列是一个平稳的序列，两个变量协整意味着二者之间存在一种长期均衡关系。下面使用恩格尔 – 格兰杰（Engle-Granger）两阶段方法来检验 LTOUR 和 LGDP 之间是否存在协整关系，也就是先对 LTOUR 和 LGDP 时间序列进行回归，求出其残差向量，再对残差时间序列进行单位根检验。由检验结果可以知道，北京、天津、湖南、广东、海南、陕西、新疆、辽宁、湖北、安徽、江西、四川和云南等 13 个省份的回归残差序列的"非平稳的原假设"被拒绝，DF 值和 ADF 值都小于 – 3.37 的临界值，也就是说 LTOUR 和 LGDP 之间存在协整关系与长期均衡关系。其他省份的残差序列的"非平稳的原假设"不能被拒绝，DF 值和 ADF 值都大于 – 3.37 的临界值，其

LTOUR 和 LGDP 之间不存在协整关系与长期均衡关系。这就证明了本书在前面所提出的第一个假设是错误的。

三、向量自回归模型和格兰杰因果关系检验

（一）向量自回归模型的设定

当不能确信某一变量是外生变量时，人为地假定某一变量是外生变量而使用单方程方法来进行估计是无效的，而应该假定所有变量都是内生的，利用向量自回归模型（VAR）来进行估计。变量 LTOUR 和 LGDP 为非平稳序列，但有 13 个省份的时间序列存在协整关系，因而 VAR 模型设定为两种形式：第一，对存在协整关系的时间序列，使用原时间序列进行研究，或包含误差纠正项的一阶差分序列；第二，对非平稳的时间序列变量使用没有包含误差纠正项的一阶差分序列进行研究，其矩阵形式如下：

$$\begin{bmatrix} LGDP_{it} \\ LTOUR_{it} \end{bmatrix} = \alpha_0 + \alpha_1 \begin{bmatrix} LGDP_{it-1} \\ LTOUR_{it-1} \end{bmatrix} + \alpha_2 \begin{bmatrix} LGDP_{it-2} \\ LTOUR_{it-2} \end{bmatrix} + \cdots + \alpha_p \begin{bmatrix} LGDP_{it-p} \\ LTOUR_{it-p} \end{bmatrix} + \varepsilon_{it}$$

$$(3-1)$$

$$\begin{bmatrix} \Delta LGDP_{it} \\ \Delta LTOUR_{it} \end{bmatrix} = \beta_0 + \beta_1 \begin{bmatrix} \Delta LGDP_{it-1} \\ \Delta LTOUR_{it-1} \end{bmatrix} + \beta_2 \begin{bmatrix} \Delta LGDP_{it-2} \\ \Delta LTOUR_{it-2} \end{bmatrix} + \cdots + \beta_P \begin{bmatrix} \Delta LGDP_{it-P} \\ \Delta LTOUR_{it-P} \end{bmatrix} + \varepsilon_{it}$$

$$(3-2)$$

方程（3-1）和方程（3-2）中 α_0、β_0 是常数向量项，α_i、β_i 是参数矩阵，ε_{it} 是扰动项。滞后项数的确定标准为：AIC 和 SBC 准则，或通过 LR 检验来确定。

（二）格兰杰因果关系检验

本书前面所提出的三个假说：旅游业主导型经济增长、经济增长主导型

旅游业发展模式及旅游业与经济增长互动发展模式，均可以通过格兰杰因果关系检验来进行验证——该方法可以用来检验一个变量的滞后项是否进入另一个变量的方程而成为另一个变量的解释变量。方程（3－1）、方程（3－2）可用更为一般的形式来表示：

$$LGDP_{it} = \gamma_{i1} + \sum_{p=1}^{p} \gamma_{i1p} LTOUR_{i1t-p} + \sum_{p=1}^{p} \theta_{i1tp} LGDP_{i1t-p} + \varepsilon_{i1t} \quad (3-3)$$

$$LTOUR_{it} = \gamma_{i2} + \sum_{p=1}^{p} \gamma_{i2p} LGDP_{i1t-p} + \sum_{p=1}^{p} \theta_{i2t-p} LTOUR_{i2t-p} + \varepsilon_{i2t} \quad (3-4)$$

$$\Delta LGDP_{it} = \alpha_{i1} + \sum_{p=1}^{p} \alpha_{i1p} \Delta LTOUR_{i1t-p} + \sum_{P=1}^{6} \beta_{i1P} \Delta LGDP_{i1t-p} + \varepsilon_{i1t}$$

$$(3-5)$$

$$\Delta LTOUR_{it} = \alpha_{i2} + \sum_{p=1}^{6} \alpha_{i2p} \Delta LGDP_{i2t-p} + \sum_{P=1}^{6} \beta_{i2P} \Delta LTOUR_{i2t-p} + \varepsilon_{i2t}$$

$$(3-6)$$

检验"旅游业发展不是促进其经济增长的原因"的原假说等同于 F-检验（1）：$\gamma_{i11} = \gamma_{i12} = \cdots = \gamma_{i1p} = 0$ 或 $\alpha_{i11} = \alpha_{i12} = \cdots = \alpha_{i1p} = 0$；检验"经济增长不是促进旅游业发展的原因"的原假说即 F-检验（2）：$\gamma_{i21} = \gamma_{i22} = \cdots = \gamma_{i2p} = 0$ 或 $\alpha_{i21} = \alpha_{i22} = \cdots = \alpha_{i2p} = 0$。

表 3－2 列出了中国不同省份的格兰杰因果关系检验的结果。从表中可以看出：第一，不同省份应该选择不同的期限滞后结构，VAR 模型中 F-统计量（1）在青海、湖北、辽宁、黑龙江、宁夏、甘肃、贵州、内蒙古及吉林等地区不显著，即不能拒绝"旅游业发展不引起经济增长"的原假设，说明本研究最初提出的"旅游业主导型经济增长"这一假设不成立；第二，VAR 模型中 F-统计量（2）在中国所有省份都显著，即拒绝了"经济增长不引起旅游业发展"这一原假设，说明本研究最初提出的"我国所有省份都存在经济增长导向型的旅游业扩张"的原假设成立。第三，在中国上述 9 个省份，旅游业发展与经济增长是一种单向因果关系，而在其他省份间是一种双向因果关

系；第四，从滞后期系数之和看，因果关系的差异性较大。从旅游业发展促进经济增长角度看，云南系数达0.204，而最小系数不显著，即为0；从经济增长对旅游业发展的影响看，经济发展水平相对较高省份的系数要大，最大的是北京和上海为0.147和0.146，最小的为西藏，仅为0.024。这说明虽两个不同变量都是另外一个变量变化的原因，但两个不同变量之间所产生的影响强度不相同，仅有云南、陕西、海南、广西几个旅游业发达省份和安徽、江西两个经济中等发展省份旅游业对经济发展的影响系数大于经济增长对旅游业发展的影响。从总体上看，中国经济增长对旅游业发展产生的影响要远远大于旅游业发展对经济增长产生的影响。所以，以旅游产业为主导型的发展战略并不一定适合我国所有省份。

表3-2　　我国不同省份旅游业与GDP的格兰杰因果关系检验

省份	LTOUR⇸LGDP				LGDP⇸LTOUR			
	最优滞后	F-统计量（1）	P-值	滞后系数和	最优滞后	F-统计量（2）	P-值	滞后系数和
北京	2	9.4326*	0.001	0.143	3	9.3321*	0.000	0.147
天津	3	4.2342*	0.002	0.056	2	6.5432*	0.000	0.067
吉林	2	2.0421	0.306	—	3	7.5454*	0.001	0.044
河北	3	5.3212*	0.003	0.098	2	6.7321*	0.002	0.132
湖南	2	6.6765*	0.001	0.102	4	7.8384*	0.000	0.122
内蒙古	3	2.1213	0.312	—	5	7.3212*	0.001	0.094
浙江	2	6.5629*	0.001	0.094	2	9.3211*	0.000	0.124
福建	3	8.5432*	0.000	0.098	4	8.7796*	0.000	0.113
广东	2	6.1231*	0.002	0.112	3	9.3212*	0.000	0.125
海南	2	9.3212*	0.000	0.198	2	6.7473*	0.000	0.098
贵州	2	2.1231	0.325	—	4	5.4321*	0.002	0.056
陕西	2	9.6564*	0.000	0.201	2	8.9963*	0.000	0.076
新疆	2	5.3124*	0.002	0.034	4	5.4354*	0.002	0.076
甘肃	3	2.4356	0.432	—	2	2.3132*	0.324	0.054

续表

省份	LTOUR ⇸ LGDP				LGDP ⇸ LTOUR			
	最优滞后	F-统计量（1）	P-值	滞后系数和	最优滞后	F-统计量（2）	P-值	滞后系数和
宁夏	3	1.1432	0.346	—	3	5.4321*	0.003	0.052
上海	3	6.0643*	0.003	1.321	2	8.4564*	0.000	0.146
黑龙江	4	2.5432	0.328	—	4	5.4673*	0.004	0.062
辽宁	3	1.4564	0.309	—	3	5.4321*	0.001	0.059
湖北	2	2.1342	0.326	—	2	6.5645*	0.002	0.078
山西	2	5.6473*	0.004	0.068	4	7.5456*	0.001	0.078
江苏	2	4.2314	0.465	0.043	2	8.3421*	0.000	0.112
安徽	3	9.5674*	0.000	0.101	2	7.5432*	0.001	0.098
江西	3	7.4324*	0.000	0.104	4	6.5464*	0.002	0.096
广西	2	6.4563*	0.002	0.172	2	5.6456*	0.003	0.112
四川	2	6.5645*	0.001	0.124	2	7.4532*	0.002	0.098
云南	3	9.7654*	0.000	0.204	2	6.4321*	0.001	0.113
西藏	2	4.2412*	0.001	0.023	2	5.1212*	0.001	0.024
山东	3	6.3562*	0.002	0.078	4	7.9963*	0.001	0.114
青海	2	2.3123	0.208	—	2	5.6457*	0.002	0.078
河南	4	6.4323*	0.002	0.062	4	6.4567*	0.001	0.073

注：$LTOUR ⇸ LGDP$ 为旅游业发展不是经济增长原因的原假设，$LGDP ⇸ LTOUR$ 为经济增长不是旅游业发展原因的原假设。最优滞后通过 AIC、SBC 和 LR 检验得到。* 表示原假设在 5% 的显著性水平上被拒绝。

第四节　基于面板数据的中国旅游业发展对总体经济福利的影响分析

利用单个省份的时间序列数据进行格兰杰因果关系分析时得出了不同结论，在有些省份旅游产业发展与经济增长二者间并不存在因果关系。为了进一步验证这一结论正确性，最好是基于多个省份的面板数据进行深入分析，面板数据的单位根检验在最近研究文献中已显示其强大影响力，通过利用横截面信息检验时间序列的单位根有利于提高其检验能力。

一、基于面板数据的单位根检验与协整分析

基于面板数据的协整分析，佩德罗尼（Pedroni，2004）提出了两种类型的假设检验。第一种面板数据检验的统计量有四个：panel-v-统计量、panel-ρ-统计量、panel-PP-统计量和 panel-ADF 统计量；第二种是组检验方法，其统计量有三个：group-ρ-统计量、group-PP-统计量和 group-ADF 统计量。这 7 个统计量都服从标准渐近正态分布，Pedroni 分布计算出了其临界值。

本书利用上述研究成果对我国不同省份的面板数据进行单位根检验和协整分析。因为"地理区域影响"是本书研究的主要目标之一，故本书将我国划分为四大区域①：东部、中部、西部、东北地区。西部地区包括新疆、西藏、内蒙古、广西、宁夏、甘肃、青海、四川、陕西、贵州、云南；中部地区包括山西、安徽、江西、河南、湖北和湖南；东部地区包括北京、天津、河北、上海、江苏、浙江、福建、山东、广东、海南；东北地区包括吉林、黑龙江和辽宁。此外，本研究还将所有省份作为整体面板数据来开展分析，形成五个面板数据小组。表 3 - 3 列出面板数据单位根检验的结果。PPF 统计量在 5% 显著性水平上在两种情况拒绝了"存在单位根"的原假设，但 LLC 统计量和 IPS 统计量在两种情况下都不能拒绝原假设，所以，综上原时间序列存在单位根，是不平稳的时间序列。佩德罗尼（Pedroni，2004）证明了上述 7 个检验协整关系的统计量中 panel-ADF 统计量和 group-ADF 统计量具有最好的小样本性质，具有更好的可靠性，故在表 3 - 4 的协整分析结果中仅

---

① 本研究不含港澳台地区。

列出了这两个统计量数据。无论是存在确定性时间趋势还是不存在确定性时间趋势的模型中,都拒绝了"没有存在协整关系"的原假设,即说明在这几个不同的面板数据中 $LGDP$ 和 $LTOUR$ 存在一种长期均衡关系。

表 3 - 3 基于面板数据的单位根检验

区域	变量	LLC 统计量		IPS 统计量		PPF 统计量	
		有时间效应	无时间效应	有时间效应	无时间效应	有时间效应	无时间效应
全国	$LGDP$	2.5234	1.3203	1.567	-0.987	5.762*	6.435*
	$LTOUR$	1.0045	0.8645	1.433	-0.897	6.647*	6.098*
东部	$LGDP$	6.806	-5.438*	1.243	-1.231	6.842*	7.137*
	$LTOUR$	-3.324*	-0.435	-0.765	0.862	6.768*	8.231*
中部	$LGDP$	0.732	-0.356	1.298	0.423	4.599*	4.675*
	$LTOUR$	0.461	-0.993	1.182	0.452	4.782*	4.222*
西部	$LGDP$	2.576	0.687	2.235	0.45	7.851*	6.675*
	$LTOUR$	1.324	0.058	0.772	0.112	7.687*	4.120*
东北	$LGDP$	1.754	1.365	0.503	0.311	9.462*	7.889*
	$LTOUR$	2.221	2.327	0.184	1.493	6.738*	5.675*

注:*表示在10%的显著性水平上拒绝了"存在单位根"的原假设,即面板数据不存在单位根,是平稳的时间序列。

表 3 - 4 我国各省份面板数据的协整分析结果

统计量		全国	东部地区	中部地区	西部地区	东北地区
存在时间影响	panel-ADF	-3.618**	-4.321**	-1.342*	-1.213*	-2.022*
	group-ADF	-3.432**	-3.402**	-1.643*	-1.208*	-1.731*
没有时间影响	panel-ADF	-1.376*	-4.212**	-4.324**	-1.321*	-1.609*
	group-ADF	-2.607**	-3.475**	-3.008**	-1.209*	-2.023*

注:统计量服从渐近正态分析,**、*分别表示在5%、10%水平上拒绝了"不存在协整关系"的原假设,即面板数据存在协整关系。

二、基于面板数据的格兰杰因果关系检验

因为 LGDP 与 LTOUR 的面板数据都存在协整关系，所以本书利用一个"基于面板数据的误差纠正模型（panel-based ECM）"来分析二者之间的因果关系。该方法也称"恩格尔 – 格兰杰两步骤法"：第一步是利用方程（3 – 1）进行长期均衡模型的估计获得估计的残差序列组 ε_{it}，即误差纠正项；第二步对如下"带有动态误差纠正项的格兰杰因果关系模型"进行估计。

$$\Delta LGDP_{it} = \theta_{1j} + \lambda_{1i}\varepsilon_{it-1} + \sum_{k}\theta_{11ik}\Delta LGDP_{it-k} + \sum_{k}\theta_{12ik}\Delta LTOUR_{it-k} + u_{1it}$$

$$(3 – 7)$$

$$\Delta LTOUR_{it} = \theta_{2j} + \lambda_{2i}\varepsilon_{it-1} + \sum_{k}\theta_{21ik}\Delta LGDP_{it-k} + \sum_{k}\theta_{22ik}\Delta LTOUR_{it-k} + u_{2it}$$

$$(3 – 8)$$

因为是动态的面板数据模型，错误项与滞后的被解释变量之间存在相关性，所以，我们必须使用工具变量估计量（Christopoulos & Tsionas，2004）。滞后项 k 的选择也必须满足该要求，当然也要最大可能地满足 AIC 和 SIC 标准。因为在动态面板数据下，使用标准的估计方法会产生有偏且不一致的估计量，所以必须使用工具变量估计，对于滞后项 k 的值也满足该要求，其检验方法是先假设 $k=1$，2，…，观察其是否有相关性而符合古典假设。经检验 $k=2$ 能够满足此要求，相应地可以选择滞后 3 期和 4 期作为滞后被解释变量的工具变量。因果关系可以通过检验方程（3 – 7）、方程（3 – 8）中自变量系数值的显著性来确定。第一，短期因果关系：F-检验 $\theta_{12ik}=0$，F-检验 $\theta_{21ik}=0$ 对于所有 i 和 k 都成立；第二，长期的因果关系，可以通过以各个面板数据的协整关系得到初步确认，在此还可以通过 T-检验 λ 的显著性来得到更为精确的验证。

表 3 – 5 列出基于面板数据的格兰杰因果关系统计检验结果。我国不同地

理区域的面板数据的因果关系具有较大的差异性且与前面单个省份的因果关系分析结果也存在一定程度的区别。以我国所有省份作为一个面板数据和将东部发达地区作为一个面板数据来看，$LGDP$ 和 $LTOUR$ 之间短期具有双向的因果关系，长期均衡系数也具有显著性，但二者之间的影响系数不相同，$LGDP$ 对 $LTOUR$ 的影响系数要远远大于 $LTOUR$ 对 $LGDP$ 的影响系数。从中部地区来看，$LTOUR$ 与 $LGDP$ 之间也是一种双向的因果关系，其滞后项系数之和大致相等。从我国西部地区来看，$LGDP$ 和 $LTOUR$ 之间也是一种双向因果关系，$LTOUR$ 对 $LGDP$ 的影响系数要远远大于 $LGDP$ 对 $LTOUR$ 的影响系数。从东部三省的来看，$LTOUR$ 与 $LGDP$ 之间是一种单向的因果关系。

表 3 - 5 我国各省份面板数据的格兰杰因果关系检验结果

面板数据因果关系来源		中国		东部发达地区		中部地区		西部地区		东北地区	
		$\Delta LGDP$	$\Delta LTOUR$	$\Delta LGDP$	$\Delta LTOUR$	$\Delta LGDP$	$\Delta LTOUR$	$\Delta LGDP$	$\Delta LTOUR$	$\Delta LGDP$	$\Delta LTOUR$
短期	$\Delta LGDP$		5.56 ** (0.143)		4.32 * (0.215)		4.34 * (0.143)		3.21 * (0.011)		3.98 * (0.065)
	$\Delta LTOUR$	3.43 ** (0.068)		4.40 * (0.032)		- 1.64 * (0.132)		5.21 * (0.238)		1.23 (0.217)	
长期	ε	4.37 **	4.21 **	3.20 **	5.31 **	4.36 *	3.37	3.32 *	5.39 **	5.61 *	4.35 *

注：统计量服从渐近正态分析，** 、* 表示在5%和10%的显著性水平上显著，括号中的值表示相应影响因素的滞后项系数。

第五节 结论及启示

在旅游经济研究中有关旅游活动对旅游目的地所产生的经济影响的文献很多，但有关旅游产业扩张对旅游目的地经济增长总体影响的文献却不多。基于此，本研究以中国不同省份1995～2016年旅游业发展与经济增长的面板数据为实证研究基础，对中国旅游产业发展与经济增长间的因果关系进行了较为全面的分析，得到了如下几个结论：

第一，从总体上看，中国经济增长与旅游业发展间存在一种长期均衡关系。

经济增长与旅游业发展之间具有双向的因果关系，但二者之间的影响系数不相同，旅游业发展对经济增长的影响系数要远远大于经济增长对旅游业发展的影响系数。中国旅游业发展与其他相关产业之间存在一种相互依存、相互制约的关系。旅游业发展对中国经济发展做出了巨大的贡献。但是，旅游业对中国经济增长的贡献要小于经济增长对旅游业发展的贡献。我国工业、交通运输、金融保险业等相关产业的快速发展，大大增强了中国整体经济实力和人们的可自由支配收入，从而快速带动了旅游业的发展。这就充分说明从中国总体经济发展来考虑，将旅游业作为主导产业并不符合经济发展的必然规律性。

第二，从中国区域经济发展角度看，不同的面板数据中经济增长与旅游业发展存在一种长期的均衡关系，但经济增长与旅游业发展之间的因果关系表现出一定程度的差异性。具体而言，在东部经济发达地区，现代工业发展迅速，人民收入水平快速增长，LGDP 和 LTOUR 之间在短期具有双向因果关系，长期均衡系数也具有显著性，但二者之间的影响系数不相同，LGDP 对 LTOUR 的影响系数要远远大于 LTOUR 对 LGDP 的影响系数，这就充分说明东部发达地区将旅游产业作为经济发展主导产业的观点值得怀疑。从中部地区来看，LTOUR 与 LGDP 之间也是一种双向因果关系，其滞后项系数之和大致相等，其他产业与旅游产业发展对经济增长都产生了较大影响。故从理论上讲，其他相关产业和旅游产业都可以成为该地区的主导产业，但必须以经济适度多元化为前提。从中国西部地区来看，LGDP 和 LTOUR 之间也是一种双向因果关系，LTOUR 对 LGDP 的影响系数要远远大于 LGDP 对 LTOUR 的影响系数，故可以将旅游产业作为主导产业来发展，但同时还必须发展其他相关产业作为支撑。从东北地区面板数据看，LTOUR 与 LGDP 之间是一种单向的因果关系，即经济主导型的旅游产业发展模式，所以将旅游产业确定为其支持产业难以找到相关理论支撑点。众所周知，东北三省是我国老工业基地，以现有工业体系为主导，提升其产业结构的升级换代，适度发展其他相关产业是经济发展的必然选择。

第三，从单个省份的 LTOUR 和 LGDP 的平稳性检验和协整分析看，各省份时序列数据存在单位根，都是非平稳序列。北京、天津、湖南、广东、海南、陕西、新疆、辽宁、湖北、安徽、江西、四川和云南等 13 个省份的 LTOUR 和 LGDP 之间存在协整关系与长期均衡关系，但其他省份的 LTOUR 和 LGDP 间则不存在协整关系与长期均衡关系。这就证明本书在前面所提出的第一个假设是错误的。从格兰杰因果关系看，31 个省份中有 13 个省份的 LGDP 和 LTOUR 之间存在长期均衡关系，大部分省份表现出一种双向因果关系，但在影响强度上具有较大的差异性。所以，针对中国大部分省份以旅游产业作为主导产业的观点也值得怀疑，缺乏科学性。

第四，从单个省份与区域面板数据的 LGDP 与 LTOUR 之间的格兰杰因果关系分析结果比较看，单位根检验的结论是一致的，在协整分析结果上存在一定差异性。这可能是单个省份样本数据太少所造成的，格兰杰因果关系也基本上一致：我国总体上 LGDP 和 LTOUR 是一种双向因果关系，而在东北地区是一种单向因果关系，从滞后项系数之和，即影响关系大小上看，我国总体上"经济增长对旅游业发展的影响"大于"旅游业发展对经济增长的影响"，其中东部经济发达地区这种关系最为明显，中部地区次之，而我国西部地区这一影响关系正好相反："旅游业发展对经济增长的影响"大于"经济增长对旅游业发展的影响"。

本研究利用个体数据和面板数据的单位根检验、协整分析和 VAR 模型来全面深入分析中国旅游业和经济增长之间的关系及相关旅游经济学的问题，这在旅游经济学研究上极为少见，深化了旅游经济学的研究方法，具有重要的理论意义。另外，本书还具有重要的政策指导意义。众所周知，中国近年来总体经济快速发展，不同地理区域形成了各具特色的经济发展模式，如珠三角、长三角、环渤海经济圈。各地政府也在积极寻找适合本地的经济发展模式。随着人们收入水平的提高，中国旅游产业飞速发展，其粗放式的增长模式为当地政府和居民带来了较为丰厚的短期经济利益，旅游产业也就在无意识中成为部分地区的所谓"支持产业"和"主导产业"。当然，部分省份旅游产业成为该地区的主导产业是由其资源优势或比较优势决定的，也存在其内在的发展必然性，如云南、海南、张家界、黄山等省、市。

从以上分析结论可以知道，并不是我国大部分地区都适合将旅游业作为一种"支持产业"和"主导产业"来发展。另外，在我国大部分地区 LGDP 与 LTOUR 之间都是一种双向的因果关系，包括云南和海南。那么在发展旅游业这一所谓的"主导产业"的同时，产业结构体系的适用多元化是一个地区经济长期可持续发展的必然选择。相关学者也在积极寻找支持一个地区经济走适度多元化的理论和实证基础。本研究也正是基于此目标，以翔实、具体的数据，以科学的数量研究方法论证了中国及不同省份的经济发展模式并不完全是一种由旅游业主导下的经济增长模式，而是旅游业与相关产业相互促进、相互制约的联动发展模式。我国旅游业发展与经济增长之间的双向因果关系决定了其只能走一条适度多元化的发展道路。这一研究成果对我国各级政府管理部门制定产业发展战略，利用相关财政政策、货币政策进行宏观调控时有重要的指导意义。

| 第四章 |

宏观经济运行、旅游产业发展
与旅游企业绩效分析

第一节　引　　言

改革开放以来，中国经济发展迅猛，国内生
产总值（GDP）由 1978 年的 0.36 万亿元增长到
2019 年的 98.65 万亿元。[1][2] 具有享乐消费特征的
旅游产业也得到飞速发展，2019 年全国旅游总收
入 6.63 万亿元，旅游产业对 GDP 的综合贡献为
10.94 万亿元人民币，占 GDP 总量达 11.05%，

---

[1]　国家统计局. 中国统计年鉴：1978 ［M］. 北京：中国统计出版社，1979.
[2]　国家统计局. 中国统计年鉴：2019 ［M］. 北京：中国统计出版社，2020.

该年国内旅游人次达 60.06 亿人次，入境旅游人次 1.45 亿人次，跻身于世界旅游大国行列。[①] 良好的经济环境与旅游产业发展态势促进了我国旅游企业的迅猛发展。2013 年，中国旅游相关企业注册增速仅为 14%，自 2013 年后，旅游相关企业注册量呈迅猛增长态势，2015~2019 年，其增速均保持在 20% 左右，年度注册企业数量从 2015 年 34.22 万家增至 2019 年约 70.13 万家。[②] 从数据比较来看，宏观经济周期、旅游产业发展、旅游企业经营状况存在显著的内在相关性。旅游产业作为一个周期性的行业，对经济状况具有高度的敏感性。良好的宏观经济条件为旅游企业运行提供了有利的环境，旅游公司前景与宏观经济状态（或经济气候）存在密切相关关系。旅游产业本身的发展或旅游活动的扩大通过增加旅游人次、入住率等相应指标直接加强了旅游企业的发展，进而增加旅游企业的销售收入。而且，旅游产业的发展也能够显著改善旅游企业的商业环境，间接影响旅游企业的经营规模。但是，单纯从旅游企业经营总规模上分析宏观经济运行与旅游产业发展的影响是不够全面的，宏观经济运行与旅游产业的快速发展是否会带来我国旅游企业经营绩效的同步增长？旅游企业经营绩效的关键性影响因素及其制度瓶颈有哪些？只有破解这些因素，才能真正提升旅游产业发展所带来的社会福利水平。

关于宏观经济运行、旅游产业发展与旅游企业经营的问题，国内外相关学者进行了较为深入的研究。例如：巴拉格尔（Balaguer，2002）提出旅游主导型经济增长理论，认为旅游产业发展对宏观经济运行产生了主导作用，并利用西班牙 1975~1997 年的数据进行实证分析发现，经济增长与旅游产业发展之间存在长期均衡关系，并通过格兰杰因果关系检验证明旅游经济发展对总体经济增长具有单向影响。但欧（Oh，2005）等学者则不同意旅游主导型经济增长理论，认为西班牙符合"旅游主导型经济增长理论"的原因在于

---

① 国家统计局. 中国统计年鉴：2019 ［M］. 北京：中国统计出版社，2020.
② 金融界. 收官！国庆长假共接待国内游客 6.37 亿人次　我国今年新增旅游相关企业数量已超过 43 万家 ［EB/OL］. https：//baijiahao. baidu. com/s？id＝1680040488933075914，2020 - 10 - 09.

西班牙是国际入境旅游的最大接待国，旅游收入占 GDP 的比重过大，并进一步以韩国的旅游产业为例，通过协整分析和格兰杰因果关系检验发现，韩国旅游总收入与 GDP 之间不存在长期均衡关系，提出韩国是一种经济带动型旅游产业发展模式，而不是一种旅游产业主导型经济发展模式。法伊萨（Fayissa，2010）认为旅游产业的发展可以通过影响旅游企业经营的商业环境，从而有力地促进旅游企业的发展。博迪（Bodie，2008）认为相对于产业发展环境对旅游企业所产生的影响而言，宏观经济发展对旅游企业的发展能够产生更为显著的影响。尼科莱塔（Nicoleta，2013）从旅游产业生产效率的角度出发，实证分析了宏观经济增长对旅游产业及旅游企业经营的影响。维托塔斯（Vytautas，2014）基于人均 GDP、人均月收入、FDI、政府支出、政府收入等分类指标，分析了旅游产业发展与宏观经济运行的内在影响关系，研究结果显示存在较大的差异性影响。曼纽尔（Manuel，2016）基于人力资本积累视角，分析了旅游产业发展与地区经济增长之间的影响关系。道格鲁（Dogru，2018）提出通过发展旅游产业能够显著地增加旅游目的地的资本投入，并带动相关产业发展、降低失业率进而助力地区克服经济困难，促进地区经济实现复苏。

国内在经济增长与旅游业发展方面的文献有一个共同特点：都是从我国经济总体上来分析二者之间关系，其基本结论是二者之间存在一种互为因果的关系，例如：杨智勇（2006）运用计量经济学的理论和方法，通过双对数模型从弹性的角度对中国旅游消费与经济增长两者间的互动关系进行了定量分析，并在此基础上，提出了相关的政策建议；庞丽等（2006）对入境旅游发展的区域差异进行了分析，并在此基础上运用格兰杰因果关系检验来探究入境旅游和区域经济增长间是否存在因果关系；刘春济（2014）从产业结构合理化和高级化两个维度考察了中国旅游产业结构变迁的特征，并通过构建计量模型分析了旅游产业结构变迁对中国旅游经济增长所产生的影响，进一步探究了其成因并提出相关政策建议；赵磊（2015）利用异质性面板协整技术，对中国旅游发展与经济增长间的长期协整关系进行实证检验，并采用 FMOLS 方法测算旅游发展对经济增长的长期产出弹性；朱海艳（2021）通过门槛回归模型，探究了不同城市规模下旅游发展与经济增长二者之间的非线性关系。

综观国内外相关研究，宏观经济运行与旅游经济增长方面文献较多，主要围绕二者之间的因果关系及其内在的影响因素进行相应的分析，国外虽然有相关学者研究它们对旅游企业的影响，但也仅限于旅游企业的经营总体规模，国内很少涉及旅游产业发展、宏观经济运行对旅游企业经营绩效影响的研究。本研究主要贡献在于：一是将旅游企业经营绩效分为"规模绩效""效率绩效"。"规模绩效"以营业总收入（GOR）、资产总额（TA）、总市值（TMV）来表示。"效率绩效"主要有资产回报率（ROA）、净资产收益率（ROE）、总资产周转率（TAT）、流动比率（CR）、产权比率（ER），以期从多方面评价旅游企业的经营状况；二是构建宏观经济运行、旅游产业发展与旅游企业绩效之间的"结构模型"，剖析其时期效应、个体效应及其内在的时空演绎机制；三是选取具体研究对象，实证测算宏观经济运行、旅游产业发展对旅游企业绩效的差异性影响，为旅游产业政策制定者和旅游企业管理者提供相应的实践参考。

第二节　理论分析与研究假设

为了分析宏观经济运行、旅游产业发展与旅游企业绩效的内在影响，本书借鉴国内相关学者的研究成果，先从理论上分析其内在影响机理。根据巴拉格尔（Balaguer，2002）、欧（Oh，2005）、陈（Chen，2010）、冯学钢（2014）等相关研究理论与方法，构建如下理论框架（见图 4 – 1）。

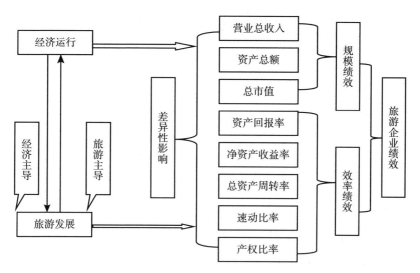

图4-1 宏观经济运行、旅游产业发展与旅游企业绩效内在影响的理论框架

关于旅游产业发展与经济增长之间的内在影响关系问题，国内外学者基于不同视角，不同经济主体、不同社会经济与旅游产业发展阶段，进行相应的理论与实证研究，得到了相互对立的研究结论。巴拉格尔（Balaguer，2002）提出"旅游主导型经济增长理论"，欧（Oh，2005）则提出"经济带动型旅游业发展模式"，都是针对不同研究对象或不同旅游经济发展时期所得到的不同的结论。因此，对于中国经济与旅游产业发展的内在影响关系，应从不同旅游经济发展区域、不同旅游经济发展时期来进行差别分析，从而制定相应的旅游业发展战略。对于旅游产业为主导产业的旅游目的地来说，旅游产业发展对整个社会经济发展有较大的影响，更加适合"旅游主导型经济增长理论"。从经济发展阶段来看，当经济发展水平较低时，旅游基础设施不够完善，旅游产业发展规模相对较小，对社会经济影响程度也相对较小，经济快速增长有利于增加旅游产品供给与提升旅游消费水平，更加适合于"经济带动型旅游业发展模式"；而当经济发展水平较高时，尤其是社会生产能力与社会产品处于"过剩"状态时，旅游作为一种"促进社会消费、减少社会产能"的有效方式，其快速发展能够有效促进社会经济高效增长。基于此，本研究提出如下研究假设：

假设 1：中国不同省份旅游产业发展与经济增长之间的内在影响关系存在显著的区域、时期差异性，这将影响不同地区旅游产业发展模式与相应政策的选择。

旅游企业是社会经济与旅游产业的重要组成部分，其经营效益的高低是衡量经济运行质量与旅游产业发展水平的主要标志。不少学者认为，宏观经济运行与旅游产业发展会对旅游企业经营绩效会产生十分重要的影响。韦甘特（Weygandt，2005）认为衡量企业经营绩效的指标主要有"规模绩效"和"效率绩效"两大类别：规模绩效主要有营业总收入（GOR）、资产总额（TA）、利润总额（TP）等，侧重于从总体规模角度评价企业的发展；效率绩效主要有资产回报率（ROA）、净资产收益率（ROE）、总资产周转率（TAT）、流动比率（CR），侧重于从投入－产出的角度评价企业的发展。陈（Chen，2010）基于台湾酒店企业的实证分析显示，宏观经济运行相对产业因素而言，对酒店"入住量"这个企业规模因素产生更大的影响，而对资产回报率（ROA）、净资产收益率（ROE）等相关企业效率绩效指标则具有较差的解释能力。塞拉米（Selami，2012）通过实证检验经济危机对欧盟旅游企业经营绩效的影响，结果显示，宏观经济低迷对土耳其旅游企业的消费、人次、员工就业产生了显著的负面影响。罗曼（Román，2015）从产业创新、商业运行环境及其内部管理制度等方面分析了产业运行绩效与企业经营绩效，认为产业创新具有较大的规模集聚能力与协同效应，有利于旅游行业整体经济效应的提升，而企业管理制度的完善性则更加趋向于提升个别企业的盈利性与经营效益。巴霍（Bajo，2020）则认为企业投资者的行为与企业的经营绩效之间存在显著的正向相关关系。

从国内相关研究文献来看，一方面，侧重于微观层次旅游企业经营绩效及其内在影响因素评价，例如：段正梁（2013）将多元化并购分为相关多元化并购和无关多元化并购，采用财务研究法衡量不同类型多元化并购对企业长期绩效的影响。另一方面，侧重于旅游产业本身发展所产生的宏观经济效益，例如：刘佳（2015）运用 Malmquist 生产率指数方法分析中国沿海地区 1999～2012 年旅游产业全要素生产率的时空演化特征，并运用面板数据模型对其旅游产业效率的影响因素和形成机理进行分析。丁玮蓉（2020）利用异质性检验，发现政府补贴对旅游小规模及初创型企业绩效的促进作用更为显著。综上所述，本研究将宏观经济运行因素、旅游产业发展因素相结合起来，在充分考虑旅游企业的内在要素基础上，分析二者对旅游企业经营绩效的影响，并基于中国旅游企业的实证数据进行相应的实证检验，提出相应的研究假设，假设如下：

假设 2：宏观经济运行、旅游产业发展都会对旅游企业绩效产生显著的积极影响，这种积极影响存在显著的个体效应与时期效应。

假设 3：宏观经济运行对旅游企业"规模绩效"产生更大的积极影响，而旅游产业发展对旅游企业"效率绩效"产生更大的积极影响。

第三节 研究设计

一、宏观经济运行、旅游产业发展、旅游企业经营绩效的测算方法

宏观经济运行可以利用总量指标和人均指标来进行反映，总量指标有国内生产总值（GDP）和国民收入（NI），人均指标有人均国内生产总值（人均 GDP）和人均个人可支配收入（CDI），旅游产业作为一种消费性服务行业，居民收入的多少是旅游企业经营发展的基础，会对其产生更为直接的影

响。旅游产业发展有国内旅游和入境旅游两个不同方面，可以用国内旅游总收入（DTI）、入境旅游总收入（FTI）来反映，也可用旅游者的数量指标来表示，即国内旅游总人次、入境旅游总人次。为了表示宏观经济运行、旅游产业发展的动态变化情况，分别以其相应变量的滞后变量来表示，如国内生产总值 $[GDP(t-1)]$、人均可支配收入 $[CDI(t-1)]$ 和国内旅游总收入 $[DTI(t-1)]$。

旅游企业经营绩效的衡量指标按照肖洛克斯（Shorrocks，1982）、韦甘特（Weygandt，2005）等相关学者的研究方法来进行设计，分为"规模绩效"和"效率绩效"两大类别。"规模绩效"分别以营业总收入（GOR）、资产总额（TA）、总市值（TMV）来表示。营业总收入（GOR）是指旅游企业在从事销售旅游产品，提供旅游劳务和让渡资产使用权等日常经营业务过程中所形成的经济利益的总流入，分为主营业务收入（POR）、非主营业务收入（OOR）和其他业务收入。资产总额（TA）是指一定时期内旅游企业固定资产投资与流动资产之和。固定资产是指旅游企业各部门对固定资产的全部投资，包括基本建设投资，更新改造投资和其他固定资产投资以及与工程项目有关的勘探和勘察设计的支出等。流动资产是指旅游企业各部门占用的原材料、在产品、产成品和产品库存，以及战略物资储备等的增加额。随着我国证券市场的不断发展，上市公司的总市值（TMV）成为企业公允价值的重要指标。

"效率绩效"主要有资产回报率（ROA）、净资产收益率（ROE）、总资产周转率（TAT）、流动比率（CR）、产权比率（ER）等。总资产回报率（ROA）衡量每一元资产产生的利润，$ROA = $净利润/总资产$\times 100\%$，它反映了一个企业管理资产产生利润的能力。投资者更喜欢 ROA 高的公司，因为它是管理效率的指标。净资产收益率（ROE），又称股东权益收益率，是净利润与平均股东权益的百分比，是公司税后利润除以净资产得到的百分比率，该指标反映股东权益的收益水平，用以衡量公司运用自有资本的效率。指标值越高，说明投资带来的收益越高。总资产周转率（*TAT*）衡量一个公司如何有效地利用其资产来产生销售，*TAT* = 营业收入/总资产×100%。总资产周转率可以衡量董事会和高级管理人员管理资产的效率。高水平的经营效率会导致利润增加。流动比率（*CR*）也称营运资金比率或真实比率，是指企业流动资产与流动负债的比率。产权比率（*ER*）也称为杠杆比率，产权比率 = 总负责/股东权益×100%，代表资本充足率，是用来衡量公司是否能保持充足的资本来监控自己的风险。

二、宏观经济运行与旅游产业发展内在影响的计量模型设定

从理论分析来看，中国不同区域不同时期旅游产业发展（*DTI*）与宏观经济运行（*GDP*）之间的内在影响存在显著的差异性。由于不能确信这两个变量中谁是外生变量时，人为地假定外生变量而使用单方程方法来进行估计是无效的。因此，引入时期效应和个体效应，基于面板数据的向量自回归模型（VAR）来进行估计。由于这两个变量可能是平稳序列或非平稳序列，因而 VAR 模型设定为两种形式：存在协整关系的时间序列，可以使用原时间序列进行研究，或者使用包含误差纠正项的一阶差分序列进行研究；对非平稳的时间序列变量使用没有包含误差纠正项的一阶差分序列进行研究，其矩阵形式如下：

$$\begin{bmatrix} \Delta GDP_{it} \\ \Delta DTI_{it} \end{bmatrix} = \lambda_i + \lambda_t + \lambda_1 \varepsilon_{it} + \alpha_1 \begin{bmatrix} \Delta GDP_{it-1} \\ \Delta DTI_{it-1} \end{bmatrix} + \alpha_2 \begin{bmatrix} \Delta GDP_{it-2} \\ \Delta DTI_{it-2} \end{bmatrix} + \cdots \alpha_p \begin{bmatrix} \Delta GDP_{it-p} \\ \Delta DTI_{it-p} \end{bmatrix} + u_{it}$$

$$(4-1)$$

$$\begin{bmatrix} \Delta GDP_{it} \\ \Delta DTI_{it} \end{bmatrix} = \lambda_i + \lambda_t + \alpha_1 \begin{bmatrix} \Delta GDP_{it-1} \\ \Delta DTI_{it-1} \end{bmatrix} + \alpha_2 \begin{bmatrix} \Delta GDP_{it-2} \\ \Delta DTI_{it-2} \end{bmatrix} + \cdots + \alpha_P \begin{bmatrix} \Delta GDP_{it-P} \\ \Delta DTI_{it-P} \end{bmatrix} + u_{it}$$

$$(4-2)$$

式（4-1）和式（4-2）中 ΔGDP_{it}、ΔDTI_{it} 分别表示不同时期我国不同

省份的地区生产总值、旅游产业收入指标值，α_i、β_i 是参数矩阵，λ_i 表示个体效应，λ_t 表示时期效应，ε_t 是扰动项。滞后项数分别通过 AIC、SBC 准则、LR 检验来确定。不同省份旅游产业与宏观经济运行之间的内在关系，可以通过格兰杰因果关系检验来进行验证。若二者之间存在协整关系，利用"误差纠正面板模型（panel-based ECM）"来分析二者之间的因果关系。这种关系在不同省份之间的时空差异性通过个体效应与时期效应来进行反映。

三、宏观经济运行、旅游产业发展对旅游企业经营绩效影响模型设定

从理论分析可知，旅游企业绩效主要受到旅游企业内在经营要素的数量及其优化组合的影响，宏观经济运行、旅游产业发展只是为其提供了外在发展环境，从而对其经营绩效产生影响。因此，本书将宏观经济运行、旅游产业发展这两个变量引入到旅游企业绩效分析模型。由于这两个变量之间存在内在影响关系，在模型设计时以差分形式设计变量，以避免变量之间所存在的多重共线性而产带来的"伪回归"。模型具体设计形式如下：

$$ACHIE_{it} = \phi_i + \phi_t + \phi_1 \Delta GDP_{it} + \phi_3 \Delta DTI_{it} + \phi_4 K_{it} + \phi_5 L_{it} + \phi_6 SYS_{it} + \varepsilon_{it}$$

$$(4-3)$$

其中，$ACHIF_{it}$ 表示旅游企业的绩效指标，ΔGDP_{it}、ΔDTI_{it} 分别表示不同时期我国国内生产总值、旅游产业收入指标值，ϕ_i、ϕ_t 分别表示不同企业的时期效应与个体效应，K_{it}、L_{it}、SYS_{it} 分别从资本、劳动、管理因素来设置控制变量，分别以旅游企业的资本存量、员工数量、员工持股比重等指标来表示。构建现代企业制度能够有效提升旅游企业的经营管理绩效，而企业员工激励机制的构建是构建现代企业制度的重要内容。贾马林萨里（Jamalinesari，2015）、瓦拉德卡尼（Valadkhani，2016）等相关学者通过理论与实证研究，均提出员工对企业管理的参考程度越高越能有力地提升企业经营管理效率，有助于

维持企业组织中最优营运资本的机制。中国的"华为奇迹"也充分显示了员工激励机制对企业经营绩效的巨大推动力。因此，本书利用"员工持股比重"这个量化指标进入回归方程以反映企业管理因素对其经营绩效的影响。实证回归分析时，先利用 pool-OLS 回归分析，然后利用协方差分析和霍斯曼检验（Hausman test），以选择随机效应或固定效应的面板计量分析方法。

第四节 实 证 分 析

一、实证分析样本选择

本书在实证探究宏观经济运行与旅游产业发展内在影响关系时，选择的实证分析样本为中国 31 个省份（样本不含港澳台地区）。各个不同省份样本数据为年度数据，样本时间跨度为 1990 ~ 2016 年。各省份的国内旅游总收入、入境旅游总收入、国内旅游总人次、入境旅游总人次、国内生产总值、国民收入、人均国内生产总值、人均个人可支配收入等相关原始数据主要来自各年度《中国旅游统计鉴》、各个省份统计年鉴及各省份旅游统计公报。因为 1997 年才将原四川省重庆、万县、涪陵三地级市设为重庆市，其 1990 ~ 1997 年的相关统计资料将这三个地级市的相关数据从四川省剥离出来。在验证宏观经济运行与旅游产业发展对旅游企业绩效的影响时，分别将各个时期我国宏观经济、旅游产业总量指标代入回归方程，考虑到旅游企业相关数据可获取性，宏观经济运行与旅游产业发展变量的数据为季度数据，时间跨度选取 2010 年第一季度到 2016 年第四季度。旅游企业仅以旅游类 A 股上市公司为例，根据国泰君安财政金融数据库统计，其中，景点类旅游企业 24 家、酒店餐饮类企业 10 家、航空类企业 7 家，共计 41 家旅游类 A 股上市公司。

二、样本数据描述性统计特征分析

表 4 - 1 中列出了 1990 年以来，我国宏观经济运行与旅游产业发展的主要统计指标。在 1990 ~ 2016 年，我国的旅游产业发展迅速，在 1990 年旅游总收入为 304.5 亿元，此时相当于第三产业增加值的 6.24% 和 GDP 的 1.75%，在 1998 年中央将信息业、房地产业、旅游业确立为新的经济增长点后，旅游产业在中国得到了更多的重视，在 2016 年旅游总收入增长到 39390.2 亿元，相当于第三产业增加值的 10.25% 和 GDP 增加值的 5.29%，旅游产业年均增长率达 17.48%，明显高于第三产业增加值 15.07% 的年均增长率，以及 GDP 增加值 12.75% 的年均增长率，对国民经济发展起到明显拉动作用。

表 4 - 1　　　　1990 ~ 2016 年旅游产业发展与经济运行的样本数据

年份	旅游总收入（亿元）	GDP		第三产业增加值	
		总量（亿元）	旅游占百分比（%）	总量（亿元）	旅游占百分比（%）
1990	304.5	17400.3	1.75	4876.2	6.24
1991	387.7	19580.2	1.98	5331.1	7.27
1995	1375.7	61339.9	2.24	20641.9	6.66
1996	1638.4	71813.6	2.28	24107.2	6.80
1997	2112.7	79715.0	2.65	27903.8	7.57
1998	2391.2	85195.5	2.81	31558.3	7.58
1999	2831.9	90564.4	3.13	34934.5	8.11
2000	3175.5	100280.1	3.17	39897.9	7.96
2001	3522.4	110863.1	3.18	45700.0	7.71
2002	3878.4	121717.4	3.19	51421.7	7.54

续表

年份	旅游总收入 （亿元）	GDP		第三产业增加值	
		总量 （亿元）	旅游占百分比 （%）	总量 （亿元）	旅游占百分比 （%）
2003	3442.3	137422.0	2.50	57754.4	5.96
2004	4710.7	161840.2	2.91	66648.9	7.07
2005	5285.9	187318.9	2.82	77427.8	6.83
2006	6229.7	219438.5	2.84	91759.7	6.79
2007	7770.6	270232.3	2.88	115810.7	6.71
2008	8749.3	319515.5	2.74	136805.8	6.40
2009	10183.7	349081.4	2.92	154747.9	6.58
2010	12579.8	413030.3	3.05	182038.0	6.91
2011	19305.4	489300.6	3.95	216098.6	8.93
2012	22706.2	540367.0	4.20	244821.9	9.27
2013	26276.1	595244.4	4.41	277959.3	9.45
2014	30311.9	643974.0	4.71	308058.6	9.84
2015	34195.1	676708.0	5.05	341737.5	10.01
2016	39390.2	744127.0	5.29	384221.2	10.25

资料来源：国家统计局. 中国统计年鉴：1990 ［M］. 北京：中国统计出版社，1991；国家统计局. 中国统计年鉴：2016 ［M］. 北京：中国统计出版社，2017；中华人民共和国国家旅游局. 中国旅游统计年鉴：1990 ［M］. 北京：中国旅游出版社，1991；中华人民共和国国家旅游局. 中国旅游统计年鉴：2016 ［M］. 北京：中国旅游出版社，2017。

表 4 - 2 是中国旅游企业 2010 年第一季度到 2016 年第四季度相关变量的描述性统计分析表，从旅游类上市公司营业总收入来看，GOR_{it} 均值为 60921.907 万元，中位数仅为 89032.761 万元，经营规模相对较小，不同上市公司间存在较大差异性，最大旅游企业经营总收入达 1904978.90 万元，而最小值仅为 12921.452 万元，标准差较大，达 435678.461 万元，不同上市公司间发展极不平衡。从营业总收入内在结构比重来看，主营业务收入（POR）、非主营业务收入（OOR）和其他业务收入比重分别 51.35%、

44.47% 和4.18%，主营业务收入在营业总收入中所占比重严重偏低。从旅游类上市公司的效率指标 – 产权比率来看，ER_{it} 均值为 22.559% ，中位数为 27.665% ，最大值达 205.15% ，而最小值仅为 6.551% ，标准差较大，达到 34.553% ，不同上市公司间存在较大差异。其他指标也存在类似的特征。这充分显示旅游类上市公司不但总体规模小，经济效益相对较差，而且主业集中度低，发展极不平衡。

表 4 – 2   旅游类上市公司经营绩效的特征变量描述性统计分析   单位：万元

变量指标	GOR_{it}	TA_{it}	TMV_{it}	ROA_{it}	ROE_{it}	TAT_{it}	CR_{it}	ER_{it}
均值	60921.907	28869.096	285448.474	7.113	0.135	0.217	8.563	22.559
中位数	89032.761	45854.285	435465.235	10.224	0.296	0.436	10.234	27.665
最小值	12921.452	6087.456	56740.355	2.506	-0.786	0.078	1.511	6.551
最大值	1904978.90	400169.38	13574926.76	14.112	0.606	0.562	14.235	205.15
标准差	435678.461	21342.446	1254466.556	121.343	4.546	3.896	24.567	34.553

注：相关内容的原始数据源自国泰君安 CSMAR 统计数据库，各项指标的具体数值都是作者通过相关计算公司整理而得到，各个变量的具体计算方法参照上述变量设计，表中后五列的单位为% 。

三、宏观经济运行、旅游产业发展对旅游企业绩效影响的实证分析结果

宏观经济运行与旅游产业发展内在影响关系已经在第三章进行了实证分析，本章将对宏观经济运行、旅游产业发展对旅游企业绩效影响进行实证分析。基于回归模型，利用 MATLAB 软件对宏观经济运行、旅游产业发展对旅游绩效影响进行计量分析。为避免变量间存在多元共线性，自变量中的宏观经济运行变量分别用差分形式的国内生产总值（ΔGDP_{it}）和个人可支配收入（ΔCDI_{it}），旅游产业发展变量则分别用差分形式的国内旅游收入（ΔDTI_{it}）和入境旅游收入（ΔFTI_{it}）表示，以反映这两类指标对旅游企业绩效的差异性影响。由于协方差分析和 Hausman 检验拒绝了固定效应的原假设，故选用

变斜率的随机效应面板计量模型进行实证分析。

表4-3中分别选取不同指标来表征旅游企业"规模绩效"和"效率绩效"作为因变量进行回归分析，并分别从旅游企业的"内在发展（GOR、ROE）"与"市场评价（TMV、CR）"两个方面进行分析，以检验回归结果的稳健性。模型（4-1）和模型（4-3）分别以旅游企业的营业总收入（GOR）和市值（TMV）这两个"规模绩效"指标为因变量，以 GDP、ITI 和 RTI 为因变量及其相应的控制变量进行回归的结果；模型（4-2）和模型（4-4）以 CDI 代替 GDP 作为因变量进行回归的结果。模型（4-5）和模型（4-7）分别以旅游企业的 ROE 和 CR 这两个"效率绩效"指标为因变量，以 GDP、DTI 和 FTI 为因变量及其相应的控制变量进行回归的结果；模型（4-6）和模型（4-8）则相应地以 CDI 代替 GDP 作为因变量进行回归的结果。从回归分析结果看，大部分变量的系数都在1%或5%的显著水平显著，回归拟合效果较好，调整 R^2 都在0.8以上。从宏观经济运行变量（ΔGDP_{it}、ΔCDI_{it}）与旅游产业发展变量（ΔDTI_{it}、ΔFTI_{it}）的回归系数比较来看，宏观经济运行对旅游企业的"规模绩效"指标的影响值分别为0.456、0.564、0.537、0.646，对旅游企业"效率绩效"指标的影响值分别为0.402、0.446、0.472、0.488；而旅游产业发展对旅游企业的"规模绩效"指标的影响值分别为0.281、0.283、0.275、0.271、0.196、0.198、0.189、0.188，对旅游企业"效率绩效"指标的影响值分别为0.321、0.335、0.312、0.318、0.239、0.237、0.207、0.202。从宏观经济运行变量 ΔGDP_{it} 与 ΔCDI_{it} 的影响系数内在比较来看，ΔCDI_{it} 的影响系数相对较大，分别为0.537、0.646、0.446、0.488，而 ΔGDP_{it} 的影响系数相对较小，分别为0.456、0.564、0.402、0.472。从旅游产业发展变量 ΔDTI_{it} 和 ΔFTI_{it} 的影响系数内在比较来看，ΔDTI_{it} 的影响系数相对较大，ΔFTI_{it} 的影响系数要小得多。从其他控制变量 K_{it}、L_{it}、SYS_{it} 的影响系数比较来看，资本、劳动、管理因素对旅游企业绩效的影响程度依次呈现出递增的变化规律，反映出我国旅游企业仍然是一种高度劳动密集型的产业，资本聚集能力相对较差，管理因素仍有较大的改

进空间。从时期效应的比较来看，在 2010～2016 年，这种变化趋势在不断加强。从个体效应的比较来看，以企业规模为参照变量，旅游企业由小到大，这种影响关系呈现出递增的变化规律。

表 4 - 3 　　　　　宏观经济运行、旅游产业发展对旅游企业绩效的
影响的实证计量分析结果

变量	规模绩效				效率绩效			
	GOR (1)	GOR (2)	TMV (3)	TMV (4)	ROE (5)	ROE (6)	CR (7)	CR (8)
常数项	2.156 ** (4.446)	2.432 ** (3.908)	2.532 * (2.496)	2.507 ** (4.029)	2.221 ** (4.455)	2.297 * (1.966)	2.333 * (2.036)	2.246 * (2.662)
ΔGDP_{it}	0.456 ** (4.456)	–	0.564 * (2.496)	–	0.402 ** (4.435)	–	0.472 * (2.442)	–
ΔCDI_{it}	–	0.537 ** (3.488)	–	0.646 ** (5.126)	–	0.446 * (1.965)	–	0.488 * (2.036)
ΔDTI_{it}	0.281 ** (4.456)	0.283 ** (3.989)	0.275 * (2.495)	0.271 ** (3.728)	0.321 ** (4.425)	0.335 * (1.906)	0.312 * (2.066)	0.318 * (2.995)
ΔFTI_{it}	0.196 ** (4.445)	0.198 ** (3.404)	0.189 * (2.496)	0.188 ** (5.024)	0.239 ** (4.435)	0.237 * (1.966)	0.207 * (2.078)	0.202 * (2.465)
K_{it}	0.956 ** (4.478)	0.945 ** (3.406)	0.969 * (2.496)	0.957 ** (5.026)	0.781 ** (4.444)	0.787 * (1.906)	0.752 * (2.036)	0.737 * (2.087)
L_{it}	1.256 ** (4.447)	1.232 ** (3.405)	1.209 * (2.496)	1.237 ** (5.024)	1.399 ** (4.421)	1.397 * (1.905)	1.337 * (2.038)	1.336 * (2.035)
SYS_{it}	1.756 ** (4.445)	1.632 ** (3.408)	1.809 * (2.598)	1.637 ** (5.328)	1.921 ** (4.527)	1.897 * (1.909)	1.836 * (2.035)	1.836 * (2.035)
个体效应	+	+	+	+	+	+	+	+
时期效应	+	+	+	+	+	+	+	+
调整 R^2	0.867	0.897	0.855	0.891	0.803	0.862	0.842	0.899
F-统计值	499.27 **	539.25 **	526.21 **	539.44 **	534.26 **	532.26 **	529.25 **	530.55 **

　　注：*、**、*** 表示 10%、5%、1% 的显著水平显著，+ 表示存在个体、时期效应，- 表示缺省值。

第五节 结论及启示

本研究首先从宏观与微观两个层次出发，构建了中国宏观经济运行、旅游产业发展及其旅游企业绩效的"结构模型"，从理论上研究宏观经济运行与旅游产业发展的内在影响机理及其存在的时期效应、个体效应，并反映其内在时空演绎机制。其次，在界定旅游企业"规模绩效""效率绩效""内在发展""市场评价"指标基础上，剖析宏观经济运行、旅游产业发展对旅游企业绩效的差异性影响。最后，基于中国 31 省份 1990～2016 年国内旅游总收入、入境旅游总收入、国内生产总值、人均个人可支配收入、旅游类 A 股上市公司的相关数据进行相应的实证检验。

理论与实证分析显示：宏观经济运行、旅游产业发展都会对旅游企业绩效产生显著的积极影响，其影响程度大小取决于旅游企业内部要素的优化组合程度。宏观经济运行对旅游企业经营的"规模绩效""市场评价"指标产生了更大的影响，而旅游产业发展对旅游企业经营的"效率绩效""内在发展"指标产生了更大的影响。无论是旅游企业"规模绩效""效率绩效"，还是从旅游企业的"内在发展""市场评价"两个方面来看，个人可支配收入的影响要远远大于国内生产总值的影响，国内旅游收入的影响要远远大于入境旅游收入的影响，且 2010～2016 年这种影响的时期效应也在不断加强；从资本、劳动、管理因素对旅游企业绩效的影响来看，其影响程度依次呈现出递增的变化，反映出我国旅游企业仍然是一种高度劳动密集型的产业，资本聚集能力相对较差，管理因素仍有较大的改进空间，从数据比较来看，资本对旅游企业的"规模绩效"影响更大，劳动、管理对旅游企业的"效率绩效"影响更大。基于上述理论与实证分析结论，我们可以得到如下几个方面启示：

第一，旅游产业发展是旅游目的地社会经济水平提升的重要推动器。中国旅游产业发展速度迅猛，初步形成观光旅游和休闲度假旅游并重、旅游传统业态和新业态齐升、基础设施建设和旅游公共服务共进的新格局，成为国民经济战略性支柱产业。对于不发达地区，旅游产业发展起到"扶贫富民"的作用，对于发达地区，旅游产业发展起到"锦上添花"之效果，在推动经济发展，美化生态环境，促进社会文化进步等方面产生巨大作用。

第二，要准确定位旅游产业发展在不同区域经济发展中的地位。随着我国旅游业飞速发展，从总体上来看，旅游产业已成为国民经济的支柱性产业，这种产业定位的内在必然性在于中国宏观经济运行与旅游产业发展之间，在短期、长期所存在"双向"因果关系。但是，旅游产业在不同省份或不同区域经济发展中的定位应根据实际情况区别对待，不可一味生搬硬套。

第三，注重宏观经济政策与旅游产业政策对旅游企业绩效的差异性影响。中国旅游产业发展仍然是坚持"政府主导型"的发展模式，宏观经济政策、旅游产业政策都会对旅游企业的发展产生十分重大的影响。宏观经济政策可以为旅游企业经营创造良好的宏观环境，旅游产业政策更是为旅游企业经营提供了更为直接的产业支持。本研究的实证分析结论显示：宏观经济政策更加有利于促进旅游企业的"规模绩效"，尤其是 CDI 影响十分显著；而旅游产业政策更加有利于促进旅游企业"效率绩效"，这种差异性影响十分重要。说明旅游企业不仅要追求"做大"，更重要的是要"做强"。中国良好的宏观经济运行环境对旅游企业发展来说固然重要，但构建一整套可操作性强且完备的旅游产业发展政策体系，对旅游企业绩效的改善来说更为重要。

第四，注重国内休闲旅游消费对我国内需型经济发展模式的重要影响。扩大内需依然是未来一段时间内经济发展的重点，而内需的增长点不是在日用消费品领域，而是在国内休闲旅游消费领域。我国旅游产业发展虽然起步于入境旅游消费，但随着我国社会经济的发展，国内休闲旅游消费已经在我国旅游产业发展中占据越来越重要的地位。从宏观层次来看，2016年全国旅游总收入4.69万亿元，国内旅游收入达3.90万亿元，所占比重达83.16%，从微观层次来看，国内旅游消费对旅游企业绩效的影响要显著地大于入境旅游消费。因此，大力提升国内居民的个人可支配收入水平，提高国内休闲旅游消费能力，支持旅游企业集约式发展，以提供优质、合意的国内旅游消费产品，将成为我国宏观经济政策与旅游产业政策制定的重要指针。

第五章

旅游产业发展的消费福利效应分析

第一节　引　　言

　　旅游产业快速发展促进旅游目的地的经济发展，提高经济增长率和收入水平，同时旅游产业的繁荣将为地区居民提供更多就业机会，增加地区居民人均收入，提高其消费水平。但由于消费者的大量涌入，容易造成物价上涨，消费水平偏高。而且旅游产业快速发展容易造成"旅游孤岛"现象，造成旅游区与非旅游区发展不平衡，旅游产业繁荣兴盛时带来物价上涨，生活成本增加等问题，使非旅游区的居民难以承受。改革开放以来，我国旅游产业发展迅猛，1978年，中国入境旅游人数仅为 72 万人次，旅游外汇收入仅为 2.6 亿美元，入境旅游和国内旅游都处于起步阶段[①]，到 2019 年入境旅游人数为 1.45 亿人次，入境旅游收入达 1313 亿美元，国内旅游人数为 60.1 亿人次，国内旅游收入为 5.73 万亿元。[②] 与此同时，国内居民消费水平也在大幅度增长，居民消费水平由 1978 年的 184 元增长到 2019 年的 21559 元，其中，农村居民消费水平为 13328 元，城镇居民消费水平为 28063 元，在不同区域间存在显著差异性，如 2019 年国内居民消费水平最高的上海市达 45605.1 元，而国内居民消费水平最低的西藏仅为 13029.2 元。[③] 但旅游总收入却存在不同的差异性，2019 年旅游总收入最高的广东达 15156 亿元，而旅游总收入最低的宁夏仅为 340 亿元。[②] 因此，旅游产业发展与社会居民的消费水平及其所带来消费福利效应存在差异性影响。旅游产业作为扩大消费需求的重要领域，作为老百姓日常生活的重要组成部分，积极分析旅游经济发展对旅游目的地消费福利的影响，为旅游产业发展提出合理发展战略和对策有着重要意义。

第二节 文 献 综 述

一、国内相关研究

国内学者对旅游产业发展的消费福利效应的相关研究，大致可分为两类：

---

① 中华人民共和国国家旅游局. 中国旅游统计年鉴：1978［M］. 北京：中国旅游出版社，1979.

② 中华人民共和国文化和旅游部. 中国旅游统计年鉴：2019［M］. 北京：中国旅游出版社，2020.

③ 国家统计局. 中国统计年鉴：2019［M］. 北京：中国统计出版社，2020.

（一）旅游产业发展能促进地区消费，提高居民消费水平

如孙元欣（2009）提出游客购物餐饮总额对上海零售消费市场的贡献度为 23.8%，其中餐饮消费对上海餐饮市场贡献度为 46.8%。刘益（2010）通过对旅游业拉动内需功能和产业波及效果分析，认为旅游产业是一个典型的最终需求型产业，对于拉动旅游目的地内需、刺激消费具有重要促进作用。刘雾雯（2010）利用 Johansen 协整检验和格兰杰因果关系检验，从城乡两个层面实证分析中国居民收入差距与平均旅游消费倾向二者之间的相关关系和因果关系。郝芳（2014）通过实证检验发现农村居民生活水平与旅游经济发展二者之间存在显著的相互促进关系。苏建军（2014）认为旅游产业作为典型的综合消费和最终消费的产业，旅游产业的发展对扩大旅游目的地消费存在显著正向效应，且国内旅游对消费的促进作用要远远大于入境旅游对消费的促进作用。邹文涛（2015）通过研究发现尽管国际旅游岛政策对海南城乡居民生活产生了一定程度负面影响，但同时也明显促进了海南岛消费升级，提升了居民整体生活质量。庞莉华（2017）对我国居民消费水平和旅游消费水平开展了协整分析，研究结果表明，我国国民消费和旅游消费之间存在长期且稳定的均衡关系。居民总体旅游消费、城镇居民旅游消费以及农村居民旅游消费每变动 1 个单位，就会分别引起相应的居民消费总量结果变动 0.0793 个、0.0864 个、0.0580 个单位。赵磊（2020）提出发展旅游经济对提升旅游目的地居民消费水平有着显著正向影响，旅游产业可通过优化地区就业结构、拓宽居民就业渠道等方式来激发旅游目的地居民的消费潜力。

（二）旅游产业发展在刺激消费的同时，也会导致物价上涨，影响居民消费福利

如霍翔（2012）通过整群抽样方法，以黄山市为实证研究对象，对当地旅游产业发展对非景区居民消费水平的影响进行了探究，研究发现旅游产业

发展会导致非景区物价的盲目上涨，从而严重影响了非景区居民的消费福利。李维维（2018）发现旅游收入的紧缩或扩张与地区居民消费需求的波动有着密切关系。查瑞波（2018）以香港为研究对象，引入零售额作为中介变量建立多元模型探究了入境旅游对旅游目的地消费物价水平的影响，格兰杰因果关系检验实证结果表明，在发展入境旅游的过程中必然会带动零售总额增加并最终影响旅游目的地的消费物价水平。马瑞（2019）将兴坪古镇作为研究对象，通过田野调查的形式，以旅游产业发展对当地居民生活带来影响为调研视角进行研究，研究表明不少当地居民表示由于旅游产业的发展，旅游目的地物价上涨，生活成本明显提高，造成生活压力感知明显，并表示在发展旅游的进程中，居民间的贫富差距显著扩大。尚长春（2021）以广西为实证研究对象，提出旅游产业对 CPI 同时存在提升和平抑两种效应，当其产生的提升效应大于平抑效应从而占据主导地位，旅游目的地的物价就会出现逐渐攀升的现象。

二、国外相关研究

国外关于旅游产业发展的消费福利效应研究的观点主要分为两大派：积极消费效应（positive consumption effect）和消极消费效应（negative consumption effect）。

（一）积极产出效应

这种观点普遍认为旅游产业发展，一方面会带动旅游者在旅游目的地的消费水平，另一方面会增加旅游目的地的就业机会，增加旅游目的地社会居民收入水平，提升其消费水平和消费福利效应。例如：克拉克（Clarke，1993）提出在假设旅游者所利用的资源全部归居民所有且作为市场化的产品或服务能够被有效定价的前提下，旅游目的地居民即使在面对环境成本增加和收费增加等情况下，旅游业的发展也会促进居民的净平均经济收益。杜巴利（Durbarry，2004）认为旅游产业发展会创造就业机会，促进居民收入增长与消费需求，提升旅游目的地居民生活水平。克瑞斯汀（Christian，2013）构建旅游者与旅游目的地社会居民之间的消费者行为模型，以出境旅游者为研究对象，研究了旅游产业发展对旅游消费行为与消费效果的影响，结果显示其积极影响显著大于当地居民消费能力。珊德拉（Sandra，2015）从旅游者感知视角出发，提出旅游者态度对旅游消费行为的影响及其存在的旅游消费结构差异性，从而对旅游目的地社会居民收入与消费也产生差异性影响。韦德（Wided，2017）构建了旅游目的地选择 - 消费模式模型，实证研究旅游者消费的主要影响因素及其对旅游目的地社会消费的积极带动能力。朱（Zhu，2019）对中国旅游产业与居民消费水平两者间耦合协调状况开展探究，引入单位根检验、协整检验及格兰杰因果关系检验等方法，提出旅游产业是影响旅游目的地居民消费水平的原因，且实证结果表明，旅游产业每增加一个点，旅游目的地居民消费水平随之提高 4696.83 元。

（二）消极产出效应

这种观点认为旅游产业发展虽然为旅游目的地增加了可观的旅游收入与就业机会，带动消费能力快速增长，大大促进了地区居民消费福利水平的提升，但是，旅游产业发展所带来的生态环境恶化、物价水平上涨、产业结构畸形发展、收入分配悬殊等消极影响相伴而生，对旅游目的地居民的消费福利水平又带来显著负面影响。如森古普塔（Sengupta，1994）和欧（Oh，2005）认为由于区域经济增长结构的差异性，旅游发展与经济增长之间的短期脉冲响应和长期协整关系意味着旅游发展对居民消费水平的影响机制也存在着时间上和空间的差异性，对其部分社会居民的消费水平会带来负面影响。阿达姆（Adamou，2009）认为，旅游发展带动旅游目的地居民收入增长的能力是有限的，并且可能随着旅游收入占 GDP 比重的上升，其对社会居民的贡献度逐渐递减，乃至呈负面影响。李（Li，2011）认为旅游业发展对当地物价、收入分配、生活成本、产业替代等产生负面影响，从而产生负面的消费效应。温尼（Winnie，2014）认为旅游产业发展对旅游目的地奢侈品的消费有明显推动作用，但旅游产业发展对旅游目的地必需品的消费却存在负面"替代效应"。马（Ma，2019）认为由于旅游地具有极其丰富的自然资源和极佳的地理优势，外来人员出于提高生活质量、获取旅游资源的便利性等因素的考量，旅游目的地居住的外来人员不断增加，进而引致产品住宅房价提升，最终损害了旅游目的地居民的消费福利。

三、相关研究评述

从国内外相关研究成果来看，相关学者从正反两个不同方面分析了旅游产业对旅游目的地社会居民消费水平的影响，大多认为旅游产业发展主要通过带动居民就业进而增加收入来带动地区消费能力，但又会通过扭曲旅游目的物价水平，推动其物价水平上升，从而抑制旅游目的地居民的消费能力，同时对旅游目的地在产业结构扭曲、收入分配失衡等方面带来相应的影响，还会对旅游目的地居民消费带来负面影响。但是，很少有研究将这些积极的、负面的影响结合起来。因此，本研究在剔除旅游产业本身消费的基础上，同时考虑价格因素、就业因素对旅游目的地的社会居民本身消费的综合影响，以分析旅游产业发展对旅游目的地社会居民所带来的消费福利效应。

第三节　计量分析模型

为了综合考虑旅游产业发展对旅游目的地社会居民消费水平的积极和负面影响。由于旅游目的地消费水平、价格水平、旅游产业发展之间存在内在影响有关系，本研究借鉴杜巴利（Durbarry，2004）、温尼（Winnie，2014）、珊德拉（Sandra，2015）的研究方法，构建如下三个变量之间具有内在影响的联立方程模型，三个变量同时进入回归模型，并引入各个变量的控制变量，利用计量经济学方法，定量分析旅游产业发展对旅游目的地的社会居民所产生的消费福利效应。

$$Price_{it} = \alpha_{01} + \sum_{p=0}^{n} \alpha_{p1} Tourism_{it-P} + \sum_{q=0}^{n} \alpha_{q1} Consu_{it-P} + \alpha_{s1} X_{it} + \varepsilon_{it}$$

$$(5-1)$$

$$Tourism_{it} = \alpha_{02} + \sum_{p=0}^{n} \alpha_{p2} Price_{it-P} + \sum_{q=1}^{n} \alpha_{q2} Consu_{it-P} + \alpha_{s2} Y_{it} + \varepsilon_{it}$$

$$(5-2)$$

$$Consu_{it} = \alpha_{03} + \sum_{p=0}^{n} \alpha_{p3} Price_{it-P} + \sum_{q=1}^{n} \alpha_{q3} Tourism_{it-P} + \alpha_{s2} Z_{it} + \varepsilon_{it}$$

$$(5-3)$$

其中，式（5-1）反映了旅游消费对旅游目的地价格所产生的负面影响，$Price_{it}$ 表示不同时期不同地区价格水平，$Tourism_{it-P}$ 表示 t 至滞后 p 期不同地区旅游总收入，$Consu_{it-P}$ 表示 t 至滞后 p 期不同地区消费总水平。X_{it} 为影响旅游目的地物价水平的控制变量，主要以旅游目的地 GDP 表示。式（5-2）反映旅游目的地物价水平上升对旅游消费所带来的负面影响，$Tourism_{it}$ 表示不同时期不同地区旅游收入总水平，$Price_{it-P}$ 表示 t 至滞后 p 期不同地区的价格水平。Y_{it} 为影响旅游产业发展水平的控制变量，主要以旅游目的地的总人次来表示。式（5-3）反映旅游目的地旅游产业发展与物价水平的上升对旅游消费所产生的积极和负面影响，$Tourism_{it-P}$ 表示 t 至滞后 p 期不同地区的旅游收入总水平，$Price_{it-P}$ 表示 t 至滞后 p 期不同地区的价格水平。Z_{it} 为影响旅游目的地消费水平的控制变量，主要以旅游目的地居民收入水平表示。公式中引入滞后期的原因在于因变量同时受当期及滞后期自变量影响。

第四节 实 证 分 析

一、样本数据来源

实证分析以中国 31 个省份为对象，观测期为 2010～2016 年，分别以不同时期不同地区旅游总收入、物价水平及其相关影响变量，作为研究旅游经济发展对各省份消费福利影响的样本数据。该样本稳定性较强，且比较具有代表性。物价指数以当地不同时期消费物价指数（CPI）来表示，旅游产业水平以地区旅游总收入表示，即国内旅游收入与入境旅游收入之和，入境旅游收入以当年旅游外汇收入按当年汇率进行折算。主要数据来自 2010～2016 年各年度的《中国统计年鉴》、各省份不同年度的统计年鉴、中经网统计数库。

二、样本数据描述性统计特征分析

表 5－1 列出了我国不同省份 2010～2016 年旅游总收入、人均居民消费水平样本统计数据。从具体数据看，具有如下特征：一是总体上看，中国旅游产业发展快速发展，旅游总收入也快速增加，旅游总收入从 2010 年的 1.57 万亿元增长到 2016 年的 4.69 万亿元，与此同时，我国人均居民消费水平也出现较大幅度增长，从 2010 年的 10919.0 元增长到 2016 年的 21285.1 元。二是旅游总收入和人均居民消费水平存在显著的区域差异性。从人均居民消费水平看，2016 年上海、北京人均居民消费水平最高，超过 4 万元，分别为 49617.0 元和 48883.0 元；天津、江苏、浙江的人均居民消费水平处于

第二梯队，超过 3 万元，分别为 36257.0 元、35875.0 元、30743.0 元；广东、山东、辽宁、福建、内蒙古、重庆处于第三梯队，分别为 28495.0 元、25860.0 元、23670.0 元、23355.0 元、22293.0 元、21032.0 元；大部分省份人均居民消费水平处于 10000~20000 元，处于第四梯队，分别是黑龙江、吉林、安徽、江西、湖南、湖北、海南、山西、河南、广西、四川、贵州、陕西、甘肃、云南、青海、宁夏、新疆；西藏在 2016 年人均居民消费水平最低，仅为 9743.0 元，还处于 1 万元以下水平。2016 年广东和江苏旅游总收入水平最高，超过 10000 亿元水平，分别达到 11560.2 亿元、10263.6 亿元，处于第一层次；而北京、贵州、河南、四川、山东、浙江旅游总收入处于第二层次，在 5000 亿~10000 亿元；甘肃、黑龙江、新疆、重庆、内蒙古、天津、吉林、陕西、上海、福建、广西、辽宁、山西、安徽、江西、湖南、湖北、云南等省份，旅游总收入处于第三层次，在 1000 亿~5000 亿元之间；青海、宁夏、海南、西藏等省份旅游总收入处于第四层次，在 1000 亿元以下的较低水平，旅游总收入与旅游资源丰富度之间存在较小的内在相关性，而旅游总收入与社会经济总体水平之间则存在较强的内在相关性。三是我国不同省份的旅游总收入和人均居民消费水平，从 2010~2016 年增长水平也存在显著区域差异性。从旅游总收入看，年均增长率最高的省份分别是河北、江西、贵州、甘肃、云南、新疆，其旅游总收入年均增长率达到 30% 以上，这些省份的旅游总收入基数相对较小，发展后劲十足，有快速追赶的趋势，从而不断缩小了与发达地区的差距，而上海、北京、天津、广东、山东、江苏、浙江等省份增长趋势相对较为平稳，旅游产业总收入也不断增长。从不同省人均居民消费水平看，其区域差异性也较为明显，但相对较为平稳，年均增长幅度较大的省份为江苏、海南分别达到了 17.0%、16.3%，而上海、浙江、广东、吉林的人均消费水平年均增长率相对较小，分别为 7.5%、9.1%、7.2%、8.8%，其他大部分省份人均消费水平年均增长率相对较为平稳，在 10%~15% 之间。

表 5－1　　　　2010～2016 年 31 个省份旅游总收入与居民消费水平

省份	2010 年		2012 年		2014 年		2015 年		2016 年	
	旅游总收入（亿元）	居民消费水平（元/人）	旅游总收入（亿元）	居民消费水平（元/人）	旅游总收入（亿元）	居民消费水平（元/人）	旅游总收入（亿元）	居民消费水平（元/人）	旅游总收入（亿元）	居民消费水平（元/人）
北京	2768.0	24982.0	3626.6	30350.0	4280.1	36057.0	4607.1	39200.0	5021.0	48883.0
天津	1497.3	17852.0	1805.5	22984.0	2505.9	28492.0	2809.9	32595.0	3129.0	36257.0
河北	914.5	8057.0	1588.3	10749.0	2561.5	12171.0	3434.0	12829.0	4654.5	14328.0
上海	2956.6	32271.0	3602.3	36893.0	3336.4	43007.0	3408.2	45816.0	3890.0	49617.0
山东	3058.8	11606.0	4519.7	15095.0	6192.5	19184.0	7062.5	20684.0	8030.7	25860.0
江苏	4611.5	14035.0	6482.8	19452.0	8145.5	28316.0	9050.1	31682.0	10263.6	35875.0
浙江	3312.6	18274.0	4801.2	22845.0	6300.6	26885.0	7139.0	28712.0	8093.0	30743.0
辽宁	2686.9	13016.0	3940.0	17999.0	5289.5	22260.0	3322.7	23693.0	4225.0	23670.0
福建	1337.1	13187.0	1969.4	16144.0	2708.2	19099.0	3141.5	20828.0	3935.2	23355.0
广东	3809.4	17211.0	7456.1	21823.0	9378.0	24582.0	11575.8	26365.0	11560.0	28495.0
海南	257.6	7553.0	379.1	10634.0	485.0	12915.0	543.4	17019.0	672.1	18431.0
山西	1083.5	8447.0	1813.0	10829.0	2846.5	12622.0	3447.5	14364.0	4247.1	15065.0
河南	2294.8	7837.0	3364.0	10380.0	4366.2	13078.0	5035.3	14507.0	5764.1	16043.0
黑龙江	883.4	9121.0	1300.3	11601.0	1066.1	15215.0	1361.0	16443.0	1603.3	17393.0
吉林	732.8	9241.0	1178.1	12276.0	1807.7	13663.0	2315.2	14630.0	2897.4	13786.0
安徽	1150.6	8237.0	2617.8	10978.0	3430.0	12944.0	4120.0	13941.0	4932.4	15466.0
江西	818.2	7989.0	1404.8	10573.0	2652.9	12000.0	3637.7	14489.0	4994.0	16040.0
湖南	1425.8	8922.0	2234.9	11740.0	3050.7	14384.0	3712.9	16829.0	4707.1	17490.0
湖北	1460.3	8977.0	2635.0	12283.0	3759.9	15762.0	4319.2	17429.0	4870.0	19391.0
广西	953.0	7920.0	1659.7	10519.0	2602.0	12944.0	3252.0	13857.0	4191.2	15013.0
四川	1885.4	8182.0	3280.3	11280.0	4891.0	13755.0	6210.5	14774.0	7705.5	16013.0
贵州	1061.2	6218.0	1860.2	8372.0	2896.0	11362.0	3511.4	12876.0	5027.5	14666.0
重庆	916.0	9723.0	1662.2	13655.0	2003.4	17262.0	2251.3	18860.0	2645.2	21032.0
陕西	984.0	8474.0	1713.3	11852.0	2521.4	14812.0	3005.8	15363.0	3813.4	16657.0
甘肃	237.2	6034.0	471.2	8542.0	780.3	10678.0	975.0	11868.0	1220.5	13086.0

续表

省份	2010 年		2012 年		2014 年		2015 年		2016 年	
	旅游总收入（亿元）	居民消费水平（元/人）	旅游总收入（亿元）	居民消费水平（元/人）	旅游总收入（亿元）	居民消费水平（元/人）	旅游总收入（亿元）	居民消费水平（元/人）	旅游总收入（亿元）	居民消费水平（元/人）
云南	1006.8	6811.0	1702.5	9782.0	2668.1	12235.0	3281.8	13401.0	4726.3	14534.0
青海	71.0	7326.0	123.8	10289.0	201.9	13534.0	248.0	15167.0	310.3	16751.0
宁夏	67.8	8992.0	103.4	12120.0	142.7	15193.0	161.3	17210.0	205.0	18570.0
西藏	71.4	4469.0	126.5	5340.0	204.0	7205.0	281.9	8756.0	330.8	9743.0
新疆	306.0	7400.0	579.0	10675.0	650.1	12435.0	1022.0	13684.0	1401.0	15247.0
内蒙古	732.7	10925.0	1128.5	15196.0	1805.3	19827.0	2257.1	20835.0	2714.7	22293.0

资料来源：国家统计局. 中国统计年鉴：2010 ［M］. 北京：中国统计出版社，2011；国家统计局. 中国统计年鉴：2016 ［M］. 北京：中国统计出版社，2017。

三、实证分析结果

（一）样本数据单位根检验及其协整分析

为了避免回归结果中出现"伪回归"，本研究先利用莱文（Levin，2002）所提出的基于面板数据的 LL 检验，其基本分析模型如式（5 - 4）所示：

$$\Delta z_{it} = \alpha_{it} + \alpha_i z_{it-1} + \sum_{j=1}^{p} \alpha_j \Delta z_{it-j} + \varepsilon_{it} \qquad (5-4)$$

LL-Test 的原假设是：对于全国所有省份 $\alpha_i = \alpha = 0$，备择假设是：$\alpha_i = \alpha < 0$，T-统计量 $t_\gamma = \hat{\alpha}/s.e.(\hat{\alpha})$。这种分析方法的不足之处是原假设与备择假设都假设其系数为 α。基于此，此处选取另一个面板数据的单位根检验：IPS-Test，假定在不同省份的备择假设中 α 不同，单位根检验的统计量表达如式（5 - 5）所示：

$$\hat{q} = \frac{\sqrt{N}\,[\,\bar{k} - E(\bar{k})\,]}{\sqrt{\operatorname{Var}(\bar{k})}} \tag{5-5}$$

其中，$\bar{k} = (1/N)\sum_{i=1}^{N} k_{\gamma_i}$，$E(\bar{k})$、$\operatorname{Var}(\bar{k})$ 为 t_{q_i} 统计量的均值和方差。根据卡罗（Carlo）的实证模拟分析结果，IPS-Test 在样本数据有限的情况之下具有更好的解释能力，回归结果更加准确。

哈德里（Hadri，2000）认为在面板数据的单位根实证检验中，原假设应进行相应的调整，更能够提高检验能力，其原假设应为"原时间序列为平稳的序列"，并提出了 LM-Test，其单位根检验的统计量表达式如式（5-6）、式（5-7）所示：

$$LM = \left(\frac{1}{N}\right)\sum_{i=1}^{N}\left[\frac{\frac{1}{T^2}\sum_{t=1}^{T} S\theta_{it}^2}{\hat{\gamma}_{\varepsilon}^2}\right] \tag{5-6}$$

$$\theta_{it} = \sum_{j=1}^{t} \hat{\varepsilon}_{ij} \tag{5-7}$$

其中，$\hat{\gamma}_{\varepsilon}^2$ 为回归方程的扰动项长期方差的纽依尔-伟斯特统计量（Newey and West，2000）。该检验统计量综合考虑了随机扰动项所隐含的自相关和异方差问题。本研究在分析旅游产业发展对居民消费的影响时，用以上面板数据的单位根检验统计量来检验所有变量的内在平稳性。

佩卓尼（Pedroni，2004）建立了基于面板数据的影响变量之间的内在协整分析回归方程，其具体表达如式（5-8）所示：

$$Y_{it} = \beta_i + \theta_i t + \beta_i X_{it} + \varepsilon_{it} \tag{5-8}$$

其中，Y_{it}、X_{it} 分别表示存在内在协整关系的控制变量和因变量，ε_{it} 表示残差向量，$\theta_i t$ 表示单位研究对象的时间变化趋势，佩卓尼（Pedroni，2004）的研究结论显示，协整向量分析对于面板数据的单个个体研究对象具体显著的差异性，因此，以 β_i 表示单个研究对象的斜率系数。佩卓尼（Pedroni，2004）根据检验统计量的渐近性和有限样本性质对"面板数据非协整"的原假设进行检验，并提出两大类型假设检验：一是面板数据检验，其统计量为 panel-v-Test、panel-ρ-Test、panel-PP-Test 和 panel-ADF-Test；二是组检验，其统计量为 group-ρ-Test、group-PP-Test 和 group-ADF-Test。这些统计量都是服从标准渐近正态分布。

本研究利用莱文（Levin，2002）、哈德里（Hadri，2000）、佩卓尼（Pedroni，2004）对我国不同省份旅游产业发展与人均消费水平（$Price_{it}$、$Toursim_{it}$、$Consu_{it}$）及其控制变量（Gdp_{it}、I_{it}、R_{it}）所组成的面板数据，进行相应单位根检验和协整分析。表 5 - 2 列出了基于全国、东部、中部、西部地区面板数据的旅游产业发展与人均消费水平的相关变量单位根检验结果。结果显示，在 1% 显著水平上 LL-Test 和 IPS-Test 的大部分统计量不显著，只有部分统计量在 5% 显著性水平上显著，无论是在 1% 还是在 5% 的显著水平上，Hadri-Test 统计量在存在时期效应和不存在时期效应两种情况下，都拒绝了"不存在单位根"的原假设，所以，旅游产业发展与人均消费水平及其相关控制变量时间序列存在单位根，是不平稳的时间序列。

表 5 - 2　　　　　基于面板数据的旅游产业发展与居民消费

水平及其相关变量的单位根检验

区域	变量	LL-test		IPS-test		Hadri-test	
		+	−	+	−	+	−
全国	$Price_{it}$	1.9203 *	1.8203 *	2.567 *	− 0.987	2.062 *	4.435 **
	$Toursim_{it}$	0.8645	0.8645	1.433	− 0.897	4.647 **	4.098 **
	$Consu_{it}$	− 2.438 *	− 1.938 *	1.242	− 1.231	2.842 *	4.137 *
	Gdp_{it}	− 0.433	− 0.435	− 0.765	0.862	2.768 *	4.231 *
	I_{it}	− 0.357	− 0.356	1.298	0.423	2.599 *	3.675 *
	R_{it}	− 0.992	− 0.993	1.182	0.452	2.782 *	3.222 *

续表

区域	变量	LL-test		IPS-test		Hadri-test	
		+	−	+	−	+	−
东部	$Price_{it}$	1. 321	1. 3203	1. 567	− 0. 987	2. 762 *	2. 435 *
	$Toursim_{it}$	0. 842	0. 8645	1. 433	− 0. 897	2. 647 *	2. 098 *
	$Consu_{it}$	− 2. 438 *	− 2. 438 *	1. 243	− 2. 231 *	3. 842 **	2. 137 *
	Gdp_{it}	− 0. 435	− 0. 435	− 0. 765	0. 862	2. 768 *	2. 231 *
	I_{it}	− 0. 356	− 0. 356	1. 298	0. 423	2. 599 *	2. 675 *
	R_{it}	− 0. 993	− 0. 993	1. 182	0. 452	2. 782 *	2. 222 *
中部	$Price_{it}$	1. 3203	1. 3203	1. 567	− 0. 987	2. 762 *	2. 435 *
	$Toursim_{it}$	0. 8645	0. 8645	1. 433	− 0. 897	2. 647 *	2. 098 *
	$Consu_{it}$	− 2. 438 *	− 2. 438 *	1. 243	− 1. 231	2. 842 *	2. 137 *
	Gdp_{it}	− 0. 435	− 0. 435	− 0. 765	0. 862	2. 768 *	2. 231 *
	I_{it}	− 0. 356	− 0. 356	1. 298	0. 423	2. 599 *	2. 675 *
	R_{it}	− 0. 993	− 0. 993	1. 182	0. 452	2. 782 *	2. 222 *
西部	$Price_{it}$	1. 3203	1. 3203	1. 567	− 0. 987	2. 762 *	2. 435 **
	$Toursim_{it}$	0. 8645	0. 8645	1. 433	− 0. 896	2. 647 *	2. 098 **
	$Consu_{it}$	− 5. 438 *	− 5. 438 *	1. 243	− 1. 231	2. 842 *	2. 137 *
	Gdp_{it}	− 0. 435	− 0. 435	− 0. 765	0. 862	2. 768 *	2. 231 *
	I_{it}	− 0. 356	− 0. 356	1. 298	0. 423	2. 599 *	2. 675 *
	R_{it}	− 0. 993	− 0. 993	1. 182	0. 453	2. 782 *	2. 222 *

注：所有数据来源与表 5 - 1 相同。*、**、*** 分别表示 10%、5%、1% 的显著性水平上显著，三种检验都验证了面板数据存在单位根。"+"表示存在时期效应、"－"表示不存在时期效应。东部、中部、西部地区划分参照国家发展改革委划分方法。

按照回归模型（5 - 1）~ 模型（5 - 3），可以写出旅游产业发展与人均消费水平及其相关控制变量的协整回归分析方程式（5 - 9）所示：

$$Consu_{it} = c_i + \delta_i t + \alpha_i Tourism_{it} + Price_{it} + \varepsilon_{it} \qquad (5-9)$$

该回归模型假定不同面板数据间存差异性回归斜率系数、固定效应及其存在特定时间变化趋势，是一种典型的异质性的面板数据协整分析模型，并利用佩卓尼（Pedroni，1999）所提出 panel-ADF-Test、group-ADF-Test 来进行相应的假设检验。

对"存在确定性时间趋势"与"不存在确定性时间趋势"的两种回归模型进行实证分析，实证结果如表 5 - 3 所示，结果表明，全国、东部、中部及西部地区四大面板数据拒绝了"不存在协整关系"的原假设，充分显示在这五个不同面板数据中旅游产业发展与人均消费水平及其相关控制变量存在长期均衡关系。

表 5 - 3   我国各地区面板数据的协整分析结果

面板数据（地理区域）		全国	东部发达地区	中部地区	西部地区
+	panel-ADF-Test	- 4.618 **	- 4.320 **	- 1.342 *	- 2.213 *
	group-ADF-Test	- 3.432 **	- 4.401 **	- 1.643 *	- 2.206 *
-	panel-ADF-Test	- 2.376 *	- 3.212 **	- 4.324 **	- 2.325 *
	group-ADF-Test	- 5.607 **	- 4.475 **	- 4.007 **	- 2.209 *

注：所有数据来源与表 5 - 1 相同。 *、**、*** 分别表示 10%、5%、1% 的显著性水平上显著，拒绝"不存在协整关系"的原假设。" + "表示存在时期效应、" - "表示不存在时期效应。

（二）旅游产业发展的消费福利效应的实证分析结果

为分析中国不同地区不同时期旅游产业发展对居民消费福利的影响，本研究先以旅游产业发展与人均消费水平及其相关控制变量的数据，以模型（5 - 1）~ 模型（5 - 3）进行计量回归分析，回归结果列在表 5 - 4 中。在联立方程模型中，第一列是以人均居民消费水平为因变量，以旅游产业发展、旅游产业发展的一阶滞后项、二阶滞后项、居民收入水平、消费价格水平、消费价格水平的一阶滞后项、二阶滞后项为自变量进行实证分析的结果；第二、第三列分别是以旅游产业发展、消费价格水平为因变量进行回归分析的结果，因为本书主要是分析旅游产业发展的消费福利效应，主要分析联立方程模型的第一列分析结果。从实证结果看，大部分回归变量系数 T 统计值达到了 10% 显著水平，联立方程的三个单方程的调整 R^2 分别达到 0.878、0.845、0.876，具有较好拟合程度，能够较好反映旅游产业发展与人均消费水平及其相关控制变量的间存在的内在影响关系。

表 5 - 4　　　　　旅游产业发展对人均居民消费水平影响的
联立方程模型的总体回归结果

自变量	$Consu_{it}$	$Toursim_{it}$	$Price_{it}$
常数项	0.82 * (2.643)	0.76 * (2.155)	0.66 * (2.142)
$Consu_{it}$	—	0.17 * (2.213)	
$Consu_{it-1}$	0.42 * (2.876)	0.08 * (2.213)	0.19 ** (3.237)
$Consu_{it-2}$	0.18 ** (2.256)	0.04 * (2.874)	0.06 * (2.006)
滞后项系数和	0.60	0.29	0.25
格兰杰检验	—	F = 6.405 *	F = 5.303 *
$Toursim_{it}$	0.18 * (2.876)	—	
$Toursim_{it-1}$	0.09 * (2.876)	0.36 * (2.842)	0.18 * (2.274)
$Toursim_{it-2}$	0.02 ** (2.256)	0.13 ** (2.254)	0.04 * (2.201)
滞后项系数和	0.29	0.49	0.22
格兰杰检验	F = 7.532 *	—	F = 6.351 *
$Price_{it}$	- 0.14 * (- 2.125)		—

自变量	$Consu_{it}$	$Toursim_{it}$	$Price_{it}$
$Price_{it-1}$	-0.10^{*} (-2.125)	-0.16^{*} (-2.257)	0.38^{*} (2.866)
$Price_{it-2}$	-0.07^{***} (-4.336)	-0.08^{*} (-1.986)	0.12^{**} (2.267)
滞后项系数和	-0.31	-0.24	0.50
格兰杰检验	$F=8.401^{*}$	$F=3.302^{*}$	—
Gdp_{it}	—	—	—
I_{it}	0.36^{*} (1.835)	—	0.15^{**} (3.882)
R_{it}	—	0.34^{*} (2.097)	—
调整 R^2	0.878	0.845	0.876
F-统计值	18.244	14.223	15.212
AIC	-7.666	-7.674	-9.643

注：括号中为 T 统计量，*、**、*** 表示在 10%、5%、1% 的显著性水平上显著，滞后项数的确定标准为：AIC 和 SBC 准则，或通过 LR 检验来确定。即当 AIC 和 SBC 值取最小值时为最优滞后期，LR 检验使用卢特克波尔（Lutkepohl, 1985）所提供的 1% 的临界值来选择最优滞后期。

从旅游产业发展与人均消费水平及其相关控制变量的影响系数看，旅游产业发展变量的当期、滞后一期、二期影响系数值分别为 0.18、0.09、0.02，存在依次衰减的规律，符合基本经济规律，其当期和滞后项影响系数之和达到 0.29，这充分说明旅游产业发展对旅游目的社会居民消费水平产生了十分显著的积极影响。从其他控制变量来看，价格因素是影响地区居民消费的重要因素，二者之间存在显著的反向关系，旅游目的地价格水平当期、滞后一期、二期影响系数值分别为 -0.14、-0.10、-0.07，其当期和滞后项影响系数之和达到 -0.31，这充分说明价格因素还是影响旅游目的地社会居民消费福利水平的关键性因素，对旅游目的地社会居民消费福利水平产生了显著的负面影响。收入因素的影响系数为 0.36，对旅游目的地居民消费水平产生显著的正向影响，是旅游目的地居民消费福利水平提升的关键性因素。从虚拟变量的显著性来看，$D1$、$D2$、$D3$ 在四个方程中都是负数，说明不可预测的经济、自然、社会环境变量对旅游目的地社会居民的消费福利水平都产生了显著的负面影响。从格兰杰因果关系检验来看，旅游业发展与旅游目的地居民消费水平之间是一种双向而非单向的因果关系。

为分析旅游产业发展对居民消费福利所存在的差异性影响，下面利用东、中、西部三个不同区域的具体数据，基于联立方程模型分别进行计量回归分析，其回归分析结果列在表 5-5 中，从表 5-5 可知，东部、中部及西部地区三个不同经济发展区域旅游产业发展对居民消费福利影响的滞后项的系数之和存在较大区域差异性，东部地区旅游产业发展对居民消费福利影响的滞后项的系数分别为 0.20、0.10、0.03，其总体影响为 0.33，中部地区旅游产业发展对居民消费福利影响的滞后项的系数分别为 0.19、0.09、0.02，其总体影响为 0.30，西部地区旅游产业发展对居民消费福利影响的滞后项的系数分别为 0.17、0.08、0.01，其总体影响为 0.26，三个不同区域虽然都是存在正向影响，但东部、中部及西部地区依次呈现出递减的变化规律。从其他控制变量看，价格因素也是影响东部地区、中部地区、西部地区旅游目的地社会居民消费的重要因素，二者存在显著的反向关系，旅游目的地价格水平的当期、滞后一期、二期影响系数值分别为呈现递减变化规律，其当期和滞后项影响系数之和达到 -0.33、-0.31、-0.29，这充分说明价格因素还是影响旅游目的地社会居民消费福利水平的关键性因素，对其产生了显著的负面影响。收入因素的影响系数在东部地区、中部地区、西部地区分别为 0.38、0.35、0.32，对旅游目的地居民消费水平产生显著的正向影响，在三大区域间差异显著，也是旅游目的地居民消费福利水平提升的关键性主导因素。从虚拟变量的显著性来看，$D1$、$D2$、$D3$ 在四个不同区域的回归模型中都是负数，说明不可预测的经济、自然、社会环境变量，在东部地区、中部地区、西部地区，旅游目的地旅游产业发展对社会居民的消费福利水平都产生了显著的负面影响。从三个区域面板数据的格兰杰因果关系检验来看，旅游业发展与旅游目的地居民消费水平之间也是一种双向而非单向的因果关系。

表 5 – 5 旅游产业发展对人均居民消费水平影响的联立方程模型的总体回归结果

自变量	$Consu_{it}$			$Toursim_{it}$			$Price_{it}$		
	东部	中部	西部	东部	中部	西部	东部	中部	西部
常数项	0.86 * (2.553)	0.81 * (2.643)	0.77 * (2.643)	0.78 * (2.154)	0.76 * (2.155)	0.74 * (2.145)	0.69 * (2.166)	0.66 * (2.142)	0.62 * (2.138)
$Consu_{it}$	—	—	—	0.18 * (2.211)	0.17 * (2.213)	0.14 * (2.213)	0.19 ** (3.255)	0.18 ** (3.212)	0.17 ** (3.280)
$Consu_{it-1}$	0.45 * (2.844)	0.41 * (2.876)	0.40 * (2.841)	0.09 * (2.246)	0.08 * (2.213)	0.07 * (2.212)	0.08 ** (3.201)	0.07 ** (3.237)	0.06 ** (3.287)
$Consu_{it-2}$	0.20 ** (2.257)	0.18 ** (2.256)	0.16 ** (2.232)	0.05 * (2.879)	0.04 * (2.874)	0.03 * (2.870)	0.07 * (2.006)	0.06 * (2.006)	0.05 * (2.006)
滞后项系数和	0.65	0.60	0.56	0.32	0.29	0.24	0.34	0.31	0.28
格兰杰检验	—	—	—	F = 6.66 *	F = 6.40 *	F = 6.21 *	F = 5.67 *	F = 5.30 *	F = 5.112 *
$Toursim_{it}$	0.20 * (2.844)	0.19 * (2.876)	0.17 * (2.873)	—	—	—			
$Toursim_{it-1}$	0.10 * (2.879)	0.09 * (2.876)	0.08 * (2.844)	0.37 * (2.855)	0.36 * (2.842)	0.35 * (2.840)	0.19 * (2.276)	0.18 * (2.274)	0.17 * (2.272)
$Toursim_{it-2}$	0.03 ** (2.244)	0.02 ** (2.257)	0.01 ** (2.250)	0.14 ** (2.256)	0.13 ** (2.254)	0.12 ** (2.252)	0.05 * (2.201)	0.04 * (2.201)	0.03 * (2.201)
滞后项系数和	0.33	0.30	0.26	0.51	0.49	0.47	0.24	0.22	0.20
格兰杰检验	F = 7.889 *	F = 7.532 *	F = 7.566 *	—	—	—	F = 6.378 *	F = 6.351 *	F = 6.342 *
$Price_{it}$	-0.14 * (-2.125)	-0.14 * (-2.125)	-0.14 * (-2.125)				—	—	—
$Price_{it-1}$	-0.11 * (-2.125)	-0.10 * (-2.125)	-0.09 * (-2.125)	-0.17 * (-2.256)	-0.16 * (-2.257)	-0.15 * (-2.222)	0.39 * (2.866)	0.38 * (2.866)	0.36 * (2.866)

续表

自变量	$Consu_{it}$			$Toursim_{it}$			$Price_{it}$		
	东部	中部	西部	东部	中部	西部	东部	中部	西部
$Price_{it-2}$	-0.08 *** (-4.336)	-0.07 *** (-4.336)	-0.06 *** (-4.336)	-0.09 * (-1.999)	-0.08 * (-1.986)	-0.07 * (-1.942)	0.13 ** (2.268)	0.12 ** (2.267)	0.11 ** (2.262)
滞后项系数和	-0.33	-0.31	-0.29	-0.26	-0.24	-0.24	0.52	0.50	0.47
格兰杰检验	F = 8.86 *	F = 8.40 *	F = 8.26 *	F = 3.67 *	F = 3.30 *	F = 3.15 *	—	—	—
Gdp_{it}	—	—	—	—	—	—	—	—	—
I_{it}	0.38 * (1.866)	0.35 * (1.835)	0.32 * (1.877)				0.18 ** (3.895)	0.15 ** (3.882)	0.13 ** (3.886)
R_{it}	—	—	—	0.36 * (2.088)	0.34 * (2.097)	0.32 * (2.055)	—	—	—
调整 R^2	0.876	0.878	0.856	0.876	0.845	0.802	0.844	0.876	0.823
F-统计值	18.632	18.244	18.034	14.665	14.223	14.339	15.207	15.212	15.299
AIC	-7.690	-7.021	-7.666	-7.448	-7.674	-7.402	-9.145	-9.643	-9.201

注:括号中为 T 统计量, * 、 ** 、 *** 表示在 10% 、5% 、1% 的显著性水平上显著,滞后项数的确定标准为:AIC 和 SBC 准则,或通过 LR 检验来确定。即当 AIC 和 SBC 值取最小值时为最优滞后期,LR 检验使用卢特克波尔(Lutkepohl,1985)所提供的 1% 的临界值来选择最优滞后期。

第六章

旅游产业发展的公共福利效应分析

第一节 引　　言

　　旅游产业快速发展带动了旅游目的地经济发展，创造了大量就业机会，进而提高了当地收入水平和消费水平，还对其公共社会福利产生显著影响，这一影响主要体现在对旅游目的地公共交通改善、文化设施提升、通信设施完善、服务能力提升、安全保障能力提升等方面。自改革开放以来，中国宏观经济平稳快速发展，中国旅游产业也随之得到快速发展，2019 年全国旅游总收入 6.63 万亿元，占 GDP 总量达 11.05%，旅游产业对 GDP 综合贡献为 10.94 万亿元人民币。[①] 旅游产业涉及吃、住、行、游、购、娱多方面，刺激了农业、工业、商业以及相关服务行业发展，提高旅游目的地经济发展水平，给旅游目的地直接或间接地带来了较多政府收入，增加地方政府可用财力，提高政府基本公共服务供给能力，促进旅游目的地公共福利水平提升。

中国政府收入也出现快速增长，1978 年为 1132.01 亿元，1985 年翻了近一番达 2005.00 亿元，1993 年再翻一番达 4349.52 亿元，在 1999 年跨上 1 万亿元台阶达 11444.09 亿元[②]，2007 年超过 5 万亿元达 51322.00 亿元，2011 年超过 10 万亿元，2012 年我国财政收入达 117254.01 亿元，比 1978 年增长 103 倍，年均增长 14.6%。[③] 2019 年中国政府一般公共预算收入为 190382 亿元，其中，中央一般公共预算收入 89305 亿元，地方一般公共预算收入 101077 亿元，全国一般公共预算收入中的税收收入 157992 亿元，非税收入 32390 亿元。在 2019 年全国政府性基金预算收入达 84516 亿元，其中，中央政府性基金预算收入达 4040 亿元，地方政府性基金预算本级收入达 80476 亿元。[④] 政府财力增加对促进不同区域经济发展、加强地区社会保障、减小城乡差距、切实改善民生、有效应对各类冲击提供强有力的资金保障。

那么，旅游产业发展与国内政府收入及其公共福利水平提升间是否存在较强内在影响？这种影响在不同经济区域间是否存在显著差异性？如 2019 年 31 个省份中旅游总收入最高的省份广东达 15156 亿元，而旅游总收入最低地区宁夏仅 340 亿元。此外，各地区政府财政收入也相差很大，31 个省份中财政一般预算收入最多的广东达 12654.53 亿元，最少的西藏仅为 221.99 亿元。[⑤] 地区间旅游产业发展的内在差异性肯定会在一定程度上对地区间政府收入差异性产生影响，也会一定程度上对地区间政府公共服务能力差异性产生影响，从而不同地区旅游产业发展对地区社会公共福利水平产生不同方向

①④ 国家统计局. 中国统计年鉴：2019 [M]. 北京：中国统计出版社，2020.
② 国家统计局. 中国统计年鉴：1999 [M]. 北京：中国统计出版社，2000.
③⑤ 国家统计局. 中国统计年鉴：2012 [M]. 北京：中国统计出版社，2013.

（不同程度）影响。本研究基于社会福利视角，对旅游产业发展的这种公共福利效应进行定量评价。

第二节 文献综述

一、国内相关研究

旅游产业作为一个惠民产业与幸福产业，具有鲜明的"民生"属性，对国民幸福指数会产生显著影响。从公共福利的视角看，相关学者认为旅游产业发展可以改善旅游目的地的基础设施条件、提升外汇储备，满足人们精神需求等，同时更是促进社会福利提高的有效途径。国内学者对旅游产业发展的公共福利效应研究，大致可以分为如下几个方面。

（1）旅游产业发展会促进旅游目的地公共交通设施改善，提升旅游目的地公共福利水平。例如：余菲菲（2015）构建城市旅游经济系统与交通系统综合发展评价指标体系，运用耦合协调度模型对旅游经济系统和交通系统耦合协调状况进行相应的理论研究，并以2002～2012年池州市数据为例进行实证分析，结果显示旅游经济系统和公共交通系统综合发展水平稳步提升，其耦合协调度值由0上升到0.678，旅游产业发展促进了公共交通水平提升，促进了旅游目的地社会福利水平提升；王兆峰（2015）构建旅游驱动下的公共交通运输响应模型，分析旅游产业发展对公共交通运输投资的影响，以旅游交通响应强度指标定量分析这种影响程度的大小，并以张家界1998～2011年相关统计数据，从静态和动态分析了张家界旅游交通响应强度的影响机制，实证分析结果显示：在1998～2011年期间张家界旅游交通响应系数总体上呈上升趋势，旅游产业发展所带来的旅游公共福利水平不断提升。张年

（2017）从理论上分析了旅游经济、交通运输与生态环境三者间相互协调发展作用机理，构建区域旅游经济－交通运输－生态环境耦合协调度指标体系与耦合协调度数学模型，对旅游产业发展所带来的公共交通及其生态环境效应进行相应的理论分析，并以江西省2005~2014年相关数据为例进行了相应的实证分析，结果显示：旅游经济发展带来其公共交通运输服务水平的显著改善，使其生态环境综合水平也呈现稳步提升趋势，从而改善其社会福利水平。王兆峰（2020）借助VAR模型，以长江中游城市群为研究对象，探究了交通－旅游产业－生态环境三者间耦合协调度及其时空变化趋势，实证结果表明：交通、旅游产业及生态环境三者间存在长期均衡关系，且旅游产业与交通、生态环境均存在显著的单向因果关系。

（2）旅游产业发展会促进旅游目的地卫生服务体系、公共文化改善，提升旅游目的地公共福利水平。例如：余虹（2011）认为发展乡村旅游是改善农村公共卫生环境的有效途径，开展乡村旅游能极大地激发村民进行农村公共卫生环境的管理和投资的积极性，从而改善农村的公共卫生基础设施和卫生条件，提升居民的福利水平。田里（2016）基于旅游开发的不同程度及旅游展演的类型差异所产生的活态保护效应，对旅游产业发展所带来的公共文化保护及其产生社会价值进行相应的理论分析，并以纳西族东巴文化为例，通过案例点调查分析，分析旅游展演对公共文化活态保护的特定影响关系，实证显示存在显著的正向影响；严泽鹏（2017）对桂林国际旅游胜地视角下的农村公共文化服务体系进行相应的研究，指出桂林作为世界一流的山水观光休闲度假目的地、全国生态文明建设示范区、全国旅游创新发展先行区和区域性文化旅游中心，以及城市文化交流的重要平台，旅游产业发展快速发展对其乡村公共文化服务产生显著的积极影响。高文华（2020）认为在文旅深度融合背景下，打造旅游公共服务体系尤为重要，和公共文化服务一致，两者均以满足人民美好生活需求为前提而提供普遍均等的公共服务，均随社会经济、政治、文化发展而不断提升自身建设与服务标准，两者既应自成体系，又应追求体系融合，寻求协调发展。王君（2021）提出游客文化旅游消费需求不断增长的同时，会伴随着对公共文化服务需求的增长，并倒逼地方政府谋求高质量公共文化服务供给路径，在反复平衡高质量公共文化服务供给与需求矛盾的螺旋式上升中，最终实现其高效发展。

（3）旅游产业发展会促进旅游目的地政府收入的增加，提升了政府的总体公共服务能力，从而提升旅游目的地社会福利水平。葛夕良（2008）根据国际税收竞争理论和贾鲁基（Gooroochurn）旅游税收理论，从经济学理论角度分析了旅游税收的正反效应，并指出旅游税收对旅游目的地公共服务能力存在显著的积极影响。徐卫兴等（2014）以宜昌市为例，对旅游产业发展所带来的税收收入增长及其对公共支出增长的影响进行相应的实证分析。黄丽秋（2018）提出景区营业收入和地区政府收入之间存在显著的正相关关系，景区旅游收入水平提高可极大程度地促进地区财政收入水平提升。梁季（2020）以旅游业产业为切入点，利用投入产出模型，就新冠肺炎疫情对中国税收收入的影响程度开展实证测度，研究结果表明：在2020年，因新冠肺炎疫情对旅游产业造成的冲击进而导致中国税收收入减少约1800亿元。

二、国外相关研究

国外学者对旅游产业发展的公共福利效应的研究，也主要体现在旅游产业发展会增加政府收入，提升旅游目的地公共交通、公共文化事业、医疗卫生条件、生态环境等方面，大多数学者认为旅游产业的发展能通过增加税收促进旅游目的地公共福利水平的提高。例如：戈麦斯（Gómez，2008）构建了一个动态一般均衡模型，测算对旅游业征税的政策是否能增加当地收入和福利，并减少拥挤，改善环境和提升产出质量。他们发现轻微增加旅游业的课税总是能提升环境质量和经济的贸易条件，并且从长远来看会引起消费增长和福利增加。如果接待设施容量的旅游收入弹性是负的，它还会增加旅游收入、资本和消费。姆查庞德瓦（Muchapondwa，2013）利用社会核算矩阵对博茨瓦纳、纳米比亚和南非的国外旅游经济影响进行比较，旅游产业对GDP的总体影响从6%（南非）到9%（纳米比亚）不等，且旅游产业的发展不仅可以为旅游地带来经济利益，还能使得其卫生、健康、交通等非经济利益得到改善，提高当地人的素质。佩罗瓦（Perova，2017）从公共交通服务的角度分析旅游产业发展的影响，认为商务旅游中心的建设能够有效地重新分配交通流，并有助于提供道路交通安全，多中心地开发商业旅游服务区，提供具有足够质量和吸引力的旅游次中心，能够满足与中心旅游区发展的竞争，并吸引部分人的流动，从而促进旅游中心区与次中心区公共交通的发展，减轻城市中心的交通负荷，减少道路交通事故风险和道路交通拥堵，提升居民福利水平，并以圣彼得堡为例进行了相应的实证分析。奥斯曼（Osman，2017）构建了旅游和文化为主导的价值区域复兴模式，对旅游开发对公共文化的影响，指出旅游主导的区域开发能有力地保护与提升该地区历史文化遗产，并推动该地区的经济基础进行部分或广泛的重组，政府在该区域也会推动其历史文化复兴，提升旅游目的地社会居民的文化福利，并以黎巴嫩为例进行相应的实证评价。洁库恩（Jiekuan，2018）构建可计算的一般均衡模型，分析旅游产业碳税政策所带来的碳排放和经济福利，对其进行模拟研究，理论研究显示碳税政策会对旅游相关碳排放和经济福利产生显著影响，且在不同时间、不同碳税种类及旅游业不同部门的影响具有显著差异性，并以中国旅游产业碳税政策为例进行相应的实证评价。菲鲁兹杰（Firouzjaie，2022）采用定性研究方法，通过非结构化访谈收集样本数据，比较分析了农业部门在创造收入和就业机会方面相对于旅游部门的弱点，并进一步探究在具有同中国截然不同政治、经济和社会背景的发展中国家——伊朗将农业用地转变为旅游产业的原因。

三、简要评述

从国内外相关研究成果来看，相关学者主要是以旅游目的地为例开展实证研究，分析旅游产业发展对旅游目的地公共交通、公共文化事业、医疗卫生条件、生态环境等方面影响，即主要是从公共福利所产生结果的角度，来分析旅游产业发展对社会公共福利的影响。很少有研究从政府财力与财政支出角度出发，分析旅游产业发展对旅游目的地政府总体收入的影响及其所产生的公共福利效应，以及这种公共福利效应的时空差异性特征。正基于此，本研究从旅游目的地旅游产业发展的收入来源角度出发，构建旅游产业与政府行为内在影响关系的数量分析模型，分析旅游总收入对政府收入的影响，并以政府税收收入为例，研究旅游产业发展与税收收入的内在影响关系及其所存在的时期差异和空间差异，为不同旅游目的地的政府收入与政府支出行为提供相应的政策支持，为促进旅游目的地的社会公共福利的提升，提供相应的理论与实证支持。

第三节　计量分析模型构建

根据凯恩斯国民收入决定理论，消费、投资、政府支出、进出口是决定国民收入的最基本因素，而由长期平衡预算理论可知，政府支出等于政府收入。因此，政府支出行为与政府收入都会对宏观经济运行产生显著影响。为分析旅游目的地旅游产业发展对政府收入与政府支出行为的影响，进而对旅游目的地公共支出与公共福利产生影响。本研究借鉴欧（Oh，2005）、李（Lee，2008）等学者的研究方法，将财政收入变量引入宏观经济运行一般均衡模型，构建包含旅游业总收入、国内生产总值、进出口、固定资产投资、财政收入的向量自回归模型（VAR）来对此问题进行研究分析。

$$RGDP_t = \beta_{10} + \sum_{i=1}^{p} \beta_{1i}RGDP_{t-i} + \sum_{i=1}^{p} \beta_{1k+i}RC_{t-i} + \sum_{i=1}^{p} \beta_{1g+i}RBY_{t-i}$$

$$+ \sum_{i=1}^{p} \beta_{1p+i}RK_{t-i} + \sum_{i=1}^{p} \beta_{1q+i}RR_{t-i} + \sum_{i=1}^{p} \beta_{1s+i}REX_{t-i}$$

$$+ \sum_{i=0}^{p} \beta_{1r+i}RL_{t-i} + \theta_1 D + \varepsilon_{1t} \qquad (6-1)$$

$$REX_t = \beta_{20} + \sum_{i=1}^{p} \beta_{2i}REX_{t-i} + \sum_{i=1}^{p} \beta_{2k+i}RGDP_{t-i} + \sum_{i=1}^{p} \beta_{2g+i}RC_{t-i}$$

$$+ \sum_{i=1}^{p} \beta_{2p+i}RBY_{t-i} + \sum_{i=1}^{p} \beta_{2q+i}RK_{t-i} + \sum_{i=1}^{p} \beta_{2s+i}RR_{t-i}$$

$$+ \sum_{i=0}^{p} \beta_{1r+i}RL_{t-i} + \theta_2 D + \varepsilon_{2t} \qquad (6-2)$$

$$RK_t = \beta_{30} + \sum_{i=1}^{p} \beta_{3i}RK_{t-i} + \sum_{i=1}^{p} \beta_{3k+i}RGDP_{t-i} + \sum_{i=1}^{p} \beta_{3g+i}RC_{t-i}$$

$$+ \sum_{i=1}^{p} \beta_{3p+i}RBY_{t-i} + \sum_{i=1}^{p} \beta_{3q+i}RR_{t-i} + \sum_{i=1}^{p} \beta_{3s+i}REX_{t-i}$$

$$+ \sum_{i=1}^{p} \beta_{3r+i}RL_{t-i} + \theta_3 D + \varepsilon_{3t} \qquad (6-3)$$

$$RR_t = \beta_{40} + \sum_{i=1}^{p} \beta_{4i}RR_{t-i} + \sum_{i=1}^{p} \beta_{4k+i}RGDP_{t-i} + \sum_{i=1}^{p} \beta_{4g+i}RBY_{t-i}$$

$$+ \sum_{i=1}^{p} \beta_{4p+i}RK_{t-i} + \sum_{i=1}^{p} \beta_{4q+i}REX_{t-i} + \sum_{i=1}^{p} \beta_{4s+i}RK_{t-i}$$

$$+ \sum_{i=1}^{p} \beta_{4r+i}RL_{t-i} + \theta_5 D + \varepsilon_{5t} \qquad (6-4)$$

$$RC_t = \beta_{50} + \sum_{i=1}^{p} \beta_{5i}RC_{t-i} + \sum_{i=1}^{p} \beta_{5k+i}RGDP_{t-i} + \sum_{i=1}^{p} \beta_{5g+i}RBY_{t-i}$$

$$+ \sum_{i=1}^{p} \beta_{5p+i}RK_{t-i} + \sum_{i=1}^{p} \beta_{5q+i}REX_{t-i} + \sum_{i=1}^{p} \beta_{5s+i}RK_{t-i}$$

$$+ \sum_{i=1}^{p} \beta_{5r+i}RL_{t-i} + \theta_5 D + \varepsilon_{5t} \qquad (6-5)$$

其中，$RGDP_t$、RL_t、RBY_t、RK_t、RR_t、REX_t、RC_t 分别为不同地区各年度

GDP 增长率、就业率、旅游产业总产值增长率、固定资产投资增长率、财政收入增长率、进出口增长率、消费增长率，以反映旅游产业发展对总体经济增长的影响，对固定资产投资的带动作用，对财政收入增长的贡献率、对进出口变化、对消费水平的影响，$RGDP_{t-i}$、RL_{t-i}、RBY_{t-i}、RK_{t-i}、REX_{t-i}、RC_{t-i}为滞后项。D 为时间虚拟向量，包括 $D1$、$D2$、$D3$ 为三个虚拟变量：

$$D1 = \begin{cases} 1, 1998\ 年 \\ 0,\ 其他年份 \end{cases} \quad D2 = \begin{cases} 1, 2003\ 年 \\ 0,\ 其他年份 \end{cases} \quad D3 = \begin{cases} 1, 2008\ 年 \\ 0,\ 其他年份 \end{cases} \quad (6-6)$$

这三个时间虚拟变量是为了分析突发性经济、自然环境问题是否会对不同地区旅游产业及其整体经济产生显著影响。1998 年东南亚金融危机、2003 年"非典"、2008 年的国际金融危机这三个重要的事件对不同地区旅游业乃至整个不同地区的经济体系产生了较为深远的影响，因此，本研究以这三个时间虚拟变量作为外生变量进入 VAR 模型。

第四节　实证分析

一、样本数据来源

本研究实证分析以整个中国经济系统为对象，在一般均衡模型下分析 GDP、旅游产业发展、投资、财政收入、进出口总额、就业等相关变量之间的内在影响，并从中国 31 个省份来考察旅游产业发展对旅游目的地的公共社会福利效应的影响。其中，旅游产业发展变量以旅游总收入来表示，经济发展变量以不同省份真实 GDP 来表示，投资以不同省份当年固定资产投资总额来表示。出于保证不同省份可比性及数据可获取性的考量，财政收入以不同省份税收收入来表示，不同省份时间序列数据为 2010～2016 年，数据来源为中经网统计数据库、不同年度的《中国统计年鉴》、各省份统计年鉴以及统计公报。

二、样本数据描述性统计分析

表6-1列出了我国不同省份2010~2016年旅游总收入与税收收入情况表。从具体数据看，具有如下特征：一是总体上看，中国旅游产业发展快速发展，旅游总收入也快速增加，旅游总收入从2010年的1463亿元增长到2016年的4216亿元，增长约2.88倍；与此同时，中国税收收入在样本期内也出现大幅度增长，从2010年的1085.7亿元增长到2016年的2245.6亿元，观测期内增长了约2.1倍；二是旅游总收入和税收收入存在显著区域差异性特征。从旅游总收入来看，在观测期初，旅游总收入位居前三的分别是广东（3809.4亿元）、浙江（3312.6亿元）、山东（3058.8亿元）。宁夏、青海、西藏的旅游总收入在2010年则较低，位居末三位，依次为67.8亿元、71亿元、71.4亿元。发展至2016年旅游总收入位居前三的分别是广东（10469亿元）、江苏（10263.6亿元）、山东（8030.7亿元），可看出无论是观测期初还是观测期末，广东旅游产业发展始终位列前茅。至2016年，宁夏、青海、西藏的旅游总收入仍然位居末三位，依次为210亿元、310.3亿元、330.8亿元；从税收收入来看，在2010年税收收入位居前三的分别是广东（3803.5亿元）、江苏（3312.6亿元）、上海（2707.8亿元）。而西藏、青海、宁夏的税收收入仍较少，位居末三位，依次为25.3亿元、88.9亿元、126.8亿元；发展至2016年税收收入位居前三的分别是广东（8098.6亿元）、江苏（6531.83亿元）、浙江（4540.09亿元）。而在2016年西藏、青海、宁夏的税收收入仍位居末三位，依次为99.1亿元、176.5亿元、246.6亿元。由上述分析可知，旅游产业发展水平与地区税收收入二者间存在一定的正相关性，即旅游产业越发达地区，往往税收收入越高。

表 6 - 1　　　　　2010～2016 年 31 个省份旅游总收入与税收收入情况　　　　单位：亿元

省份	2010 年		2012 年		2014 年		2016 年	
	旅游总收入	税收收入	旅游总收入	税收收入	旅游总收入	税收收入	旅游总收入	税收收入
北京	2768.0	2251.6	3626.6	3124.8	4280.1	3861.3	5021	4452.9
天津	1497.3	776.7	1805.5	1105.6	2505.9	1486.9	3129.0	1624.2
河北	914.5	1074.0	1588.3	1560.5	2561.5	1865.1	4654.5	1996.1
上海	2956.6	2707.8	3602.3	3426.8	3336.4	4219.1	3890.0	5625.9
山东	3058.8	2150.0	4519.7	3050.2	6192.5	3965.8	8030.7	4212.6
江苏	4611.5	3312.6	6482.8	4782.6	8145.5	6006.1	10263.6	6531.83
浙江	3312.6	2465.0	4801.2	3227.8	6300.6	3854.0	8093	4540.09
辽宁	2686.9	1516.7	3940.0	2317.2	5289.5	2330.6	4225	1687.4
福建	1337.1	966.1	1969.4	1440.3	2708.2	1893.7	3935.2	4931.2
广东	3809.4	3803.5	7456.1	5073.9	9378.0	6510.5	10469	8098.6
海南	257.6	237.1	379.1	350.8	485.0	480.6	672.1	505.0
山西	1083.5	969.7	1813.0	1045.2	2846.5	1134.3	4247.1	1036.7
河南	2294.8	1016.6	3364.1	1469.6	4366.2	1951.5	5764.1	2158.4
黑龙江	883.4	755.6	1300.3	837.8	1066.1	977.4	1603.3	827.8
吉林	732.8	602.4	1178.1	760.6	1807.7	884.4	2897.4	873.0
安徽	1150.6	866.6	2617.8	1305.1	3430.0	1692.5	4932.4	3498.0
江西	818.2	585.1	1404.8	978.1	2652.9	1381.1	4994	2462.6
湖南	1425.8	730.8	2234.9	1110.7	3050.7	1438.5	4707.4	1551.3
湖北	1460.3	778.0	2635.0	1324.4	3759.9	1856.1	4870.0	2122.9
广西	953.0	533.9	1659.7	762.5	2602.0	978.1	4191.2	1036.2
四川	1885.4	1180.6	3280.3	1827.0	4891.0	2312.5	7705.5	2329.2
贵州	1061.2	395.6	1860.2	681.7	2896.0	1026.7	5027.5	1120.4
重庆	916.0	621.6	1662.2	970.2	2003.4	1281.8	2645.0	1438.4
陕西	984.0	710.6	1713.3	1131.6	2521.4	1335.7	3813.4	526.0
甘肃	237.2	220.3	471.2	347.8	780.3	490.0	1220.5	526.0
云南	1006.8	702.2	1702.5	1063.9	2668.1	1233.2	4726.25	1173.5

续表

省份	2010 年		2012 年		2014 年		2016 年	
	旅游总收入	税收收入	旅游总收入	税收收入	旅游总收入	税收收入	旅游总收入	税收收入
青海	71.0	88.9	123.8	146.7	201.9	199.4	310.3	176.5
宁夏	67.8	126.8	103.4	207.0	142.7	250.3	210.0	246.6
西藏	71.4	25.3	126.5	70.1	204.0	85.9	330.8	99.1
新疆	306.0	416.2	579.3	698.9	650.1	887.8	1401	869.2
内蒙古	732.7	1070.0	1128.5	1119.9	1805.3	1251.1	2714.7	1335.9

资料来源：中华人民共和国国家旅游局. 中国旅游统计年鉴：2016 ［M］. 北京：中国旅游出版社，2017；中华人民共和国财政部. 中国财政年鉴：2016 ［M］. 北京：中国财政杂志社，2017。

三、实证分析结果

为分析我国旅游产业发展对宏观经济运行的影响——对经济增长、投资、税收收入、消费、进出口的经济影响，本书利用我国不同省份 2010 ~ 2016 年旅游业发展与 $RGDP$、RL、RK、RR、RC、REX 等指标的年度数据以模型（6-1）~模型（6-5）对我国不同省份总产值增长率、进出口增长率、消费增长率、国内生产总值增长率、劳动就业率、固定资产投资增长率、财政收入间的向量自回归模型（VAR）分析，从而分析旅游产业发展对税收收入的影响。得到相应的回归结果列在表 6-2 中，限于篇幅，VAR 模型平稳性检验未列出。

表 6-2　　我国旅游业发展与 $RGDP$、RC、REX、RK、RR 的 VAR 回归结果

自变量	$RGDP$（1）	REX（2）	RC（3）	RK（4）	RR（5）
常数项	0.93 * (2.222)	0.76 * (2.001)	0.65 * (2.165)	0.56 * (2.112)	0.58 * (2.139)
$RGDP$（-1）	0.33 ** (3.336)	0.25 * (2.206)	0.09 ** (3.237)	0.22 * (2.301)	0.28 * (2.334)

续表

自变量	RGDP（1）	REX（2）	RC（3）	RK（4）	RR（5）
RGDP（-2）	0.16* (1.906)	0.15* (2.809)	0.10* (2.006)	0.21* (2.604)	0.22* (2.623)
滞后项系数和	0.49	0.40	0.19	0.41	0.48
格兰杰检验	—	F=7.4083*	F=6.3094*	F=6.7834*	F=4.9873*
RL（-1）	0.13* (2.874)	0.14* (2.452)	0.13* (2.276)	0.13* (2.572)	0.13* (2.576)
RL（-2）	0.10** (2.253)	0.12* (2.201)	0.02* (2.202)	0.02* (2.201)	0.04* (2.233)
滞后项系数和	0.23	0.26	0.15	0.15	0.17
格兰杰检验	F=7.537*	—	F=8.351*	F=6.782*	F=6.755*
RBY（-1）	0.28* (2.001)	0.08* (2.255)	0.37* (2.218)	0.31* (2.2198)	0.05* (2.2335)
RBY（-2）	0.22*** (4.044)	0.01* (1.084)	0.25* (2.002)	0.11 (1.0023)	0.01 (1.00564)
滞后项系数和	0.50	0.09	0.64	0.42	0.06
格兰杰检验	F=8.437*	F=3.442*	—	F=6.098*	F=6.443*
RK（-1）	0.14* (2.096)	0.11* (2.091)	0.11* (2.093)	0.17* (2.090)	0.18* (2.022)
RK（-2）	0.11* (1.833)	0.05* (2.200)	0.09** (3.881)	0.12* (1.879)	0.14* (1.866)
滞后项系数和	0.25	0.16	0.20	0.29	0.32
格兰杰检验	F=8.086*	F=6.432*	F=5.124*	—	F=4.6027*
RR（-1）	0.14* (2.096)	0.11* (2.091)	0.11* (2.093)	0.16* (2.090)	0.17* (2.091)
RR（-2）	0.12* (1.833)	0.06* (2.200)	0.09** (3.881)	0.12* (1.889)	0.16* (1.876)
滞后项系数和	0.26	0.17	0.20	0.28	0.33

续表

自变量	RGDP (1)	REX (2)	RC (3)	RK (4)	RR (5)
格兰杰检验	F = 7.042 *	F = 5.226 *	F = 4.098 *	F = 3.732 *	—
D1	−0.12 * (−1.906)	−0.11 * (−1.908)	−0.22 * (−2.508)	−0.01 * (−1.912)	−0.02 * (−1.937)
D2	−0.16 * (−2.090)	−0.15 * (−2.092)	−0.34 * (−2.091)	−0.05 * (−2.093)	−0.05 * (−2.046)
D3	−0.13 * (−2.191)	−0.12 * (−2.182)	−0.31 * (−2.335)	−0.02 * (−2.765)	−0.06 * (−2.123)
调整 R^2	0.821	0.891	0.873	0.954	0.988
F-统计值	20.246	14.206	16.258	17.201	11.691
AIC	−7.679	−8.679	−9.605	−10.001	−13.443

注：括号中为 T 统计量，*、**、*** 表示在 10%、5%、1% 的显著性水平上显著，(1)~(5) 表示五个回归方程。

从表 6－2 中回归结果可得到如下结论：第一，大部分滞后回归变量的系数 T 统计值在 10% 的显著性水平上显著，总体回归拟合程度较好，能够较为真实地反映不同变量间所存在的内在影响。第二，五个方程中 RBY 对每个因变量所产生影响的滞后项系数之和分别为 0.50、0.09、0.64、0.42、0.06，即旅游产业每增加一个百分点，会带动整体 GDP 增长率、消费增长率、固定资产投资增长率产生 0.50、0.64、0.42 个百分点的影响，并推动下一年度旅游业更加快速发展，但对进出口就业率、财政收入带动了 0.09、0.06 个百分点，这充分说明旅游产业对国民经济、固定资产投资、旅游产业本身发展有较大的带动能力，但对进出口与财政收入的带动作用不强，即旅游产业的快速发展，对我国进出口的影响不大，对财政收入的影响也不大，旅游产业本身的公共福利效应不是十分明显。但是，旅游产业所带动的其他基础设施投资较大，对固定资产投资的带动作用十分明显，这一方面带动了私人投资，另一方面带动了政府其他公共投资，从而增加旅游目的地的社会福利水平，如我国很多不发达地区，旅游目的地政府主要通过上级政府的转移支付，发展当地基础设施投资，推动旅游产业的发展。虽然，旅游产业发展本身所带来的税收收入相对较小，但是，其间接的公共福利效应十分大。

| 第七章 |

旅游产业发展、价格效应
及其社会福利影响

第一节 引 言

《中国旅游业"十三五"发展规划纲要》提出我国以全面科学发展为主题，以加快转变经济发展方式为主线，更加注重扩大内需特别是消费需求，更加注重改善民生，更加注重生态环境保护。这充分表明，旅游产业发展不仅要关注其经济效应，更重要的是要关注其生态、文化、社会效应，关注其是否能长期持续地为旅游目的地谋福利。伴随着中国社会、经济、文化的快速发展，中国旅游产业也得到快速发展并跻身于世界旅游大国行列：2019 年，中国成为全球第二大入境旅游接待国，其中入境旅游人次达 1.45 亿人次，旅游外汇收入达 1312.54 亿美元。国内旅游也得到迅猛发展，国内旅游人数达 60.1 亿人次，国内旅游收入 57300 亿元。① 中国旅游业快速发展大大促进了各主要旅游目的地旅游经济与相关产业迅速发展，增加了旅游就业与消费需求，有力地提升了旅游目的地的社会福利水平。但是，旅游产业粗放型发展模式而导致的社会、经济负外部效应也正日益凸显，各主要旅游目的地由于大量旅游者涌入而出现了较为严重的"价格体系失衡"现象，如海南三亚旅游产业快速发展带来的房价远远高于当地居民的消费能力，可以与北京、上海等一线城市相媲美，蔬菜、食品等一般性消费品价格远高于全省平均水平，对于当地居民的社会福利产生了巨大负面影响，使其旅游产业发展规模与其社会福利效应不相协调，旅游产业社会福利效应提升速度明显小于其旅游产业发展规模的增长速度。因此，基于价格效应视角深入研究旅游产业发展的社会福利效应具有十分重要的理论与现实意义。

旅游业的发展将促进旅游目的地经济的发展，提高其经济发展水平，提供更多的就业机会，增加当地居民的收入，扩大旅游目的地的消费，提高其消费水平。同时旅游者的大量进入，不仅会增加对当地产品和服务的需求，带来物价上涨，使当地居民的生活成本增加，同时旅游产业的发展还会大大增加对房地产的需求，使建筑成本和土地价格增加，还会导致大量外来居民的进入，减少当地居民的就业机会，减少其收入。并且，由于受到旅游目的地社会、经济资源稀缺性的约束，很有可能发生"旅游孤岛"现象，造成旅游区与非旅游区的经济发展水平出现差距，而旅游区发展带来的高物价水平将会使非旅游区的居民难以承受，影响当地经济的稳定性。从我国 31 个省份的旅游总收入和居民消费价格指数来看，2010～2019 年，各省份的旅游总收入都有不同幅度的增加，而各省份的居民消费价格除 2011 年上涨很快外，其

---

① 中华人民共和国文化和旅游部. 中国文化文物和旅游统计年鉴：2019［M］. 北京：中国旅游出版社，2020.

他年份则大都是在平稳上涨中。旅游总收入的增加与 CPI 指数平稳上涨间是否存在一定的相关性，旅游产业的发展对旅游目的地的物价水平究竟会造成何种影响？这是本章所要重点研究的问题。从本书第四章的理论与实证研究中也可以看出，旅游产业发展会对旅游目的地物价水平产生显著的影响，从而影响目的地居民的社会消费水平。那么，这种价格效应也肯定会对旅游目的地的总体社会福利水平产生显著的影响，本章是从社会福利总水平的角度，分析这种价格效应的社会福利影响。

第二节　文献综述

国内外相关学者对旅游产业发展、价格效应及其社会福利影响进行了较为深入的研究，其相关研究成果如下。

一、国外相关研究

（一）旅游产业发展的社会福利影响

国外关于旅游产业发展的社会福利效应研究的观点主要分为两大派：积极产出效应（GDP effect）和消极外部效应（externality effect），并提出相应的社会福利效应评价体系。例如：梅尔（Mayer，2010）认为旅游产业发展不仅可以增加旅游目的地收入，为旅游目的地提供更多的就业机会，提升其消费水平，对旅游目的地社会福利产生积极影响，还可以为相邻社区创造可观的收入；阿斯兰图尔克（Arslanturk，2012）认为旅游产业发展对固定资产投资起到重要推动作用，从而带动就业与关联产业发展，推动社会经济发展水平的提升；科林（Colin，2019）通过实证分析证明发展旅游业能显著带动地区实际 GDP 增长。而乌塔逊（Urtasun，2006）、李（Li，2011）等认为旅游产业发展虽然为旅游目的地增加了旅游收入与就业机会，带动消费能力的快速增长，大大促进了其社会福利水平的提升，但是，旅游产业发展所带来的生态环境恶化、社会文化异化、经济结构畸形发展、产业结构失衡等负外部效应也相伴而生，又给旅游目的地居民的社会福利水平带来显著的负面影响；赵（Chao，2006）利用旅游环境资源价值评估方法评价旅游产业发展对社会福利的负面影响。可汗（Khan，2020）以发展中国家为例，探究了旅游产业、经济增长、能源消耗及环境质量之间的关系，提出在旅游产业发展过程中应注重追求可持续发展。

（二）旅游产业发展的价格效应

国外文献对旅游产业发展的价格效应的研究，所持的观点也可大致分为两个方面：一部分学者认为旅游产业发展对旅游目的地物价的影响并不显著。例如：邓（Deng，2014）通过对中国四大世界文化遗产旅游城市旅游活动对其经济增长的直接和间接影响的研究，发现价格波动尽管在旅游的间接效应中起到了积极作用，但这种积极作用可以说是微不足道的。还有部分学者则认为旅游产业的发展将导致旅游目的地物价上涨，削弱当地居民的福利水平。例如：哈扎里（Hazari，1993）认为旅游者对非贸易品和服务的消费影响了其相对价格及可得性，并且有可能减少国内消费者的福利。赵（Chao，2010）认为旅游将非贸易产品转化为贸易品，对非交易品的需求增加将提高其相对价格，造成地区物价水平上涨。李（Li，2011）认为旅游业发展对当地物价、收入分配、生活成本、产业替代等产生负面影响。比亚吉（Biagi，2015）通过对 1996~2007 年意大利 103 个城市的年度平均房价进行检验，发现旅游活动对意大利房价产生了积极的影响。特卡莱茨（Tkalec，2016）使用面板数据模型来考察旅游活动与价格水平之间的关系，并认为旅游活动会造成旅游地经济中整体价格水平的提高，且这一影响对消费性服务价格的作用程度更为显著，特别是对娱乐和文化、酒店和餐馆的价格。

二、国内相关研究

（一）旅游产业发展的社会福利影响

随着中国旅游产业的快速发展，旅游产业在社会、经济、文化、生态环境方面的综合影响也日益受国内学者的关注，国内也有很多学者从正、反两方面分析旅游产业发展的社会福利效应。如范业正（2010）从旅游富民与生活福利的内在影响角度分析旅游产业发展对民生福祉的积极影响；汪宇明（2010）等认为旅游业发展在提高民生福利方面产生了重要的积极影响。孙根年（2011）基于张家界 20 多年来旅游业发展实践，分析旅游业发展对当地居民的社会福利的综合影响。张淑文（2020）实证探究旅游产业集聚对旅游经济增长的空间溢出效应，并提出旅游产业集聚对本地区旅游经济增长有正向溢出效应。左冰、保继刚（2007）认为旅游业发展对旅游目的地收入分配产生显著的负面影响；熊元斌（2011）认为旅游资源的"公地悲剧"问题容易导致旅游发展中出现资源破坏、环境恶化等问题，从而影响当地居民的生活质量。查建平（2018）认为旅游发展会借助旅游乘数效应间接加剧区域经济失衡。胡美娟（2020）提出旅游产业所带来的生态福利效应逐年下降，地区存在资源节约程度下降、环境压力激增等问题。

（二）旅游产业发展的价格效应

国内学者关于旅游产业的发展对旅游目的地物价的影响的研究，所得出的相关观点，大致可分为两个方面：

（1）旅游产业的发展对旅游目的地总体物价水平的影响程度有限。但这方面的研究成果目前较少，研究成果主要如下：岑伟波等学者（2013）选取

2002～2011年的数据，对内地游客数量与香港整体物价及部分类别产品与服务价格之间的关系进行了分析，发现内地游客数量对香港整体物价存在影响但其作用程度有限。刘长生（2013）认为旅游产业发展在推动经济增长的同时，也会对旅游目的地的价格体系失衡带来显著的消极影响，进而对旅游目的地的社会福利水平提升带来间接的消极影响。左冰（2015）认为旅游产业发展会导致非贸易品转化为贸易品，进而抬高非贸易产品价格或导致本币升值的"价格效应"这一现象在桂林旅游发展过程中并不显著。卢东宁（2020）利用向量误差修正模型发现，一方面旅游产业发展会显著促进地区居民收入水平提升，另一方面也会在一定程度上对地区物价水平起抬升作用，但作用程度有限。

（2）旅游产业的发展促使旅游目的地价格上涨，减少了旅游目的地居民的福利。依邵华（2004）认为旅游业会导致目的地的通货膨胀和房价上涨，影响当地居民的福利收益。于丽曼、王妙等（2008）研究天津作为旅游目的地，给当地的居民造成了房价和物价上涨，造成旅游收入损失等问题。徐美秀、罗明（2012）分析了旅游业的发展引发了当地居民失地与失业、劳动力转移受阻、物价上涨等一系列问题。吴学品、李骏阳（2012）通过实证研究发现海南岛旅游业与通货膨胀之间有长期的均衡关系，海南旅游业在单方向上会引起通货膨胀。林倩茹、罗芳（2014）在研究黄山市的旅游发展对当地居民生活的影响时发现旅游业造成了物价上涨，使居民生活受到了影响，当地的物价高于省内与之发展水平相近的地区。查瑞波等（2016）认为香港地区的入境旅游与消费物价和经济增长三者之间存在长期稳定的协整关系，香港地区入境旅游在促进经济增长的同时，会导致消费物价的上升，冲击底层民众生活品质、损害目的地形象和主客感情。查瑞波（2018）通过皮尔逊相关性分析、非平稳数据分析等方法，以香港地区为例，对入境旅游、经济增长及消费物价三者间关系开展了探究，结果表明入境旅游会不可避免地带动地区经济增长并影响地区的物价水平。孟雅茹（2020）以吐鲁番为例开展实证研究，提出旅游旺季时，大批量游客的到来引发供需不平衡进而导致物价上涨，降低吐鲁番居民的幸福感。

三、简要评述

综观国内外相关研究可知，在研究旅游产业发展的社会经济影响时，不仅要深入分析其直接影响，而且要考虑其间接影响，这种直接与间接影响最终都要体现在能够在多大程度上为旅游目的地的社会居民谋福祉上。国内外相关学者从正、反两个角度对旅游产业发展的社会福利效应进行了较为深入的研究，并提出相应的社会福利效应评价体系。但是，在研究旅游产业发展对社会福利产生积极影响的同时，深入分析旅游产业发展对旅游目的地物价的外在影响及其对社会福利的间接影响的文献还较少。本研究主要贡献在于：一是构建旅游产业发展、价格效应与社会福利效应的一般均衡模型，深入分析其内在关联性；二是构建旅游产业发展对旅游目的地的价格体系失衡影响的测度方法，对旅游目的地社会福利影响的计量分析模型；三是对旅游产业发展、价格效应与社会福利效应的内在影响进行实证测度，评价其影响因素，并提出相关对策，为旅游管理部门及其旅游企业决策制定提供理论与实证基础。

第三节 旅游产业发展、价格效应及其
社会福利影响的理论分析

本研究利用开放经济条件的福利经济学经典模型，将旅游目的地置于一般均衡框架下构建旅游产业发展的社会福利模型，分析旅游产业发展、价格效应与社会福利的内在影响。

一、理论基础

假设某一个旅游目的地的旅游产业为其支柱产业，该地区拥有的生产要素（资本、人口、土地等）相对较少，旅游产业在国民经济中占有十分重要地位，旅游总收入占 GDP 的比重十分高，在30%左右，形成了以旅游产业为主导的较为单一的产业经济结构，且该旅游目的地处于一种高度开放的社会经济状态，即产品可以实现自由流入与流出；并进一步假设该旅游目的地仅生产与消费两种产品：旅游服务产品 x_1，其他产品与服务（命名为复合产品）x_2。假设该旅游目的地存在如下生产函数，即旅游目的地运用其所有生产资源生产 x_1 与 x_2 两种产品时的最大可能组合的边界：

$$x_1 = f_1(l_1, \ k_1, \ N_2) \quad x_2 = f_2(l_2, \ k_2, \ N_2) \qquad (7-1)$$

$$l_1 + l_2 = l \quad k_1 + k_2 = k \quad N_1 + N_2 = N \qquad (7-2)$$

$$y = f(l, \ k, \ N) \qquad (7-3)$$

其中，式（7-1）表示两种产品 x_1 与 x_2 的生产函数，l、k、N 分别表示三种生产性投入：劳动、资本、土地，式（7-2）表示 x_1 与 x_2 的生产要素分配方式，式（7-3）表示社会生产函数。将式（7-1）、式（7-2）代入式（7-3），并通过相应数学转换，可以求出如下生产可能性前沿函数：

$$y = f[f_1^{-1}(x_1), \ f_2^{-1}(x_2)] \qquad (7-4)$$

其中，$f_1^{-1}(x_1)$，$f_2^{-1}(x_2)$ 表示 x_1、x_2 的反生产函数，根据边际收益递减规律可知：

$$f'_{x_1}[f_1^{-1}(x_1), \ f_2^{-1}(x_2)] \geq 0, \ f''_{x_1}[f_1^{-1}(x_1), \ f_2^{-1}(x_2)] \leq 0 \qquad (7-5)$$

$$f'_{x_2}[f_1^{-1}(x_1), \ f_2^{-1}(x_2)] \geq 0, \ f''_{x_2}[f_1^{-1}(x_1), \ f_2^{-1}(x_2)] \leq 0 \qquad (7-6)$$

旅游目的地的社会福利水平可以通过社会效用函数来进行直观展示。影响旅游目的地的居民社会效用函数主要包括四个方面因素：一是消费部分旅游服务产品 x_1 和复合产品 x_2；二是社会总产出 y 会影响其社会居民的可支配收入；三是旅游目的地旅游产业占据主导地位，只有少部分的复合产品由该旅游目的地生产，其大部分都是来自旅游目的地以外的地区，该旅游目的地对复合产品 x_2 的"进口"支出 z，在本研究中将其称为"漏出效应"；四是价格效应，即旅游目的地价格水平的高低一方面会影响旅游目的地居民的真实收入水平，而且另一方面会影响到旅游目的地与非旅游目的地之间产品交易的获益水平及竞争能力，在本研究中以相对价格水平 pop 来表示。按照经济学原理，该旅游目的地的社会效用无差异函数方程式如下：

$$U(x_1，x_2，y，z，pop) = kx_1^{\alpha}x_2^{\beta}y^{\gamma}z^{\delta}pop^{\lambda}，(1 \geqslant \alpha \geqslant 0 \quad 1 \geqslant \beta \geqslant 0 \quad 1 \geqslant \gamma \geqslant 0$$

$$1 \geqslant \delta \geqslant 0 \quad 1 \geqslant \lambda \geqslant 0 \quad \alpha + \beta + \gamma + \delta + \lambda = 1) \qquad (7-7)$$

$$U'_{x_1}(\cdot) \geqslant 0，U''_{x1}(\cdot) \leqslant 0，U'_{x2}(\cdot) \geqslant 0，U''_{x2}(\cdot) \leqslant 0 \qquad (7-8)$$

$$U'_{y_1}(\cdot) \geqslant 0，U''_{y_1}(\cdot) \leqslant 0，U'_{z}(\cdot) \leqslant 0，U''_{z}(\cdot) \geqslant 0，U'_{pop}(\cdot) \leqslant 0，U''_{pop}(\cdot) \geqslant 0$$

$$(7-9)$$

在开放经济条件下旅游目的地在提供旅游服务产品与从该旅游目的地以外的地区"进口"大量的消费品与生产投入品的过程之中，与客源地之间就会形成一种隐性的贸易条件：

$$p_1x_1 + p_2x_2 = y \quad y = y_1 + y_2 \qquad (7-10)$$

$$pop = P_1/P_2 \qquad (7-11)$$

其中式（7-10）表示旅游目的地两大类型产品的消费约束，式（7-11）表示旅游目的地隐性贸易条件，如果该比率越大，越有利于提高旅游目的地的社会福利。

二、旅游产业发展、价格效应及其社会福利影响的一般均衡分析

（一）旅游产业发展的积极社会福利影响的一般均衡分析

旅游产业的快速发展提升了旅游目的地的总产出水平，增加了社会居民

的就业机会与收入水平，从而提升当地居民的消费能力与消费水平，最终它会在很大程度上提高旅游目的地居民的社会福利水平。这种旅游产业扩张的社会福利影响可以通过一般均衡模型，利用生产可能性前沿与社会效用无差异函数，将其以图解的方式进行一般均衡图解，如图 7 - 1 所示。

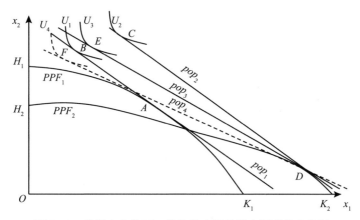

图 7 - 1　旅游产业发展、价格效应及其社会福利效应分析

图 7 - 1 中的横坐标、纵坐标分别表示某旅游目的地所生产旅游服务产品 x_1 与复合产品 x_2，PPF 为其生产可能性前沿曲线，它表示两种产品最大可能的生产组合，而 PPF 以外的任何一点表示不可能达到的生产组合，PPF 内的任何一点，表示生产资源未充分利用的点。U 为社会效用无差异曲线，表示该旅游目的地在消费 x_1 与 x_2 时可能达到的效用，离原点越远，其代表的社会效用水平越高，pop 代表隐性贸易条件，它同时与 PPF 曲线、社会效用无差异曲线相切，使生产与消费同时达到一般均衡，使整个旅游目的地在一定时期社会福利最大化。旅游经济发展初期，当经济体系达到一般均衡时，生产均衡点在 A 点，消费点在 B 点，该旅游目的地生产更多的旅游服务，但消费较少，只能供外地旅游者消费，即"出口"旅游服务；生产更少的复合产品 x_2，但消费较多，即从外地"进口"复合产品，以满足本地消费需求。当该旅游目的地旅游业快速发展时，生产可能性前沿曲线向 x_1 方向扩张，生产

均衡点由 A 点→D 点,当价格水平不变时,POP_1 平行移至 POP_2,消费均衡点由 B 点升高至 C 点,旅游服务与复合产品消费量都增加,整个社会效用无差异曲线由 U_1 提高到 U_2,也就是说整个社会福利水平显著增加。

命题 1:旅游产业扩张→旅游总收入增加→提高旅游目的地的社会福利。

(二)旅游产业发展的价格效应:旅游产业发展对旅游目的地物价的负面影响

旅游产业发展的价格效应是指旅游目的地旅游产业发展而带来生产资料、消费品、住房等相关产品价格体系严重失衡的现象,这主要是因为旅游者消费能力高于旅游目的地居民,他们能够出高价购买食、住、行以及旅游纪念品为代表的各种消费品,从而导致其 CPI 大幅度上涨,而且生产资料、土地价格也会迅速上升,从而导致旅游目的地生产成本、房价上涨,居住环境恶化,从而对旅游目的地居民的社会福利产生显著的负面影响。旅游产业发展的这种价格效应主要源于如下几个方面:一是从产品供给角度来看,由于旅游产业的快速发展,旅游目的地产业结构出现失衡,更多的社会资源流向旅游产业,流出工、农业等相关行业,从而使工、农业产品的供给出现了一定程度上的萎缩,供给量减少,在需求增加的市场环境下市场价格肯定会出现上涨。二是从产品需求角度来看,大量旅游者涌入旅游目的地,一方面直接增加了旅游目的地旅游需求总量,提高与旅游产业直接相关行业的消费需求,从而提高其价格水平;另一方面,旅游产业发展会增加旅游目的地社会居民的收入水平,从而增加当地居民的社会消费需求,提升当地价格水平。三是从产品外部供给角度来看,旅游目的地旅游产业的快速发展,部分生产资料与日常消费品依赖于外地输入,尤其是日常消费品的外部输入,这会大大增加产品销售的中间服务成本,从而提升其总体价格水平。对我国很多旅游目的地而言,也大多都存在这种现象,如世界自然遗产所在地张家界市 2011 年日常消费品价格水平、房地产价格水平偏离湖南全省同等经济发展水平地区

20%、30%左右，这对旅游目的地社会居民，尤其是非旅游产业就业的社会居民的社会福利水平产生了十分显著的负面影响。

旅游产业发展的"价格效应"可以从一般均衡中模型得到有力解释。如本书的理论基础中式（7-1）~式（7-6）所示，旅游产业快速发展会使更多生产要素流入 x_1 产品的生产而流出 x_2 产品的生产，这会使旅游产业总规模迅速膨胀，非旅游产业的生产规模下降，其他相关产品出现供不应求的现象，从而导致价格水平上升。从式（7-7）~式（7-11）来看，旅游产业的快速发展会导致旅游消费需求的增加，社会需求效用函数上升，但同时由于受到社会总产出水平的约束，使价格总体水平上升。从图7-1中一般均衡图形上来看主要表现在两个方面：一是生产可能性曲线会向 x_1 方向扩张而向 x_2 方向收缩，在旅游产业扩张前，旅游产业与其他产业的最大总产值分别为 OH_1 和 OK_1，而旅游产业快速扩张后，旅游产业最大总产值增加为 OK_2，其他相关产业的最大总产值减少为 OH_2，其社会生产可能性前沿曲线应为 PPF_2，而不是 PPF_1，那么，OH_1/OH_2、OK_1/OK_2 分别是以旅游产业、相关产业所表示的该旅游目的地产业结构变化度，从而使旅游目的地受到供给约束，促进其价格水平上升；二是社会无差异曲线由 U_1 上升到 U_2，消费需求增加，但由于受供给约束影响，相对价格曲线发生旋转，由 POP_2 变为 POP_3，即旅游产业快速发展后旅游目的地相对价格水平提升。

命题2：旅游产业快速扩张提高了旅游目的地的绝对价格水平与相对价格水平。

（三）旅游产业发展的价格效应的负面社会福利影响的一般均衡分析

旅游产业快速发展不仅会对旅游目的地带来显著的"价格效应"，而且会在较大程度上对旅游目的地社会福利产生间接的负面影响，这种负面的社会福利影响也可以从一般均衡的角度进行深入的分析。从图7-1可以知道，在旅游产业扩张前，旅游产业与其他产业的总产值分别为 OK_1 和 OH_1，而旅游产业扩张后，旅游产业的总产值增加为 OK_2，其他相关产业的总产值减少为 OH_2，当"价格效应"存在时，旅游产业的快速发展会与其他产业竞争生产资源，那么其他产业的社会生产会减少，从而使其他产品的绝对价格水平会上升，旅游产业内的相关产品由于其他需求量大幅度增加也会使旅游产业内相关产品的绝对价格水平大幅度上升，那么，旅游目的地与其他地区的相对价格也就会大幅度上升，从图形上来看，表现为相对价格曲线由 POP_2 旋转到 POP_3，从而与新的较低的社会效用无差异曲线相切于 E 点，那么，该旅游目的地的社会福利水平会变为 U_3，而不是 U_2，这种价格效应对社会福利的负面影响即为 U_2 与 U_3 垂直距离，不过，从总体上看，这种负面影响还是小于旅游产业发展的积极影响，即 U_3 还是处于 U_1 的上方。另外，由理论模型的式（7-1）~式（7-11）可知，旅游产业的快速发展还会造成社会资源在不同产业之间的配置不均衡，影响生产要素的边际产出效率，使得社会产出矛盾进一步恶化，激化旅游目的地社会产品的供求矛盾，会加大相对价格曲线的旋转程度，从而大大降低社会实际收入水平，而且还会使不同社会经济主体在经济发展中获得不公平的收入分配，从而对社会真实收入水平产生负面影响。如果这种负面影响足够大，社会真实的相对价格曲线可能会进一步旋转到 POP_4，社会无差异曲线会变为 U_4，从而使社会福利水平处于 U_1 的下方。

命题3：旅游产业的快速扩张虽然会提高旅游目的地社会福利水平，但"价格效应"会在一定程度上降低其社会福利水平。

第四节 研究设计

一、旅游产业发展的价格效应的测算方法

为了测算不同旅游目的地旅游产业发展所产生的价格效应，首先参照安

东尼（Anthony，1982）、科威尔（Cowell，2000）的研究方法对广义熵指数（GE）进行相应修正以测算各旅游目的地相对非旅游目的地而言的价格失衡程度，其测算公式如下：

$$GP(\alpha) = \left[\frac{1}{\alpha(\alpha-1)}\right]\left[\frac{1}{n}\sum_{i=1}^{n}\left(\frac{p_i}{\mu_i}\right)^{\alpha} - 1\right] \qquad (7-12)$$

其中，p_i 表示旅游目的地的不同类型价格指数，n 为不同旅游目的地价格指数总类别，μ 为各旅游目的地所在省份的同等经济发展水平地区的各种类别价格指数的均值，GP 指数取决于参数 α 的取值，当 $\alpha=0$ 时，为对数变异系数均值，$\alpha=1$ 时，为泰尔系数，当 $\alpha=2$ 时，为变异方差的半值。为保证分析结果的稳健性，本书将计算 $\alpha=0，1，2$ 时的 GP 指数。为了精确地计算旅游产业发展的价格效应，论证本书所提出的命题 2，参照保罗（Paul，2004）、江庆（2010）等相关学者的研究方法将上述广义熵指数按国民收入来源进行分解，分解公式如下：

$$GP = \sum_{k=1}^{k} S_k GP_k R_k \qquad (7-13)$$

$$R_k = \frac{\text{COV}(y_k, F)}{\text{COV}(y_k, F_k)} \qquad (7-14)$$

其中，S_k 为旅游目的地的某一产业总出在 GDP 中所占的比重，GP_k 表示旅游目的地某一产业内的价格指数的广义熵指数（GP），F 为不同旅游目的地 GDP 的累积分布函数，F_k 为不同旅游目的地的某一产业总产出 k 的累积分布函数，则 R_k 为旅游目的地的某一产业总产出 k 与 GDP 之间的相关系数。由此可看出，旅游产业发展对 GP 的影响主要体现在三个方面：一是旅游产业本身的相对价格指数；二是旅游产业总收入在 GDP 中的相对重要性；三是旅游总收入与 GDP 的相关性。通过相应的数学转换，则可以计算出旅游产业发展所导致的价格弹性，即求出旅游产业发展的价格效应 GP 的边际影响：

$$E_k(GP) = \frac{\partial GP/GP}{\partial k} = \frac{S_k GP_k R_k}{GP} - S_k \qquad (7-15)$$

式（7-15）表示在假定其他条件不变的前提下，不同旅游目的地旅游产业总收入每变动一个百分点对该旅游目的地的价格波动所产生的影响程度。

二、旅游目的地社会福利的测算

保罗·萨缪尔森等最先提出社会福利函数，由于社会福利在实证分析中难以估计，在传统的古典与新古典经济学研究中，GNP、GDP、NI 等成为一个衡量社会福利的替代指标。但这些指标存在严重缺陷，如闲暇、产业结构、环境质量等不能得到有效反映。魏斯伯德（Weisbrod，1968）等最先提出了衡量家庭福利的消费货币价值指数（MVC）；诺德豪斯（Nordhaus，1972）提出"经济福利尺度"（MEW）。森（Sen，1974）提出衡量社会、经济全面发展的福利指数，$S = RY(1-G)$，对社会经济发展进行综合评价时，同时考虑到人均 GDP 的提高与国内收入分配差距的缩小。随着发展经济学的发展，衡量社会福利问题得到更广泛的重视。1970 年美国海外发展委员会提出了物质生活质量指数（PQLI），该指标从社会、文化、医学、营养学角度评价一个国家的社会福利水平。1990 年联合国开发计划署提出衡量社会福利的综合指标——人类发展指数（HDI）。2004 年美国社会保健协会提出另一个综合指标 ASHA，其计算公式为：

$$ASHA = \frac{RL \times RCU \times RGDP \times (1+RO)}{1 + RB \times (1-RD)} \times 100\% \qquad (7-16)$$

其中，*RL*、*RCU*、*RO*、*RGDP*、*RB*、*RD* 分别为就业率、识字率、平均预期寿增长率、人均 GDP 增长率、出生率、婴儿死亡率。该指标是在传统的衡量社会福利的经济指标的基础上综合了人类发展指数（HDI）和物质生活质量指数（PQLI）所有内在因素，较为全面地反映社会福利的真实状况，因此，本研究在分析旅游目的地的社会福利时是利用该指标来进行综合测算。

三、旅游产业发展及其价格效应的社会福利影响实证研究计量模型设定

本书在理论分析中基于一般均衡理论，分析了旅游产业发展的价格效应及其对社会福利的积极与负面影响，提出了命题1和命题3，为确认这种影响关系的大小，本研究对其建立如下实证计量分析模型：

$$ASHA_{it} = \phi_1 + \phi_2 \Delta LTGDP_{it} + \phi_3 E_k(GP)_{it} + \phi_4 \Delta LGDP_{it} + \phi_5 \Delta LE_{it}$$

$$+ \phi_6 \Delta LCRIM_{it} + \phi_7 \Delta LACUL_{it} + \varepsilon_{it} \qquad (7-17)$$

其中 $ASHA_{it}$ 表示旅游目的地的社会福利水平，$E_k(GP)_{it}$ 表示旅游目的地旅游产业发展的价格效应的影响值，ϕ_3 为该变量的系数，从理论上看，该变量的系数应为负数；$\Delta LTGDP_{it}$ 表示旅游目的地旅游产业发展的变量，以旅游收入的对数表示，从理论分析可知，旅游收入与其他变量之间存在多重共线性，那么该变量是以增量的形式出现，从理论上看，该变量的系数应该为正数，$\Delta LGDP_{it}$、ΔLE_{it}、$\Delta LCRIM_{it}$、$\Delta LACUL_{it}$ 是分别从经济因素、生态因素、社会与文化因素的角度来设置控制变量，分别以旅游目的地 GDP、生态环境质量、社会犯罪总量、公共文化组织数量的对数来表示，生态环境质量以环境综合质量指数表示，该指标参考姜勇（2007）的研究进行计算。该指标在不同区域全面建设小康社会的评价指标中已经得到广泛应用。由于这些变量可能会与产业结构变量存在多重共线性，都是以增量形式出现。从理论上讲，ϕ_4、ϕ_5、ϕ_7 应该为正数，而 ϕ_6 应该为负数。ϕ_1 为常数项，ε_{it} 为随机扰动项。

第五节 实 证 分 析

一、实证分析样本选择及数据来源

本研究实证分析样本选择主要基于如下几个方面的标准：一是符合理论分析部分提出的基本假设，即旅游目的地旅游产业发展水平较高，旅游产业在社会经济发展中占有十分重要的地位，旅游收入占 GDP 的比重为 30% 左右；二是满足实证计量分析中所需要的样本容量；三是实证分析中各种资料的可获取性。因此，本书课题组在实证研究中选择我国较为成熟的八大旅游区作为实证分析样本：四大世界自然与文化双重遗产——泰山、黄山、峨眉山 - 乐山大佛、武夷山风景名胜旅游区，以及张家界旅游区、三亚旅游区、阳朔旅游区、丽江旅游区。各个样本数据时间跨度为 2001～2016 年。本研究利用这 8 个旅游区 2001～2016 年度的时间序列数据组成面板数据进行实证分析，以保证计量分析结果的稳健性，每个旅游区的 GDP、价格、投资、不同产业总产出、社会犯罪数量、公共文化组织数量、识字率、平均预期寿命、出生率、婴儿死亡率、旅游收入、人次、就业、投资、环境质量等数据来自各研究对象所属的地、市统计年鉴，以及《中国旅游统计年鉴》《中经网统计数据库》和各旅游管理部门的统计数据及其实证调研资料。

二、旅游产业发展的价格效应的实证测算结果

根据式（7 - 13）～式（7 - 15）计算不同旅游目的地价格体系失衡程度及旅游产业发展的价格效应的弹性系数值，其具体计算结果如表 7 - 1 所示，

限于篇幅，表 7 - 1 中仅列出了 $\alpha = 1$ 时不同旅游目的地的 GP 指数值及其相应的 $E_k(GP)_{it}$ 值，从表 1 中的计算结果来看，可以反映出如下几个方面特征：一是我国八大旅游区相对于其所在的经济区域而言，价格指数存在较严重的正向偏离性，GP 指数都大于 0 且大部分都在 0.45 以上，远大于 $\alpha = 1$ 时 GP 指数等于 0.30 的临界值，即各旅游目的地的价格水平确实存在偏高的现象，且这种变化关系随着其社会经济发展有不断加剧的趋势，例如：张家界的 GP 指数分别由 2001 年的 0.465 增加到 2011 年的 0.536，然后出现平稳增长，变化到 2016 年的 0.540，丽江的 GP 指数分别由 2001 年的 0.476 增加到 2011 年的 0.553，然后出现平稳增长，变化到 2016 年的 0.558，旅游目的地价格水平严重偏高于非旅游目的地价格水平的现象值得高度重视。二是旅游产业发展对价格水平影响的弹性系数都大于 1，且大部分年份的数据都超过了 2，处于富有弹性的范围，最小值也达到 1.893，而最大值达到 2.378，即旅游产业发展对价格水平扩大的影响程度要远远大于旅游产业规模本身的增长速度。三是旅游产业发展对价格水平影响的弹性系数与旅游收入占 GDP 的比重呈正相关关系，从不同旅游目的地比较来看，泰山、峨眉山、武夷山旅游收入占 GDP 的比重相对较小，G_k 也相对较小，而张家界、三亚、阳朔、丽江旅游区的旅游收入占 GDP 的比重相对较大，G_k 也相对较大。四是随着旅游产业的快速发展，对价格水平影响的弹性系数也呈现出增长的趋势。例如：武夷山由 2001 年的 1.964 增加到 2011 年的 2.178，再平稳增长到 2016 年的 2.181；黄山由 2000 年的 2.046 增加到 2011 年的 2.262，再平稳增长到 2016 年的 2.263；峨眉山由 2001 年的 1.893 增加到 2011 年的 2.107，再平稳增长到 2016 年的 2.112；三亚由 2001 年的 2.152 增加到 2011 年的 2.368，再平稳增长到 2016 年的 2.371；丽江由 2001 年的 2.156 增加到 2011 年的 2.378，再平稳增长到 2016 年的 2.383。这充分反映出不同旅游目的地不同时期旅游产业快速发展对价格水平失衡所带来的负面影响，即论证本书理论研究中提出的命题 1 成立。

表7-1 不同旅游目的地价格体系失衡度及旅游产业发展的价格效应的影响结果

地区	指标	2001年	2002年	2003年	2004年	2005年	2006年	2007年	2008年	2009年	2010年	2011年	2012年	2013年	2014年	2015年	2016年
泰山	$GP(1)$	0.437	0.448	0.436	0.438	0.451	0.454	0.462	0.471	0.485	0.496	0.499	0.498	0.501	0.502	0.503	0.503
	$E'_k(GP)_i$	1.926	1.935	1.943	1.956	1.959	1.968	1.974	1.985	1.992	2.012	2.138	2.139	2.140	2.141	2.140	2.141
黄山	$GP(1)$	0.467	0.472	0.463	0.467	0.472	0.485	0.491	0.499	0.509	0.523	0.527	0.528	0.529	0.531	0.532	0.531
	$E'_k(GP)_i$	2.046	2.059	2.068	2.076	2.084	2.095	2.098	2.113	2.118	2.137	2.262	2.263	2.264	2.265	2.264	2.263
峨眉山	$GP(1)$	0.416	0.423	0.415	0.419	0.424	0.436	0.443	0.457	0.462	0.475	0.479	0.478	0.479	0.481	0.482	0.481
	$E'_k(GP)_i$	1.893	1.905	1.917	1.926	1.929	1.938	1.943	1.957	1.963	1.992	2.107	2.108	2.109	2.110	2.111	2.112
武夷山	$GP(1)$	0.437	0.448	0.439	0.445	0.451	0.456	0.464	0.479	0.486	0.492	0.523	0.524	0.526	0.527	0.528	0.529
	$E'_k(GP)_i$	1.964	1.983	1.986	1.998	2.003	2.012	2.014	2.024	2.036	2.054	2.178	2.179	2.180	2.181	2.182	2.181
张家界	$GP(1)$	0.465	0.472	0.463	0.47	0.474	0.485	0.493	0.502	0.511	0.522	0.536	0.537	0.538	0.539	0.539	0.540
	$E'_k(GP)_i$	2.048	2.068	2.069	2.072	2.085	2.097	2.107	2.113	2.118	2.145	2.267	2.268	2.269	2.271	2.272	2.273
三亚	$GP(1)$	0.468	0.478	0.464	0.481	0.485	0.489	0.494	0.523	0.524	0.527	0.533	0.534	0.536	0.537	0.536	0.537
	$E'_k(GP)_i$	2.152	2.176	2.173	2.186	2.189	2.199	2.213	2.215	2.226	2.247	2.368	2.369	2.370	2.371	2.372	2.371
阳朔	$GP(1)$	0.469	0.476	0.469	0.479	0.475	0.488	0.495	0.512	0.513	0.528	0.532	0.533	0.535	0.536	0.537	0.536
	$E'_k(GP)_i$	2.154	2.165	2.174	2.186	2.191	2.201	2.205	2.218	2.226	2.245	2.369	2.368	2.370	2.371	2.372	2.373
丽江	$GP(1)$	0.476	0.478	0.465	0.475	0.476	0.495	0.496	0.515	0.516	0.525	0.553	0.554	0.555	0.556	0.557	0.558
	$E'_k(GP)_i$	2.156	2.169	2.174	2.187	2.194	2.221	2.228	2.231	2.239	2.258	2.378	2.379	2.380	2.381	2.382	2.383

三、旅游产业发展水平及价格效应对社会福利的影响的实证分析结果

基于计量回归方程（7－16）及社会福利指数、GP 指数的实证计算结果，本文利用 MATLAB 软件对旅游业发展水平及其价格效应对不同旅游目的地的社会福利的影响进行计量分析，经协方差分析和霍斯曼检验（Hausman test）拒绝了随机效应的原假设，故选用等斜率的固定效应面板计量模型来进行实证分析，具体结果如表7－2 所示。

表7－2   旅游产业发展水平及价格效应的社会福利影响的计量回归结果

变量	模型（1）	模型（2）	模型（3）	模型（4）	模型（5）	模型（6）	模型（7）
常数	2.265 ** (2.248)	0.176 ** (2.268)	2.212 (1.495)	2.134 ** (2.754)	2.036 ** (2.647)	2.013 ** (2.655)	1.995 ** (2.965)
$E_k(GP)_{it}$	0.536 (1.782)	—	−0.163 (−1.457)	−0.167 (−1.246)	−0.152 * (−3.957)	−0.128 * (−4.234)	−0.112 * (−5.095)
$\Delta LTGDP_{it}$	—	0.131 * (4.453)	1.695 ** (2.665)	1.449 ** (2.321)	1.434 (1.225)	1.390 (1.551)	1.399 * (4.555)
$\Delta LGDP_{it}$	2.682 ** (2.446)	0.268 ** (2.556)	—	1.957 * (4.649)	1.952 * (5.221)	1.887 (1.266)	1.868 * (5.243)
ΔLE_{it}	1.567 ** (2.359)	0.159 (1.394)	—	—	0.997 * (4.642)	0.981 * (4.676)	0.977 * (4.095)
$\Delta LCRIM_{it}$	1.063 (1.392)	0.163 ** (2.784)	—	—	—	−0.282 (−1.248)	−0.276 ** (−2.251)
$\Delta LACUL_{it}$	−1.1246 ** (−2.654)	−0.004 ** (−2.703)	—	—	—	—	0.595 * (4.664)
个体效应	—	—	—	—	—	—	—
时期效应	—	—	—	—	—	—	—

续表

变量	模型（1）	模型（2）	模型（3）	模型（4）	模型（5）	模型（6）	模型（7）
调整 R^2	0.982	0.984	0.675	0.765	0.799	0.887	0.923
样本	80	80	80	80	80	80	80
F-统计量	7.395 * (0.001)	6.982 * (0.001)	1.784 ** (0.462)	1.952 ** (0.561)	2.339 * (0.002)	8.498 * (0.001)	9.456 * (0.001)
条件数 r	47.39	49.26	—	—	—	—	—
VIP	28.03	31.51	—	—	—	—	—

注：数据来源同表 7-1；括号中为 T-统计量，*、** 分别表示在 10%、5% 的显著性水平上显著；个体效应与时期效应限于篇幅未全部列出。

由于控制变量较多，首先要分析旅游产业发展与社会经济文化影响变量之间的多重共线性，模型（1）和模型（2）分别是以旅游产业发展水平及价格效应的变量为因变量，以其他影响社会福利的社会、经济、文化、生态变量为解释变量进行计量分析来判别其是否存在多重共线性，其方法如下：首先是看模型（1）、模型（2）的回归系数估计值的符号与大小是否违反基本的经济学理论，若违反则存在多重共线性，从回归结果来看，GDP、文化变量的系数均为负数，这显然与理论基础相背离，可以初步判断变量存在多重共线性。其次是看是否存在"接受单个方程的系数 $\phi_i = 0$ 的原假设，而拒绝存在多个控制变量时的联合原假设 $\phi_1 = \phi_2 = \phi_3 = \cdots \phi_6 = 0$"的现象，若存在则有多重共线性。另外通过统计指标来检验是否具有多重共线性，方差扩大因子统计量（VIP）和条件数（r）：$VIP = 1/(1 - R_j^2)$，其中 R_j^2 为 $x_j = \gamma \tilde{X}(j) + u$ 回归方程的可决系数，$X = (x_1, x_2, \cdots, x_k)$，$\tilde{X}(j) = (x_1 \cdots, x_{j-1}, x_{j+1} \cdots, x_k)$，当 $VIP \geqslant 10$ 时，即存在多重共线性。$r = \sqrt{\max(\lambda_j)/\min(\lambda_j)}$，$\prod_{j=1}^{n} \lambda_j = |X'X|$，若 $r \geqslant 20$ 时，则存在多重共线性。从模型（1）和模型（2）的回归结果看，VIP 值分别为 28.03 和 31.51，远远大于临界值 10，r 分别为 47.39 和 49.26，远远大于临界值 20。因此，这些变量间存在多重共线性。

当存在多重共线性时，主要有三种解决办法，一是改变解释变量的组合方式：删除不显著或不符合经济意义的变量、利用比率法或差分法设定模型；二是通过扩大样容量或者采用岭回归方法来减少系数估计的均方误；三是补充信息来消除多重共线性，其中最好是利用比率法或差分法的模型设定以改变解释变量的组合方式来消除多重共线性。考虑到数据资料的可获取性，本研究采用差分来进行回归分析。为保证回归结果的稳健性，在回归时以"分级回归方法"进行，即首先进行影响变量与因变量之间的回归分析，并观察回归方程的统计显著性与回归方程中回归系数与理论分析的一致性，其次，依次加入相关控制变量，再次观察回归方程的 T-统计值是否有显著提高及其回归系数的合理性，模型 3 中没有设置任何控制变量，只有旅游产业发展水平及其价格效应这两个变量，回归系数分别为 1.695、-0.163，与理论模型预期相一致，但 T-统计量的显著水平较差，拟合优度仅为 0.675，拟合效果较差，这说明这两变量不能完全解释旅游目的地的社会福利的变化情况，模型（4）到模型（7）分别增加了经济、生态、社会、文化因素等控制变量，随着相关变量的增加，回归系数 T-统计量的显著水平大大增强，拟合优度由 0.675 增加到 0.923，这说明模型（7）能更好说明旅游经济发展水平、价格效应及其相关控制变量对旅游目的地社会福利的影响。

从模型（7）的结果来看，所有变量的系数都在 1% 或 5% 的显著性水平上显著，$\Delta LTGDP_{it}$、$\Delta LGDP_{it}$ 的系数分别为 1.399、1.868，这两个影响系数相差不大，这充分说明旅游目的地的旅游产业发展对社会福利产生了显著的积极影响，印证了理论分析中命题 1 的正确性，而且，旅游产业发展在旅游目的地的总体经济发展中占有十分重要的地位。旅游产业发展的价格效应变量 $E_k(GP)_{it}$ 的系数为 -0.112，旅游产业发展的价格效应对社会福利产生显著的负面影响，那么结合实证分析第二部分计算的旅游产业发展对价格水平的负面影响的实证测算结果，就可以计算出旅游目的地旅游产业发展对社会福利的间接负面影响，这就证明了理论分析部分命题 3 的正确性，其他控制变量

ΔLE_{it}、$\Delta LCRIM_{it}$、$\Delta LACUL_{it}$ 的系数分别为 0.977、- 0.276、0.595，即生态
环境优化产生了积极的社会福利效应，社会环境恶化产生消极的社会福利效
应，文化环境优化产生了积极的社会福利效应。

第六节　结论及启示

一、结论

本研究针对我国不同旅游目的地的旅游产业快速发展与价格水平失衡这
一典型事实，将旅游收入、价格等影响因素引入经典的社会福利函数，构建
了旅游产业发展、价格效应及其社会福利影响的一般均衡模型，以图解分析
方法对旅游产业发展及其价格效应的社会福利影响进行了深入理论分析，在
一定程度上避免了单纯从旅游收入这一指标来分析旅游产业发展的社会经济
影响的不足之处。理论研究结论显示：旅游产业快速发展对其经济增长有显
著的积极影响，从而推动旅游目的地社会福利水平的提升，与此同时，旅游
产业快速发展对旅游目的地的价格水平产生了显著的负面影响，这种负面的
价格效应又通过社会福利函数在很大程度上对当地居民的社会福利带来间接
的负面影响。

本研究以四大世界自然与文化双重遗产——泰山、黄山、峨眉山－乐
山大佛、武夷山风景名胜旅游区，以及湖南张家界旅游区、海南省三亚旅
游区、桂林阳朔旅游区、云南丽江旅游区的旅游产业为实证对象进行实证
检验显示：总体上来看旅游产业发展对当地社会福利产生显著的积极影响，
旅游产业发展每增长 1%，其社会福利水平在原有基础上会增加 1.399%，
但随着旅游产业的快速发展，其价格水平失衡现象也日益严重，总体上看，

旅游目的地的价格水平的 GP 指数在原有基础上增长 2.122%，从而对其社会福利带来的负面影响大约为 −0.238%（2.122 × −0.112），但这种影响在不同旅游目的地存在显著的时空差异性，即随着时间的推移各旅游目的地的旅游产业发展对社会福利的积极影响，对价格水平失衡的负面影响及其对社会福利的负面影响在不断加剧；随着旅游目的地旅游产业发展水平的提高，这种积极与负面影响也在不断提高，如 2001 年度峨眉山旅游区的这一影响系数分别为 1.893%、−0.212%，在 2011 年则分别达到 2.107%、−0.236%，在 2016 年则分别达到 2.112%、−0.239%，而云南省丽江旅游区的旅游产业发展水平更高一些，其 2001 年这一影响系数则分别为 2.156%、−0.241%，在 2011 年则分别达到 2.378%、−0.266%，2016 年则分别提高到 2.395%、−0.269%。所以，单纯地考虑旅游产业快速发展对旅游目的地社会福利的积极影响而不考虑旅游产业发展中的价格效应对其社会福利的负面影响是不妥当的。

二、启示

基于上述理论与实证分析结论，可得到如下启示。

第一，旅游产业发展是旅游目的地社会福利提升的重要推动器。随着我国社会经济发展水平的不断提升，旅游产业发展速度迅猛，旅游产业规模日益扩大，旅游产业成为我国国民经济的战略性支柱产业，而且，旅游产业具有资源消耗低、带动系数大、就业机会多、综合效益好等显著特点，它在扩大消费、文化繁荣、惠及民生等方面作用显著。对于不发达地区，旅游产业发展会起到"扶贫富民"的作用，推动当地社会福利水平的提高；对于发达地区，旅游产业发展更会起到"锦上添花"之效果，在推动经济发展、美化生态环境、促进社会文化进步、优化经济结构等方面都会产生巨大的作用，从而有力地提升其社会福利水平。从本研究的实证分析中也可以看出，八大旅游目的地旅游产业总收入占 GDP 比重非常高，达 30% 左右，平均来看旅游总收入每增加 1%，其社会福利水平会提升 1.398%，旅游产业发展对其民生福利产生了巨大的推动作用。

第二，充分重视旅游产业发展所带来的价格效应对社会福利的负面影响。旅游产业发展虽然为不同旅游目的地带来十分可观的旅游收入、旅游消费与就业。但是，从本研究的理论与实证分析及相关学者的研究成果来看，旅游产业发展对当地物价水平提升产生了较大的推动作用。而这种负面影响又会间接影响旅游产业发展的积极社会福利效应。一般而言，大多数旅游目的地具有较为丰富的旅游资源，旅游产业开发具有较强的比较优势，旅游开发在一定时期内促进了旅游目的地的社会经济的发展。但是，由于受到旅游目的地社会、经济资源稀缺性的约束，如果任凭旅游产业自身的盲目发展，再加上旅游目的地政府对旅游产业发展的"扭曲性"人为干预，旅游目的地的社会总产出不但会在总量上小于总需求，而且会在较大程度上出现供求结构上的失衡，从而带来旅游产业快速发展的"价格效应"，对当地居民（尤其是非旅游产业就业的社会居民）的社会福利产生较大负面影响。所以，旅游目的地政府管理部门不仅要构建完善的产业结构支撑体系，促进其产业结构适度多元化，解决旅游目的地的供求结构上的失衡，而且要构建完善的旅游目的地价格体系调控机制。

第三，加强旅游目的地生态、社会、文化环境治理是提高其社会福利水平与实现旅游业可持续发展的基本保障。随着中国旅游产业的快速发展，大量旅游者涌入区域狭小的旅游目的地，尤其是以自然景观型为主的旅游目的地，大量旅游者的涌入将对其生态、社会、文化、环境等方面产生巨大的压力，生态环境恶化、旅游欺骗、交通堵塞、文化变异等相关社会问题相继发生的可能性增加，这不仅会对当地居民的生活造成负面影响，而且会影响旅游目的地的整体形象与纵深发展。从本研究的理论分析与实证探究可知，旅游目的地生态质量、社会与文化变量不仅是影响其社会福利的不可缺少的控制变量，而且与旅游产业总收入这一变量存在较强的多重共线性，也就是说，其对旅游目的地旅游产业发展与社会福利都产生十分重要影响。因此，必须努力实现旅游目的地生态、社会、文化与旅游产业的协调发展。

第四，通过制度与管理创新促进旅游产业粗放型发展模式的转变，提升其社会福利影响。中国旅游产业发展过程中普遍存在重开发、轻保护，重规模、轻品质，重硬件、轻软件等问题，这虽然推动了旅游总收入在短期内实现"暴发式"增长，但同时也导致消极福利影响的产生。因此，应不断创新旅游产业的财税、投融资、行业管理制度和土地管理制度，通过产业结构、社会文化、生态环境管理创新，推进旅游产业发展模式优化升级。

第八章

旅游产业发展的生态环境效应研究：
以张家界市旅游产业为例

第一节 引 言

改革开放以来，我国旅游业快速发展，为经济发展作出了巨大贡献。1982 年，张家界诞生了全国首个国家级森林公园，并拉开了张家界旅游产业发展的序幕。近年来，张家界市一直以旅游产业作为其支柱产业，旅游经济的年均增长率达 15% ~20%。2019 年，张家界市接待国内游客数量达 7912.3 万人次，较上年增长 15.2%，入境游客达 137.0 万人次，增长 178.7%；旅游总收入达 905.6 亿元，较上年增长 23.6%。2020 年，张家界接待旅客数量为 4949.2 万人次，较 2019 年减少了 2963.10 万人次；该年旅游总收入为 569 亿元，较 2019 年旅游总收入减少 336.60 亿元。[①] 在 2021 年，新冠肺炎疫情逐渐好转，张家界旅游市场也随之逐渐恢复增长。总的来说，张家界市的旅游产业发展取得了巨大的成就，但由于各地区所拥有的旅游资源、交通条件、基础设施的不同，使得张家界市各区县旅游产业发展有所不同。张家界市在旅游产业快速发展的同时给张家界市带来了巨大财富，但经济的快速发展和旅游产业的快速发展也给张家界市生态环境带来了一些负面影响，生态环境污染和破坏问题也逐渐显现出来。

旅游产业发展对生态环境的影响也不仅仅只有消极方面，还有积极方面影响。随着旅游产业进程的推进，地方政府意识到保护生态环境的重要性，积极实行举措，进行改进。例如：增加地区绿化面积、提高森林覆盖率、提高污水垃圾处理能力等。生态环境是旅游产品基本的组成部分，所以发展旅游业必须创造并保持良好生态环境，充分利用自然资源的天然属性，维持生态系统的平衡和稳定，甚至必要时还要人为地美化自然环境。同时为了旅游业能得到良好发展，旅游目的地政府都会加强对游客、当地居民的环保宣传教育，提高人们的环境保护意识，减少人们对生态环境的破坏。另外，为了维护旅游区的生态环境，在发展工业时应考虑其是否会影响旅游区的环境。产业结构作为我国国民经济的重要组成部分，也是人类作用于生态环境的重要途径之一。因此，产业结构与生态环境是相互影响、相互作用的有机整体。现在人们一直在倡导可持续发展，因此环境问题被人们越来越重视。自然环境的自净能力是有一定限度的，因此当自然环境的承载能力达到一定程度的时候，人们会就通过调整产业结构来换取更多的环境容量。所以，在经济发展的过程中，既要保证经济效益的同时，也要尽可能地减少生态环境的破坏，要力求经济发展与生态环境的协调平衡发展。产业结构和生态环境协调发展

---

① 张家界市地方志编纂室. 张家界年鉴：2019 ［M］. 长春：东北师范大学出版社，2020.

的意义在于在经济适度发展的同时，要用最小的环境代价促进各个产业的持续发展持续繁荣。因此，对于研究张家界市不同区县旅游产业发展生态环境效应的时空变化具有较大意义。

第二节 文 献 综 述

从 20 世纪 90 年代起，就有很多国内外学者研究了旅游产业发展与生态环境保护的关系，研究初期的成果主要是旅游产业发展和生态环境二者之间关系的定性研究，具体如下。

一、国外相关研究

（一）旅游产业发展对旅游目的地的生态环境有着积极的影响

休伯特（Hubert，2001）提出发展生态旅游可以缓解地区脆弱环境中新发展的负面环境和社会经济影响，但地方在规划生态旅游项目前，不仅需要考虑覆盖开发区边缘的区域，还需要考虑包括周边和文化相关的景观部分。胡贝亚（Hubea，2001）以津巴布韦为例，认为生态旅游可以被看作一个减轻环境负面影响和脆弱环境中社会经济影响的解决方案。奥古图（Ogutu，2002）通过研究生态旅游对肯尼亚安博赛利国家公园周边人民生活的影响，证实生态旅游改进了社区解决与资源相冲突的能力，也缓解了人类与野生生物之间的矛盾。福柯（Foucat，2002）认为以社区为基础的生态旅游是农村发展的一个很好的选择，特别是在脆弱的环境下，可以减轻传统旅游产生的如污染和生物多样性破坏的压力。阿尼西莫夫（Anisimov，2013）通过研究证明，相关环境保护法律法规的完善与地区旅游产业发展两者呈正相关关系，相关法律法规越完善，该地区旅游产业越发达，并反推旅游目的地相关法律法规的完善。米索（Misso，2018）认为发展绿色可持续旅游可以保证旅游目的地在实现发展的同时兼顾地区的环境保护，并且提出了具体的原则和相应政策处方。

（二）旅游产业的发展对旅游目的地的生态环境有着消极的影响

斯蒂芬（Stephen，1992）从土壤、植物、动物、水、噪声等五个方面研究旅游发展对自然环境产生影响，认为旅游发展对目的地生态环境同时存在消极和积极两种作用。马登（Madan，2000）对印度喜马拉雅山的 Mussoorie 度假村旅游业发展对环境破坏进行了研究，揭示了旅游活动对其环境的变化趋势和影响，认为旅游业的发展带来了过多的垃圾，侵占了森林土地，带来了卫生设施和污水问题，导致了水资源稀缺，产生了交通拥堵和车辆污染等问题，对自然环境造成了极大的压力。李（Li，2011）、赵（Chao，2010）认为旅游产业发展在增加了旅游收入、就业、消费能力的同时，却对旅游目的地带来显著的负外部性，如生态恶化、环境退化等，这对旅游目的地会产生间接负面社会福利效应。王（Wang，2018）提出旅游在很大程度上依赖于气候和天气，然而旅游产业会很大程度破坏旅游目的地的生态环境，实证结果表明，地区生态环境质量会随着旅游需求的增加而下降。尼泊尔（Nepal，2019）基于自回归分布滞后模型和格兰杰因果关系检验，对游客到达、能源消耗及污染物排放三者间关系开展研究，提出旅游人数每增加 1%，地区二氧化碳排放量会增加 0.98%，并提出可持续的旅游管理政策应以最大化实现旅游目的地的经济效益为目标，且同时应尽量减少对环境造成的不利影响。穆赫德（Mohd，2019）提出为了避免破坏地区生态环境，保证旅游产业实现长远发展，旅游目的地的发展重点应该是以社区为基础的小规模旅游，而非发展大规模的大众旅游。庄德科达特（Villanthenkodath，2022）基于 ARDL 的长期实证结果，认为旅游业发展造成了地区环境质量的恶化，并进一步提倡地方决策者必须实施可持续的旅游实践，以保证环境的可持续性。

二、国内相关研究

（一）旅游产业发展对旅游目的地的生态环境有着积极的影响

何东进（2004）从景观空间格局变化及其干扰效应的角度来分析旅游生态环境保护；林璧属等（2006）从利益相关者协调的角度来分析如何促进旅游目的地生态环境保护；张晓（2007）从环境保护与政府特许经营关系的角度分析我国自然与文化遗产的管理体制现状及改革模式选择；余洁等（2007）从旅游目的地土地资源规划与管理的角度来分析自然文化遗产地的生态环境保护。乔波、严贤春等（2008）认为社区居民参与旅游后，生态扶贫效应明显，基础设施不断完善，农村环境极大美化。熊晓红（2012）认为乡村旅游的发展除能带来负面效应外，也能够产生正效应，如改善乡村环境，提高村民环保意识等。高春利（2013）认为旅游业的发展有利于保护重庆市的自然环境和人文环境。郭晓冬（2016）认为福建省 2005～2012 年旅游经济与生态环境的整体协同效应在不断加强，实现了旅游经济与生态环境的和谐发展。刘佳（2016）实证测度了中国旅游产业生态效率，认为其效率值呈波动增长态势，但与发达国家仍存在显著差距。李永平（2020）以山西省为例，实证探究了旅游产业、区域经济及生态环境三者间耦合协调度，结果表明三者间耦合协调度提升，由负相关关系转向较协调关系，但总体水平还有很大提升空间。

（二）旅游产业发展对旅游目的地的生态环境有着消极的影响

隆学文等（2004）认为旅游发展对贫困地区生态环境也带来了明显压力，尤其是坝上等生态脆弱区，环境问题日益严重。熊元斌（2011）认为旅游开发中存在公共资源过度开发、生态退化、环境污染等问题，影响了当地居民的社会福利。徐玮（2012）也认为旅游产业的快速发展出现了旅游设施与农业抢占资源等负面问题，对农业安全和居民生态利益产生了潜在负面影响。熊鹰、李彩玲（2014）认为张家界市旅游经济的快速发展使资源消耗增大、污染物排放增多、土地资源的不合理开发利用，致使生态环境遭到破坏，生态环境子系统呈现下降的状况。蒋隆林（2017）提到在自然保护区生态旅游不断兴起的背景下，很多生态系统都遭到了破坏，例如：动植物死亡和生态环境遭到严重破坏等情况，导致旅游资源也随之不断退化。马月琴（2021）利用 SBM 模型、区位熵，实证测度了旅游产业集聚和旅游生态效率水平，发现二者间呈倒"U"形曲线关系，期初旅游产业集聚会降低旅游生态效率。

（三）旅游产业发展与旅游目的地的生态环境是相互影响的关系

王湘（2001）提出旅游发展与环境质量两者间是相互影响、共同发展的协同关系。近年来，国内学者在旅游产业发展、经济发展、生态环境状况三者之间的互动关系和协调发展方面做了许多的定量研究与实证分析。王辉（2006）对大连市的旅游经济系统和生态环境系统两者间的协调发展进行了研究。崔峰（2008）使用协调发展度数学模型，对上海市旅游经济与生态环境协调发展之间的状况进行研究，计算得出上海市旅游经济的发展略低于生态环境的建设，生态环境适度超前。柳松（2001）对广州市的旅游与经济发展关系进行了研究，陈胜男（2010）对陕西省旅游与经济发展关系进行了研究，谢丁（2011）对湘西凤凰县旅游与经济发展关系进行了研究，他们都提出了协调发展的合理化建议。熊鹰（2014）以张家界市为例，进行了旅游－经济－生态环境耦合关系及协调发展的研究。从现在研究的成果看，生态环境与旅游产业协调发展在实证研究方面颇多，在理论方面的研究较少，且实证研究的对象比较广泛，这对旅游产业发展与生态环境保护两者协调发展的关系来说，都不是很典型的。杨承玥（2020）基于双向理论视角，以资源型城市为研究对象，对生态文明与旅游产业发展二者间的关联机制进行了探究，研究发现，一方面地区生态文明建设可以满足旅游产业发展的客观需求，对旅游产业发展起基础支撑作用；另一方面，旅游产业的发展又反过来助推了地区生态文明建设，对生态文明进程起驱动作用。

三、简要评述

综述国内外相关研究成果来看，相关学者在旅游产业发展过程中对生态环境的影响方面取得了一定研究成果，为本研究奠定了坚实的基础。但是，纵观国内外研究发现，以前的文献更多是研究单个地区旅游经济与生态环境之间的关系，一般是从时间上进行研究的，对空间上的研究不足。本书从时间跨度和空间跨度，以张家界市两区两县作为实证分析对象，运用旅游产业综合发展指数、生态环境综合指数以及旅游产业发展生态环境效应响应系数，研究张家界市旅游产业发展生态环境效应的时空差异性，理论上为探究张家界市不同地区旅游产业对生态环境的时空效应提供一种更全面的研究思路，实践上为促进张家界市各区县旅游产业更好地发展和生态环境得到更好的保护提出一定的理论建议。

第三节　研究方法与数据来源

一、研究方法

（一）旅游产业综合发展指数

1. 指标体系的建立

旅游产业综合发展指数是从多个维度测量的旅游产业的综合性指数，

用来反映各区县的旅游经济发展水平的高低；旅游产业综合发展指数越大，则说明该区域的旅游经济发展水平越高。本书借鉴了李龙梅2013年的《山西省旅游经济发展时空差异与影响因素研究》中运用的多种指标旅游经济综合评价指标体系的计算方法，并加以改进，计算出旅游产业综合发展指数。本研究将旅游产业综合发展指数需要用到的指标分成四个维度。①旅游产业规模维度：国内旅游人数、入境旅游人数、国内旅游收入、旅游外汇收入、旅游收入占GDP比重；②旅游接待能力维度：旅行社数、星级饭店数；③旅游资源禀赋维度：A级景区数、旅游资源指数；④旅游产业潜力维度：旅游总收入增长率、旅游总人次增长率、人均GDP、GDP增长率、第三产业占GDP比重、第三产业增长率。本研究共选取15个指标对张家界旅游产业发展水平进行评价。选取2000～2017年张家界4个区县（永定区、武陵源区、桑植县、慈利县）的数据，使用SPSS软件中的因子分析法计算张家界市各区县的旅游产业综合发展指数，从而得出具体的评价结果。

表8-1　　　　　　　　　旅游产业发展综合评价指标体系

维度层	指标层	单位
旅游产业规模	国内旅游人次	万人次
	入境旅游人次	万人次
	国内旅游收入	亿元
	旅游外汇收入	亿美元
	旅游收入占GDP比重	%
旅游接待能力	旅行社数	个
	星级饭店数	个
旅游资源禀赋	A级景区数	个
	旅游资源指数	—

维度层	指标层	单位
旅游产业潜力	旅游总收入增长率	%
	旅游总人次增长率	%
	人均 GDP	元
	GDP 增长率	%
	第三产业占 GDP 比重	%
	第三产业增长率	%

2. 数据标准化

因为原始数据量纲不同，为了清除原始数据对结果的影响需要对数据进行标准化的处理。指标分为正向指标和负向指标。正向指标，即数值越大越好；逆向指标，即数值越小越好。本研究采用极差标准化法，计算得出标准化值。正向指标和负向指标的公式分别如下：

当 X_i 为正向指标时，计算公式如下：

$$P_{ij} = \frac{X_{ij} - \min(X_i)}{\max(X_i) - \min(X_i)} \tag{8-1}$$

当 X_i 为负向指标时，计算公式如下：

$$P_{ij} = \frac{\max(X_i) - X_i}{\max(X_i) - \min(X_i)} \tag{8-2}$$

其中，P_{ij} 为实际值 X_{ij} 的标准值，X_{ij} 为第 i 项指标的第 j 个实际数值，$\min(X_i)$ 为第 i 项指标 X_i 的最小值，$\max(X_i)$ 为第 i 项指标 X_i 的最大值。P_{ij} 的取值在 $0 \sim 1$ 之间。

3. 提取公因子

利用 SPSS 中常用的因子提取方法主成分分析法来提取公因子，主要是通过相关系数矩阵分析变量间的关系进行提取。主成分的特征值均大于 1，且累计贡献率大于90%，说明提取出来的因子能够很好地描述旅游产业发展综合差异性。

4. 因子旋转

因子旋转是为了更好地解释变量，让公因子中各指标的载荷矩阵中因子载荷的平方向 0 和 1 两个方向分化，载荷系数明显，通过适当的旋转从而得到比较满意的主因子。

5. 计算各公因子得分

$$F_j = Pi_j \times w_j \qquad (8-3)$$

其中，Pi_j 为转换后的无量纲指标，w_i 为各指标在 F_j 上的载荷值。

6. 计算公因子综合得分

$$F = \sum_{j=1}^{k} F_j W_j \qquad (8-4)$$

$$W_j = \frac{\delta_j}{\sum_{j=1}^{k} \delta_j} \qquad (8-5)$$

其中，F 为旅游经济综合发展指数，F_j 为各因子得分，δ_j 为各因子的贡献率，W_j 为各因子权重，k 为公因子个数。

（二）生态环境综合指数

1. 指标体系的建立

生态环境综合指数是指反映张家界市各区县生态环境质量情况的一系列指数综合，即将各指标通过公式计算得出一个综合数值。生态环境综合指数的数值越大，则表示该地区的生态环境质量越好；反之则相反；但始终在 0~1 之间波动。

张家界市包括两区两县：永定区、武陵源区、慈利县、桑植县。从整体上把环境分为两大类：以水、大气、生活垃圾为主的生活环境和以森林、绿化为主的生态环境。通过借鉴《襄阳市城市化与生态环境协调发展》这一文献以及依据数据的可获取性，选取空气质量优良以上达标率、地表水质达标率、绿化覆盖率、全县森林覆盖率、县城污水处理率、农村垃圾集中处理率等 6 个指标，对生态环境进行综合指数计算。

2. 数据的标准化处理

因为原始数据量纲不同，为了清除原始数据对结果的影响需要对数据进行标准化的处理。指标分为正向指标和负向指标。正向指标，即数值越大越好；逆向指标，即数值越小越好。本研究采用极差标准化法，计算得出标准化值。本研究选取的 6 个指标都是正向指标，因此将数据标准化时只需要运用正向指标的公式。正向指标和负向指标的公式分别如下：

当 X_i 为正向指标时，计算公式如下：

$$P_{ij} = \frac{X_{ij} - \min(X_i)}{\max(X_i) - \min(X_i)} \tag{8-6}$$

当 X_i 为负向指标时，计算公式如下：

$$P_{ij} = \frac{\max(X_i) - X_i}{\max(X_i) - \min(X_i)} \tag{8-7}$$

其中，P_{ij} 为实际值 X_{ij} 的标准值，X_{ij} 为第 i 项指标的第 j 个实际数值，$\min(X_i)$ 为第 i 项指标 X_i 的最小值，$\max(X_i)$ 为第 i 项指标 X_i 的最大值。P_{ij} 的取值在 0~1 之间。

3. 权重的确定

本书指标权重的确定方法是：客观赋值的变异系数法，计算公式如下：

$$变异系数 = \frac{T_i}{X_i} \qquad (8-8)$$

$$权重 = \frac{V_i}{\sum_{i=1}^{n} V_i} \qquad (8-9)$$

其中，V_i 为第 i 个指标的变异系数，T_i 为第 i 个指标的标准差，X_i 为第 i 个指标的平均值，W_j 为权重值。通过 SPSS 软件，计算出生态环境综合指数需要用到的 6 项指标的标准差和平均值。通过式（8-8）、式（8-9）确定各项指标的权重。

4. 综合指数的计算

将各指标无量纲标准化后的数据与计算出来的权重带入综合指数计算公式，对生态环境 $f(x)$ 进行加权求和计算综合指数。计算公式如下：

$$f(x) = \sum_{i=1}^{n} w_i x_i \qquad (8-10)$$

其中，$x_i (i = 1, 2, \cdots, n)$ 为生态环境指标，w_i 为权重。

（三）旅游产业发展的生态环境效应的响应系数

弹性系数是在一定时期内相互联系的两个指标增长速度的比率，它是衡量一个变量的增长幅度对另一个变量增长幅度的依存关系。其公式如下：

$$C_i = \frac{[f(x)_i - f(x)_{i-1}]/f(x)_{i-1}}{(F_i - F_{i-1})/F_{i-1}} \qquad (8-11)$$

其中，C_i 为第 i 年的生态环境相对旅游产业发展的弹性系数，即生态环境综合指数增长率与旅游产业发展综合指数增长率之间的比率。$f(x)_i$ 为第 i 年的生态环境指数，F_i 为第 i 年的旅游产业发展指数。

当 $C_i > 1$，表示该区县随着旅游产业发展生态环境空间响应程度较快；

当 $0.5 < C_i < 1$，表示该区县随着旅游产业生态环境空间响应程度一般；

当 $0 < C_i < 0.5$，表示该区县随着旅游产业生态环境空间响应程度较慢；

当 $C_i < 0$，表示该区县生态环境时空响应系数与旅游产业发展指数负向相关。

（四）ArcGIS 自然断点分类法

ArcGIS 是进行数据分析、处理、描述和显示地球表层空间中地理分布数据的软件，其具有强大的空间分析功能，包括重心转移分析、缓冲区分析、断点分析等。运用数字表示自然界，可以存储海量地理数据，空间性能特别完备，空间综合分析能力极强，ArcGIS 在地理分析方面是强有力的软件。

本书借鉴李龙梅在 2013 年所写文章《山西省旅游经济发展时空差异与影响因素研究》中使用的 ArcGIS 自然断裂法，来呈现区域之间在样本期内的发展差异。ArcGIS 自然断点法是根据数据特征将相关数值较高的与较低的进行自动分类，运用的是方差最小化的分类方式。本书为了更好呈现各区县之间随着时间发展所产生变化有所不同，因此是根据各区县的实际发展情况来进行的分类。本研究选取 2001 年、2006 年、2010 年、2017 年这 4 个时期的数据作为截面数据，利用时空响应系数在不同年份各区县的不同数据来代表张家界各区县旅游产业发展生态环境的时空变化差异，运用 ArcGIS 对研究的 4 个地区画图进行结果空间化，并绘制了空间分布等级图，以便对比研究 4 个区县的时空动态变化机制。通过空间分布等级图分析张家界 4 个区县在不同时间节点旅游生态环境在空间地域上是如何呈现的，并进一步探究张家界生态环境随着旅游产业发展所引致重心演变和转移规律。

二、研究对象

张家界市地处湖南省西北部，下辖永定、武陵源两区和慈利、桑植两县。张家界因旅游立市，是国内重点的旅游城市，其先后开发了武陵源风景名胜区、天门山旅游景区、张家界大峡谷旅游景区等各类景区景点 300 多个。

建市以来，张家界坚持以旅游业立市，着力在旅游资源开发、旅游发展规划、旅游基础设施建设等方面有所成就，以期旅游产业得到长远的发展。30 多年来，张家界旅游产业的发展以其得天独厚的资源禀赋和后续取得的建设成就，赢得了业界高度认可。但在旅游产业发展进程中，由于不同地区在旅游资源禀赋、生态环境质量、经济基础等方面存在显著差异，各个地区人们对生态环境保护也存在意识上的差异，以及各地区对政府政策响应程度的差异，在旅游产业的发展进程中，不同区域旅游产业对生态环境的所产生的影响也有所不同。基于此，本研究选取张家界市两区两县作为研究对象，目的在于研究不同地区旅游产业对生态环境带来的差异性影响，进而提出科学合理的政策建议。

三、数据来源

本研究以张家界两区两县（永定区、武陵源区、桑植县、慈利县）为实证研究对象，选择 2000～2017 年作为样本观测期。其中，旅游产业发展指数选取国内旅游人次（万人次）、入境旅游人次（万人次）、国内旅游收入（亿元）、外汇旅游收入（万美元）、旅游收入占 GDP 比重、旅行社数、星级饭店数、A 级景区个数、旅游资源指数、旅游总收入增长率、旅游总人次增长率、人均 GDP、GDP 增值率、第三产业占比、第三产业增长率共 15 个指标衡量地区旅游产业发展水平。生态环境发展指数选取空气质量优良以上达标率、地表水质达标率、绿化覆盖率、全县森林覆盖率、县城污水处理率、农村垃圾集中处理率共 6 个指标来衡量地区生态环境发展。数据源于《张家界统计年鉴》、张家界市旅游局网站、张家界市统计局网站等。

第四节 研究结果

一、样本数据分析

近年来，张家界旅游业的发展呈如下特征：通过查找《张家界统计年鉴》，关于张家界市各区县旅游总收入和森林覆盖率的具体数据如表 8 - 2 所示，可以看出，旅游产业整体发展趋势良好，旅游总收入迅速增长。2000 ~ 2017 年，张家界各区县的旅游业迅速发展，各地旅游总收入也随之迅猛增长。具体而言，永定区旅游总收入从 2000 年的 3.75 亿元增长到 2017 年的 335.35 亿元，武陵源区旅游总收入则从 2000 年的 16.01 亿元增长到 2017 年的 240.75 亿元，桑植县从 2000 年的 0.2384 亿元增长到 2017 年的 30.202 亿元，以及慈利县从 2000 年的 0.415 亿元增长到 2017 年的 46.75 亿元。在 2010 年之前，武陵源区旅游总收入一直显著高于其余各区县旅游总收入。而在 2010 年之后，永定区旅游总收入增长迅速，其旅游总收入一跃成为第一，并在 2012 年突破 100 亿元，随后在观测期内一直排名第一。从数据还可看出，武陵源区受 2003 年 "非典"、2008 年国际金融危机、2013 年宏观经济影响比较大，旅游总收入出现短暂下降趋势。而桑植县和慈利县的旅游总收入，相对于永定区和武陵源区而言，其增长速度虽较为缓慢，但却始终保持着不断增长趋势。此外，张家界市各区县的森林覆盖率总体上保持增长，说明在张家界发展旅游产业的进程中，对生态环境越来越受到重视，地区生态环境也在朝着好的方向前进。

表8-2　　　　　张家界各区县旅游总收入和森林覆盖率

年份	旅游总收入（亿元）				森林覆盖率（%）			
	永定区	武陵源区	桑植县	慈利县	永定区	武陵源区	桑植县	慈利县
2000	3.75	16.01	0.2384	0.415	66.8	72	35	60.4
2001	4.21	16.25	0.2596	0.498	67	72.3	35.08	60.4
2002	4.7	17.54	0.3024	0.561	67.08	72.89	35.1	61.07
2003	5.8163	16.61	0.4991	0.714	67.52	73.02	35.21	61.3
2004	8.4468	25.84	0.65	1.5827	68.09	73.49	36.07	61.5
2005	12.4544	29.28	0.75	2.2	68.2	73.9	36.6	62.07
2006	15.5652	33.35	0.7602	3.1	71	74.2	36.9	62.29
2007	19.5	37.3	0.9159	3.82	70.05	74.75	37	62.43
2008	20.32	32.35	0.9935	3.7	71.4	75	37	62.5
2009	23.65	47.8	1.2708	5.7	71.87	82.8	37.5	62.5
2010	52.7	56.2	6.9265	9.49	72.95	83.6	37.8	63.7
2011	80.52	65.79	9.2503	11.75	72.95	83.6	38	64.51
2012	111.12	79.02	13.562	17.66	72.97	84.87	38.4	64.76
2013	124.06	75.89	15.258	20.44	72.97	84.89	38.9	64.76
2014	147.85	88.54	18.218	23.47	72.97	86.58	39	64.96
2015	219.21	100.29	20.334	27.41	72.79	95	39.6	66.53
2016	288.4	123.35	25.596	33.99	73.79	85.29	39.8	66.53
2017	335.35	240.75	30.202	46.75	73.12	85.32	40.2	66.53

资料来源：张家界市地方志编纂室. 张家界年鉴：2000 [M]. 北京：方志出版社，2001；张家界市地方志编纂室. 张家界年鉴：2015~2017 [Z]。

二、张家界旅游产业综合发展指数分析

以 2010 年为例，根据 2010 年张家界市统计公报和区县统计公报中各指标数据，通过 SPSS 中因子分析的主成分分析法进行实证测算。具体步骤如下：首先，通过式（8-1）、式（8-2）将原始数据进行无量纲处理；其次，

将已经实现标准化后的数据进行因子分析，从而得到因子碎石图。从图8-1中可以看出，第1个因子特征值最大，其次是第2个、第3个特征值较大，而从第4个特征值之后，其特征值越来越接近0。

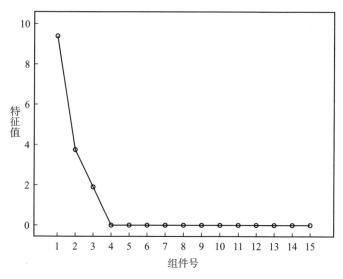

图8-1　各因子特征值碎石图

从SPSS中还得出了各因子的贡献率，如表8-3所示，本研究以累积贡献率大于90%为标准，提取公因子。第一个因子特征值为9.386，贡献率为62.573%；第二个因子特征值为3.751，贡献率为25.004%；第三个因子特征值为1.863，贡献率为12.423%。从数据中看出，前3个因子F1、F2、F3代表了15个指标累积贡献率的100%，因此可以选用此3个公因子来反映2010年张家界市各区县的旅游产业综合发展水平。

采用凯撒正态化的最大方差法进行因子旋转，得到载荷矩阵，如表8-4所示可以看出，公因子F1在外汇旅游收入、国内旅游人次、人均GDP、第三产业占GDP比重和第三产业增长率载荷值较大，分别为0.803、0.822、0.800、0.948、0.860。公因子F2在国内旅游收入、星级饭店数、旅行社数的载荷值较大，分别为 0.907、0.915、0.915。公因子 F3 在旅游资源指数的载荷值较大，为 0.980。根据公式计算出各公因子的权重，计算结果如表 8-5 所示，公因子 F1 权重最大，为 0.63，公因子 F3 权重最小，为 0.12。根据公式计算公因子得分 F1、F2、F3 以及旅游产业综合发展指数 F，如表 8-6 所示，2010 年张家界市 4 个区县旅游产业综合发展水平不平衡，差异性显著，武陵源区和永定区旅游产业综合发展水平明显高于慈利县和桑植县，其旅游产业综合发展指数都大于 0，分别为 6.2424 和 6.9520；其中桑植县最小，只有 2.4050。

表 8-3　　　　　　　　　各因子特征值及贡献率

成分	总方差解释								
	初始特征值			提取载荷平方和			旋转载荷平方和		
	总计	方差百分比（%）	累积百分比（%）	总计	方差百分比（%）	累积百分比（%）	总计	方差百分比（%）	累积百分比（%）
1	9.386	62.573	62.573	9.386	62.573	62.573	5.733	38.220	38.220
2	3.751	25.004	87.577	3.751	25.004	87.577	5.221	34.804	73.025
3	1.863	12.423	100.000	1.863	12.423	100.000	4.046	26.975	100.000
4	1.267E-15	8.446E-15	100.000						
5	8.941E-16	5.961E-15	100.000						
6	6.618E-16	4.412E-15	100.000						
7	2.913E-16	1.942E-15	100.000						
8	1.527E-16	1.018E-15	100.000						
9	1.221E-16	8.143E-16	100.000						
10	6.208E-17	4.139E-16	100.000						
11	-1.394E-16	-9.291E-16	100.000						
12	-3.072E-16	-2.048E-15	100.000						
13	-4.501E-16	-3.001E-15	100.000						
14	-6.565E-16	-4.377E-15	100.000						
15	-7.131E-16	-4.754E-15	100.000						

注：提取方法为主成分分析法。

表 8 - 4   因子旋转载荷矩阵

指标	成分		
	F1	F2	F3
国内旅游收入	0.418	0.907	0.053
外汇旅游收入	0.803	0.484	0.348
国内旅游人次	0.822	0.481	0.306
入境旅游人次	0.242	0.823	0.514
旅游收入占 GDP 比重	0.734	0.660	0.160
星级饭店数	0.049	0.915	- 0.401
旅行社数	0.403	0.915	0.002
A 级景区数	0.783	0.559	0.274
旅游资源指数	0.078	- 0.184	0.980
旅游总收入增长率	- 0.434	- 0.283	- 0.856
旅游总人次增长率	0.027	0.012	- 1.000
人均 GDP	0.800	0.421	0.428
GDP 增长率	- 0.625	- 0.604	0.494
第三产业占 GDP 比重	0.948	0.317	0.018
第三产业增长率	0.860	- 0.277	- 0.429

注：提取方法为主成分分析法；旋转方法为凯撒正态化最大方差法；旋转在 4 次迭代后已收敛。

表 8 - 5   公因子权重

公因子	特征值	贡献率（％）	累计贡献率（％）	因子权重
F1	9.386	62.573	62.573	0.63
F2	3.751	25.004	87.577	0.25
F3	1.863	12.423	100.000	0.12

表 8 - 6　　　　　　　2010 年张家界各区县旅游产业综合发展指数

地区	F1	F2	F3	F
永定区	4.1576	2.0527	0.0321	6.2424
武陵源区	4.0254	2.8164	0.1102	6.9520
桑植县	1.5083	0.7750	0.1217	2.4050
慈利县	1.7692	0.7873	0.1696	2.7261

　　根据 SPSS 因子分析主成分分析法计算出 2000～2017 年张家界各区县旅游产业综合发展指数，体现张家界市各区县的旅游经济发展水平，如表 8 - 7 所示（结果保留 4 位小数）。从表 8 - 7 中可看出，张家界市各区县的旅游产业发展水平整体是往上增长的。其中，永定区和武陵源区的发展水平一直远超桑植县和慈利县。在 2010 年以前，武陵源区的旅游产业发展一直居张家界市首位。在 2010 年以后，永定区旅游产业发展迅速，超过了武陵源区。永定区旅游产业综合发展指数从 2000 年的 2.2094 增长到 2017 年的 9.8316；武陵源区旅游产业综合发展指数从 2000 年的 3.3428 增长到 2017 年的 9.5532；相对来说，永定区的旅游产业发展速度快于武陵源区的旅游产业发展速度。桑植县的旅游产业综合发展指数从 2000 年的 0.9168 增长到 2017 年的 3.6163；慈利县的旅游产业综合发展指数从 2000 年的 0.4858 增长到 2017 年的 4.3775。4 个地区的旅游产业发展指数在 2003 年、2008 年、2013 年都有大幅度下降，其原因可能是由于 2003 年的"非典"事件、2008 年的国际金融危机、2013 年的宏观经济下降下滑。由于这一系列的影响，国内和国外旅游收入、旅游人次都出现大幅度波动。总的来说，2000～2017 年，4 个地区的旅游产业综合发展指数整体处于上升水平，旅游产业发展势头良好。

表 8 – 7 张家界市各区县旅游产业综合发展指数

年份	永定区	武陵源区	桑植县	慈利县
2000	2. 2094	3. 3428	0. 9168	0. 4858
2001	2. 9973	3. 6102	1. 4628	1. 0828
2002	3. 5139	3. 8990	1. 8089	1. 5866
2003	1. 7366	2. 2109	0. 9995	0. 5977
2004	3. 7385	4. 5478	1. 6955	1. 8165
2005	4. 1123	4. 9116	1. 7972	1. 9437
2006	4. 4413	5. 3046	1. 9050	2. 0797
2007	4. 7966	5. 7289	2. 0193	2. 2253
2008	3. 1804	3. 8872	1. 1405	1. 3811
2009	5. 5948	6. 5585	2. 2689	2. 5477
2010	6. 2424	6. 9520	2. 4050	2. 7261
2011	7. 5258	7. 3691	2. 5493	2. 9169
2012	8. 0478	7. 8112	2. 7023	3. 1211
2013	7. 4707	7. 2799	1. 8644	2. 3396
2014	8. 9189	8. 5767	3. 0363	3. 5733
2015	9. 3941	9. 1033	3. 2185	3. 8235
2016	9. 5977	9. 3615	3. 4116	4. 0911
2017	9. 8316	9. 5532	3. 6163	4. 3775

三、生态环境综合指数分析

（一）指标权重的确定

将数据标准化后，利用变异系数法，将数据代入公式计算出各地区各生态环境指标权重，如表 8 – 8 所示。

表 8 - 8 各区县生态环境指标权重

指标	永定区	武林源区	桑植县	慈利县
空气质量优良以上达标率	0.1035	0.0172	0.1794	0.0776
地表水质达标率	0.0269	0.0251	0.0565	0.0526
绿化覆盖率	0.0662	0.2917	0.1494	0.3055
全县森林覆盖率	0.0487	0.2010	0.1686	0.0956
县城污水处理率	0.5175	0.2422	0.2238	0.2400
农村垃圾集中处理率	0.2372	0.2228	0.2223	0.2287

(二) 生态环境综合指数

将标准化的数据和计算出来的指标权重代入公式，计算出各区县每年的生态环境指数，结果如表 8 - 9 所示（保留三位小数）。

表 8 - 9 张家界市生态环境综合指数

年份	永定区	武陵源区	桑植县	慈利县
2000	0.327	0.657	0.857	0.407
2001	0.228	0.478	0.678	0.308
2002	0.125	0.415	0.585	0.205
2003	0.257	0.557	0.757	0.308
2004	0.126	0.410	0.558	0.186
2005	0.158	0.488	0.598	0.208
2006	0.143	0.483	0.623	0.218
2007	0.183	0.483	0.663	0.228
2008	0.303	0.593	0.793	0.364
2009	0.193	0.467	0.677	0.267
2010	0.231	0.545	0.745	0.315
2011	0.256	0.606	0.783	0.360

续表

年份	永定区	武陵源区	桑植县	慈利县
2012	0.289	0.629	0.829	0.389
2013	0.426	0.755	0.925	0.515
2014	0.309	0.659	0.869	0.409
2015	0.406	0.766	0.906	0.506
2016	0.502	0.832	0.925	0.601
2017	0.621	0.902	0.986	0.701

从表 8 - 9 可以看出张家界市各区县的生态环境综合质量变化情况，总体呈现先下降后上升趋势。其中，永定区的生态环境综合指数一直处于 4 个地区的最低水平，前期永定区为张家界市的市中心，人口比较多，城市化的发展对永定区的生态环境造成了破坏；后期，由于永定区的旅游产业迅速发展超过了武陵源区，旅游人口的增加、旅游资源的大量开发使得永定区生态环境受到一定影响。武陵源区的生态环境综合指数处于第二水平，前期由于旅游产业快速发展，使生态环境遭到了破坏，生态环境质量下降。后面意识到旅游产业的发展给生态环境带来的破坏，因此采取了一些措施对生态环境进行保护，使武陵源生态环境综合指数在后期处于上升水平。桑植县的生态环境综合发展水平一直是 4 个地区最好的，桑植县旅游产业发展没有其他地区发展迅速，但在旅游产业发展的初期，随着旅游产业的发展，生态环境水平有所下降；在后期，采取环境保护措施，使生态环境发展水平得以提升。慈利县的生态环境综合指数处于第三，在前期，虽然慈利县的旅游产业发展相对比较缓慢，但慈利县主要是以工业为主，因此对生态环境带来了不好的影响。随着经济发展，后期慈利县的旅游产业开始发展起来，旅游人数的增加、垃圾排放量的增加等对生态环境也带来了一定影响。随着时间的推移，政府和人们对生态环境的保护意识不断加强，通过取缔有污染的企业、增加森林覆盖率、增加绿化面积等措施提高生态环境水平。所以，生态环境发展水平

总体是上升趋势。从表8-9中可看出，在2003年"非典"时期、2008年的国际金融危机时期、2013年宏观经济下滑时期，随着旅游经济下降，生态环境指数则快速提高，说明张家界市旅游产业的发展对生态环境有着较大的影响。

四、旅游生态环境的时空响应系数分析

根据公式，计算结果如表8-10所示，各区县旅游产业发展的生态环境时空响应系数在总体上呈现出增长的态势。在2001年，武陵源区和永定区旅游产业发展的生态环境时空响应系数大于0，其中武陵源区大于0.5，而桑植县和慈利县则小于0，慈利县旅游产业发展的生态环境时空响应系数大于桑植县。发展至2010年，四个区县旅游产业发展的生态环境时空响应系数均大于0，且此时武陵源区时空响应系数值大于1。至2017年，武陵源区、永定区大于1，慈利县时空响应系数大于0.5，桑植县时空响应系数也越来越大，接近0.5。张家界市四个区县旅游产业发展的生态环境空间响应系数总体呈上升趋势，即张家界旅游产业发展的同时，各区县生态环境也受到了影响。武陵源旅游产业一直发展比较好，因此旅游生态环境系数一直比较高。2010年以后，永定区的旅游产业赶超武陵源区，因此永定区的旅游生态环境系数也开始高于武陵源区。慈利县和桑植县在后期旅游产业发展逐渐变好，对生态环境的影响也相应增加，但旅游生态环境系数始终低于永定区和武陵源区。

表8-10　　　　　　　　张家界市旅游生态环境的空间响应系数

年份	永定区	武陵源区	桑植县	慈利县
2001 年	0.1388	0.5415	-0.1341	-0.1526
2002 年	0.1975	0.6025	-0.1671	-0.1943
2003 年	0.2207	0.6478	0.0463	0.0232

续表

年份	永定区	武陵源区	桑植县	慈利县
2004 年	0.249	0.5963	0.0859	0.0593
2005 年	0.3305	0.6553	0.1098	0.0713
2006 年	0.3962	0.7742	0.1444	0.1250
2007 年	0.4281	0.8279	0.1542	0.1943
2008 年	0.4569	0.8681	0.1982	0.2017
2009 年	0.4961	0.8957	0.2039	0.2496
2010 年	0.6269	1.0198	0.2143	0.3180
2011 年	0.7556	0.7493	0.2475	0.3251
2012 年	0.7924	0.7823	0.2617	0.4028
2013 年	0.8585	0.8334	0.3121	0.4652
2014 年	0.9025	0.8722	0.3308	0.5027
2015 年	0.9462	0.9313	0.3649	0.5298
2016 年	0.9772	0.9601	0.4096	0.5663
2017 年	1.0973	1.0319	0.4544	0.6051

五、基于 ArcGIS 自然断点法的旅游生态环境的时空响应机制分析

在 ArcGIS 中选择自然断点法，由旅游产业发展的生态环境空间差异特征可知，在空间差异方面变动较大的年份有 2006 年、2010 年，根据综合考虑的因素来选取观察比较的年份。因此选取 2001 年（代表研究时段的起点）、2006 年、2010 年、2017 年（代表研究时段的终点）4 个年份作为截面数据，分析张家界旅游产业发展的生态环境空间格局。限于篇幅，未展示具体空间分布图，仅通过文字对实证结果进行阐述，如有需要可向作者索取。

从实证结果可看出：在样本期内，四个地区旅游产业对生态环境的影响是不断变化的。从 2001 年实证结果可看出，只有武陵源区旅游生态环境的弹性系数是大于 0.5 的，在此年武陵源区旅游产业发展是最快的，因此对生态

环境的影响也是最大的。而慈利县和桑植县的旅游产业发展水平还比较低，因此对生态环境的影响并不大。从 2010 年实证结果可看出，武陵源区旅游产业对生态环境的影响依旧是最大的，但随着桑植县和慈利县旅游产业的发展，对生态环境的影响也逐渐增大，弹性系数都大于 0。到 2017 年，从实证结果可看出，永定区和武陵源区在一个颜色区域，说明随着永定区旅游产业的发展，在 2010 年之后就赶超了武陵源区，旅游产业快速发展的同时，生态环境受旅游产业发展的影响也变大。随着旅游产业发展对生态环境影响的重心逐渐由武陵源区转向永定区。综合对比 4 个时期的实证结果看，可发现两区两县的旅游产业发展在研究期内一直都处于上升状态，生态环境随旅游产业的发展影响也不断增加。

第五节　结论及启示

一、结论

本研究以 2000～2017 年张家界市的两区两县作为研究对象，采用多指标综合计算法和生态环境发展指数分析了其旅游产业发展和生态环境发展的时空差异。并利用弹性系数将两者联系起来。并以 2001 年、2006 年、2010 年、2017 年 4 个时间点作时间截面，利用 ArcGIS 自然断点法画图进行研究。

研究结果表明：地区间的旅游产业发展和生态环境发展存在比较大的差异。武陵源区和永定区的旅游发展水平一直高于慈利县和桑植县，而生态环境水平在武陵源区和桑植县是高于永定区和慈利县的。在 2010 年以前，武陵源区的旅游产业发展水平高于永定区的发展水平；在 2010 年后，永定区的旅游产业发展水平高于武陵源区。旅游产业的发展重心从武陵源区逐渐转移到了永定区，而旅游产业发展生态环境效应的响应系数的重心也是偏向于永定区的。这说明旅游产业的发展对生态环境有一定影响的。但生态环境发展水平是先下降后上升的，这说明随着旅游产业的发展，经济条件的改善，旅游产业对生态环境也带来了积极的影响，比如人们会更加重视对生态环境的保护，政府也会采取更多的保护生态环境的措施。因此在后期旅游产业发展的同时，生态环境也在逐渐变好。

二、启示

张家界市的旅游产业作为带动张家界市地方经济的核心产业和主导产业，协调好旅游产业发展和生态环境保护二者之间的关系就显得十分重要且紧迫。张家界市要发挥旅游产业对生态环境保护的积极作用，同时也要充分利用良好的生态环境来发展旅游产业，将促进旅游产业的发展和对生态环境的保护达到双赢的局面。其具体建议如下：

第一，打造全域旅游景观，促使旅游与环保全面协调可持续发展。全域旅游是指在一定区域内，把旅游产业作为优势产业，通过对区域内经济社会资源（如旅游资源、生态环境、体制机制、政策法规等）进行整合优化升级。全域旅游实现的是区域内部资源有机整合、社会共建共享、产业融合发展，旅游产业带动促进社会经济协调发展的一种新的区域协调发展模式。"全域旅游"不再是只停留在旅游人次的增长上，而是将发展重点着眼于旅游质量的提升，追求的是旅游能够提升人们生活品质，追求的是旅游在人们生活中体现的新价值。张家界的旅游资源丰富，旅游业发展良好，具有发展全域旅游的条件。优化生态环境系统，打造生态旅游城市，提高居民和旅游者的环境保护意识，在发展张家界旅游产业的同时，提高张家界生态环境水平。

第二，发挥政府的协调作用。通过发挥政府的协调作用，在促进旅游产业发展的同时，改善地区生态环境效益，提高人民的生活水平。在以前做得好的基础上继续改进，例如：实行退耕还林；整治城区噪声；取缔污染较大的工厂；清理高污染企业；设置污水处理厂将污水进行集中化处理；垃圾无害化处理；实行人工造林治理水土流失增加绿地面积、提高森林覆盖率；建设环境监测站；提高太阳能的使用范围等措施继续改善提高生态环境质量。以期切实提高当地人民的幸福指数，提升当地游客的体验感。

第三，丰富旅游形式。创新旅游产品和业态。张家界市地域文化是无可替代的，越是本地的越具有代表性。因此，要在保持原生态的前提下，创新和开发更能符合游客需求的民俗文化、特色民宿、户外运动、养老及养生等旅游休闲度假产品，积极探索多类型、各有特色的旅游发展新模式。加大旅游产业与其他产业（如工业、服务业和交通运输业等多种产业）的高度融合，促进旅游产业结构的调整，提升旅游产品的附加值。

第四，优化旅游要素建设。各区县要增加旅游景区配套设施、环境保护设施和接待游客的服务设施。对大型旅行社进行品牌依托，通过资金投入走集团化道路，打造系统的网络体系，支持中小型旅行社走具有特色化专业化的道路。当地政府可以积极引进星级饭店，改造星级饭店的结构、空间布局，以提升游客的体验感和舒适度。同时，减少景区与景区、地区与地区之间的差距，各区县应该利用各自的优势谋求协调发展。不能只对旅游资源丰富的地区进行旅游开发，也应该在慈利县、桑植县探索出隐藏的旅游资源，并进行适当的开发和利用，促进四个地区的旅游资源、旅游经济协调发展；同时，带动当地的经济水平，提高人民的生活水平，提高游客的新鲜感和满意度。

第九章

旅游产业发展、收入分配失衡及其社会福利影响

第一节 引 言

　　中国旅游产业发展速度迅猛，旅游产业规模持续扩大，在2019年，国内旅游人数达60.06亿人次，入境旅游人数达1.45亿人次，全年实现旅游总收入达6.63万亿元，旅游直接就业和间接就业人数达7987万人，占全国就业总人口的10.31%，旅游业已经成为国民经济新的增长点。在2020年，国内旅游人数及国内旅游收入受新冠肺炎疫情影响，较上年虽分别下降52.1%、61.1%；但在2021年新冠疫情缓解后旅游产业又得到一定程

度恢复，在该年国内旅游人次达 32.46 亿人次，同比增长 12.8%；国内旅游收入达 2.92 万亿元，实现同比增长 31.0%。① 旅游产业在降低资源消耗、带动经济发展、增加就业机会、提升经济效益等方面具有较强的优势，且对于旅游目的地消费能力扩张、文化事业繁荣、富民惠民等各个方面均具有显著作用。对不发达地区来说，旅游产业会起到"扶贫富民"之效果，快速提升当地居民社会福利；而对发达地区来说，旅游产业会起到"锦上添花"的作用，对地区经济发展模式升级、经济与产业结构优化等方面带来巨大推动作用，进一步提升经济发达地区的社会福利水平。

　　然而，旅游产业发展不仅要关注其经济效应，更重要的是要关注其生态、文化、社会效应，关注其是否能长期持续地为旅游目的地谋福利。旅游产业粗放型发展模式导致的各主要旅游目的地社会、经济负外部效应也正日益凸显，例如：旅游产业发展所带来的旅游目的地收入分配异化与"漏出效应"使旅游产业发展中存在较为严重的利益分配失衡，应该直接参与利益分配的旅游目的地社区居民并没有得到应有的旅游经济利益，使其旅游产业发展总体规模与其社会福利效应不相协调，旅游产业社会福利效应提升速度明显小于其旅游产业发展的增长速度。旅游业发展带来的收入不可能平均地分配到旅游目的地的居民手中，由于旅游收入的分配机制存在问题，使当地居民在利益分配中没有享受到公平的待遇。虽然旅游产业给当地社区提供了相应的就业，但大部分是旅游区居民以出卖其劳动力所获得的廉价报酬，完全没有包含其所应该拥有的旅游资源的资产价值，使旅游产业对其社会福利的影响程度要小于其旅游产业规模本身的增长速度。而且，这种收入分配的悬殊，不仅严重影响当地居民的消费能力，而且对当地劳资社会关系产生显著的负面影响，进而对整个旅游目的社会福利产生显著的负面影响。近年来我国 31 个省份的旅游总收入、人均可支配收入都呈稳步增长趋势，旅游产业在各省

---

　　① 中华人民共和国文化和旅游部. 中国文化文物和旅游统计年鉴：2021 [M]. 北京：中国旅游出版社，2022.

份均得到了不同程度的发展。旅游产业的发展能否促进各省份居民人均可支配收入的增加？旅游产业的发展在促进地区城镇居民与农村居民收入增加时的影响程度是否均衡？是否会导致地区收入分配的失衡，拉大地区收入差距？因此，基于收入分配视角深入研究旅游产业发展的社会福利效应具有十分重要的理论与现实意义。

第二节　文献综述

一、国内相关研究

国内学者认为旅游产业发展对收入分配的影响主要集中在两个方面：

（一）旅游产业的发展对收入分配有着积极的影响

这种观点通常认为旅游产业的发展通常能促进旅游目的地旅游经济增长，并能带动相关产业的发展，增加就业机会，提高旅游目的地居民的收入水平。例如：汪宇明（2010）认为旅游产业发展在提高旅游目的地民生福利方面产生了重要的积极影响。左冰、保继刚（2007）认为旅游产业发展对旅游目的地居民收入水平提升存在显著的影响。唐健雄（2010）探讨了乡村旅游的民生效应，认为乡村旅游对提高农民收入，提升农民民生保障水平有着不可替代的作用。范业正（2010）、汪宇明（2010）从旅游富民与生活福利的内在影响角度出发，分析了旅游产业发展对民生福祉的积极影响，并认为旅游产业已成为经济不发达地区实现脱贫致富的重要途径之一。麻学锋、孙根年（2011）通过研究发现旅游产业的发展促进了张家界市居民收入水平的提高，且城乡居民从旅游产业发展中所获得的收入增长基本同步。赵磊（2015）采用多种精细前沿性计量经济方法，对中国旅游发展对经济增长的影响过程开展实证探究，并提出旅游发展对农村人均实际收入具有显著正向关系，而与城镇人均实际收入之间关系则不显著，因此发展旅游能显著缩小城乡间之间的差距。杨洪等（2014）从旅游贡献率角度入手，实证研究了湖南省地质公园的旅游开发扶贫效应，认为旅游产业现在已经真正成为湖南贫困县市实现脱贫致富的先导产业和发展县域经济的重要支柱。马兴超（2017）基于浙江省县级平衡面板数据，对旅游发展影响城乡收入差距的传导机制进行实证探究，结果表明：由于乡村旅游的快速崛起和迅猛发展，相较于城镇地区居民收入增长速度，乡村地区居民收入增长速度明显更快，故地区间城乡居民的收入差距会逐渐缩小。郭为（2022）提出在收入偏低的家庭中，发展旅游所产生的边际收入分配效应，要显著高于中高等收入的家庭，进而可在一定程度上缩小区域内低收入家庭和中高等收入家庭之间的收入差距。

（二）旅游产业的发展对收入分配有着消极的影响

持这种观点的学者通常认为旅游产业的发展不能或是仅能给一小部分的人群带来收入增长，从而导致旅游目的地出现收入分配失衡，最终削弱了旅游目的地居民的社会福利效应。例如：依邵华（2004）认为发展旅游产业所带来的收入对旅游目的地来说存在"漏出效应"，也就是说发展旅游业所带来的收入很大部分落入了客源国的旅游经济中，且对于旅游目的地而言，旅游收入也不会平均分散到目的地居民中，通常只会流入到特定人群，如大型旅游公司。熊元斌（2011）等学者认为旅游资源的公地悲剧问题容易导致在旅游发展过程中出现资源破坏、环境恶化等问题，从而影响当地居民的生活质量。左冰等（2007）认为湖南省旅游国民收入初次分配出现了严重的失衡，具体而言，企业收入所占比重过大，劳动报酬偏低，旅游产业发展过程中的主要获益者是资本所有者而非旅游从业者，而政府则从旅游产业发展过程中获得了外部效应。郑芳等（2013）认为旅游产业聚集，旅游产业发展只改变了旅游目的地大约50%居民的经济状况，且少部分居民的经济福利获得在旅游产业发展过程中还有所减少。简玉峰（2014）认为旅游产业发展虽然对旅游目的地的经济增长存在显著正面影响，会提升其社会福利水平，但同时也会对旅游目的地的收入分配失衡产生显著的负面影响，并间接地对旅游目的地居民的社会福利产生显著的负面影响。王永明（2015）等学者则提出由于农村居民自身知识水平相对较低，且其工作技能相对缺乏，在发展旅游的过程中大多充当着廉价劳动力的角色，进而导致其实际受益程度相较于城镇居民而言较低，从而导致旅游目的地的贫富差距被进一步扩大。申鹏（2020）则提出地区旅游产业发展与地区城乡收入差距两者之间并非存在简单的线性关系，二者间关系应该是呈先扩大而后缩小的运动轨迹，即呈现出倒"U"形曲线的发展特征。

二、国外相关研究

（一）旅游产业的发展对收入分配有着积极的影响

朗加尔（Langal，1998）认为虽然旅游目的地的就业存在季节分期性明显，就业层次较低、且工作报酬不高等特征，但是旅游业的空间特性也为分散的广大地区提供了就业机会，从而增加了旅游地居民的收入水平。贝劳（Belau，2003）通过研究发现，旅游目的地的直接就业会对旅游间接就业带来倍增效应。梅尔（Mayer，2010）认为旅游产业的快速发展大大增加了旅游目的地和邻近社区的就业机会与国民收入，有力地提升了其社会居民消费能力，进而对旅游目的地的社会福利产生积极的影响。加蒂（Gatti，2013）通过对克罗地亚的实证研究，并利用阿特金森指数衡量国家层面的分配效应，提出发展入境旅游可以在很大程度上减少旅游目的地的收入不平等现象。莫斯塔夫（Mostafa，2022）认为发展乡村旅游可以增加旅游目的地的贫困家庭收入，并且可以很大程度降低由于农业生产经营不稳定性所带来的风险。

（二）旅游产业的发展对收入分配有着消极影响

柯普兰（Copeland，1991）认为由于对非贸易品需求的增加，以及随之而来的从贸易部门流向非贸易部门的国内要素增多，旅游业对收入分配、负外部性（如拥挤）以及去工业化都有显著负面影响。布莱克（Blake，2008）提出巴西旅游产业的发展在一定程度上促进了贫困者脱贫，但是低收入群体从旅游中获得的收益低于高收入群体，即发展旅游产业拉大了群体间的贫富差距。尼达姆（Needham，2011）认为旅游产业快速发展对旅游目的地的收入分配产生了负面影响，并且存在较大程度的"漏出效应"。李（Li，2011）、赵（Chao，2010）等学者认为旅游产业发展在增加了旅游收入、就业岗位、消费能力的同时，却对旅游目的地带来显著的负外部性，如生态恶化、环境退化、社会结构变异、经济结构单一、收入分配不均衡等，这对旅游目的地会产生间接的负面社会福利效应，并进一步利用旅游环境资源价值评估方法定量评价其存在的负面社会福利效应。卡拉斯卡尔（Carrascal，2015）以西班牙加利福尼亚为例，测算了该地区旅游消费，进而提出高收入家庭相较于低收入家庭，从发展旅游产业中所获收入会更多。蒙达尔（Mondal，2020）观点与之相类似，认为发展旅游是改善民生及实现地区减贫的有效手段，从绝对量来看，旅游产业提高了贫困家庭收入，但与此同时，旅游产业也扩大了旅游目的地的贫富差距，贫困家庭与高收入家庭间的差距被进一步拉大。

三、简要评述

综述国内外相关研究，对于旅游产业发展社会经济影响的研究，不仅要深入分析其直接影响，而且要考虑其间接影响，这种直接与间接影响都要体现在能够在多大程度上提升旅游目的地的社会居民谋福祉上。国内外相关学者从正、反两个角度对旅游产业发展的社会福利效应进行了较为深入的研究，但是，在研究旅游产业发展对社会福利产生积极影响的同时，深入分析旅游产业发展对旅游目的地收入分配的外在影响及旅游产业发展对社会福利间接影响的文献还较少。综上所述，本研究主要贡献在于以下几个方面：一是构建旅游产业发展、收入分配与社会福利效应的一般均衡模型，深入分析其内在关联性；二是构建旅游产业发展对旅游目的地收入分配影响的测度方法，以及旅游产业发展对旅游目的地社会福利影响的计量分析模型；三是对旅游产业发展、收入分配与社会福利效应的内在影响进行实证测度，评价其影响因素，并提出相关对策建议。

第三节　旅游产业发展、收入分配失衡及其社会福利效应的理论分析

本研究将基于一般均衡框架构建旅游产业发展的社会福利模型，分析旅游产业发展、收入分配失衡与社会福利的内在影响。

一、理论基础

根据一般均衡理论的基本分析框架，我们可以假设旅游目的地仅生产与消费两种产品：旅游服务产品 x_1、其他产品与服务（命名为复合产品）x_2。本书是要分析旅游产业较为发达地区的旅游产业发展的社会福利效应，那么，假设旅游目的地的旅游产业为其支柱产业，该地区生产要素相对较少，旅游总收入占国内生产总值的比重在30%左右，并且处于一种高度开放的社会经济状态，仅假设其存在如下生产函数：

$$x_1 = f_1(l_1,\ k_1) \quad x_2 = f_2(l_2,\ k_2) \quad l_1 + l_2 = l \quad k_1 + k_2 = k \quad (9-1)$$

$$y = f(l,\ k) \quad (9-2)$$

式（9-1）为 x_1 与 x_2 的生产函数及其生产要素的分配方式，l、k 为劳动与资本，式（9-2）为社会生产函数。将式（9-1）代入式（9-3）可以求出如下生产可能性函数，其中 $f_1^{-1}(x_1)$、$f_2^{-1}(x_2)$ 表示 x_1、x_2 的反生产函数。

$$y = f(f_1^{-1}(x_1),\ f_2^{-1}(x_2)) \quad (9-3)$$

$$f_{x_1}'(f_1^{-1}(x_1),\ f_2^{-1}(x_2)) \geqslant 0,\ f_{x_1}''(f_1^{-1}(x_1),\ f_2^{-1}(x_2)) \leqslant 0 \quad (9-4)$$

$$f_{x_2}'(f_1^{-1}(x_1),\ f_2^{-1}(x_2)) \geqslant 0,\ f_{x_2}''(f_1^{-1}(x_1),\ f_2^{-1}(x_2)) \leqslant 0 \quad (9-5)$$

根据边际收益递减规律，旅游产业社会福利效应可以通过旅游目的地的社会效用函数进行展示，其影响因素如下：一是消费部分 x_1 和 x_2；二是社会总收入 y；三是 x_2 大部分都来自旅游目的地以外的地区，从而产生了 x_2 "进口"支出 z，在此将其称为"漏出效应"；四是收入分配的影响，即旅游收入总量与其他产业发展获得其他收入在旅游目的地不同居民的分配均衡程度，以基尼系数 G 为表示，按照经济学原理，则该游目的地的社会效用无差异函数如下：

$$\begin{cases} U(x_1,\ x_2,\ y,\ z,\ G) = kx_1^{\alpha}x_2^{\beta}y^{\gamma}z^{\delta}G^{\lambda} \\ 1 \geqslant \alpha \geqslant 0 \quad 1 \geqslant \beta \geqslant 0 \quad 1 \geqslant \gamma \geqslant 0 \\ 1 \geqslant \delta \geqslant 0 \quad 1 \geqslant \lambda \geqslant 0 \quad \alpha + \beta + \lambda + \delta + \lambda = 1 \end{cases} \quad (9-6)$$

$$U_{x_1}'(\cdot) \geqslant 0 \quad U_{x_1}''(\cdot) \leqslant 0 \quad U_{x_2}'(\cdot) \geqslant 0 \quad U_{x_2}''(\cdot) \leqslant 0 \quad (9-7)$$

$$U_{y_1}'(\cdot) \geqslant 0 \quad U_{y_1}''(\cdot) \leqslant 0 \quad U_z'(\cdot) \leqslant 0 \quad U_z''(\cdot) \geqslant 0 \quad U_G'(\cdot) \leqslant 0 \quad U_G''(\cdot) \geqslant 0$$

$$(9-8)$$

开放经济体系下旅游目的地在提供旅游服务产品与从该旅游目的地以外的地区"进口"大量的消费品与生产投入品的过程之中，会与非旅游目的地之间形成一种隐性的贸易条件，式（9-9）分别表示旅游目的地的消费约束和旅游目的地与非旅游目的地之间所存在的隐性贸易条件，pop 值越大，表

明发展旅游对旅游目的地的社会福利的提升越有利:

$$p_1 x_1 + p_2 x_2 = y \quad y = y_1 + y_2 \quad pop = p_1 / p_2 \qquad (9-9)$$

二、旅游产业发展、收入分配失衡及其社会福利效应的一般均衡分析

(一) 旅游产业发展的收入分配效应分析

虽然旅游产业发展给旅游目的地带来了可观的经济效益,但大多数的旅游目的地在进行旅游产业发展规划时并没有提出相应的旅游产业收益分配方案。旅游目的地的自然景观、民族、民俗文化资源的旅游开发所带来的经济效益是可观,但由于其内在的分配机制不合理,使应该直接参与利益分配的社区居民在实际操作过程中,并未得到公正待遇。此外,旅游产业发展给旅游目的地社区带来了较多的就业机会,推动其地方经济发展,但大多数只是旅游目的地居民出卖其廉价劳动力所得到的低价报酬,并未获得包含其所拥有的旅游资源的资产价值,即在地区旅游产业发展过程中,真正的受益者主要是当地政府及旅游开发商,从而使旅游产业发展规模与社会福利效应存在严重的不相协调性,旅游产业社会福利效应的增长速度要远远小于旅游产业发展规模的增长速度。以往学者的前期相关理论分析与实证研究结论也为这一观点提供了较为坚实的支撑,例如:尼达姆(Needham,2011)认为旅游产业发展对旅游目的地的收入分配产生了较大的消极影响,且在这一过程中旅游产业发展存在显著的"漏出效应";左冰(2007)则通过实证研究,证明了中国不同旅游目的地旅游产业的快速发展加剧了地区收入分配的非均衡性。基于此,本书提出了如下有关旅游产业发展与收入分配失衡内在影响关系的研究假设:

命题 1:旅游产业的快速扩张加剧了旅游目的地的收入分配不均衡。

（二）旅游产业发展的社会福利影响分析

旅游地区的旅游业快速发展在很大程度上增加其社会总产出，使旅游地区的就业机会、收入水平增加，这又将增加旅游地区的消费能力与消费总量，从而在很大程度上提升其社会居民的社会福利总水平，产生积极的社会福利效应，这种旅游业发展对其社会福利影响的内在机制也可以通过一般均衡（CGE）模型来进行相应的分析（见图 9 - 1）。

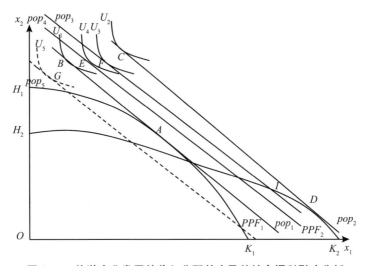

图 9 - 1　旅游产业发展的收入分配效应及其社会福利影响分析

PPF 表示旅游地区的社会生产可能性曲线，表示生产 x_1 与 x_2 的最大可能性组合，在 *PPF* 以外的点表示在现有资源条件下无可能性的生产点，*PPF* 内部点为旅游地区的社会资源未充分利用的生产点。*U* 曲线表示旅游地的"社会效用无差异曲线"，表示消费 x_1 与 x_2 能达到的最大社会效用水平，若该曲线离原点越远，社会效用水平就越高，*pop* 曲线同时和 *PPF* 曲线、*U* 曲线相切，从而在某一时点，旅游地区的生产水平与消费能力同时均衡，旅游地的社会居民的社会福利总水平在此时也同时达到了最大化。从旅游地区的

旅游产业发展对社会福利的影响来看，最初，旅游目的地经济体系的一般均衡为：A 为生产点，B 为消费点，多生产 x_1，却消费较少，少产 x_2，却消费较多，通过"进口"解决供给缺口。随着旅游地区的旅游业的发展速度与发展水平的不断提升，旅游地区的"社会生产生可能性曲线"将沿着 x_1 的方向不断发生扩张，整个旅游目的地生产均衡点将由 A 点不断发生移动到 D 点，假设短期内旅游地区的价格总体水平保持不变的前提之下，那么贸易条件曲线 pop_1 会移动到 pop_2，旅游地的消费均衡点也将由 B 点不断变化到 C 点，这样，旅游地区的消费量 x_1、x_2 都会增加，旅游地的"社会效用无差异曲线"也将不断由 U_1 的水平移动到 U_2。

命题2：旅游产业扩张→旅游总收入增加→提高旅游目的地的社会福利水平。

（三）收入分配失衡的社会福利效应的一般均衡分析

旅游目的地旅游产业发展所导致的收入分配失衡主要体现在两个方面：一是旅游产业是一种劳动、资源、资本密集型的现代服务业，大量基层劳动者的知识与技术含量十分低，旅游收入被少部分资本投资者与旅游资源垄断者获取，大部分旅游目的地社区居民、初级劳动者仅获取较小部分的体力劳动收入与旅游资源补偿性收入，使得旅游产业内部初次收入分配存在严重的不均衡。这不仅会严重削弱旅游目的地社区居民的消费能力，而且会对旅游目的地的劳资与社会生产关系产生较大的负面影响，从而对其社会福利带来显著的消极影响，即旅游产业发展的收入分配失衡会导致其社会福利水平下降。二是旅游产业发展存在"漏出效应"，主要是指由于旅游经济运行中所存在的外部产权、基础设施投资与运行的外在性等方面原因，导致大部分旅游收入未能成为当地居民的真实收入，却进入了旅游目的地以外的相关投资者或生产者的真实收益。具体而言，外地投资的旅游企业出于生产投入有效配置考虑，大多趋向于从外地进口旅游产业所需的生产性与非生产性投入品，如旅游索道设施、旅游消费品；此外，旅游企业也倾向于雇用外地拥有高素质的劳动者和管理团队，以期尽可能地降低其生产成本，并最优规模地建设旅游企业来尽可能满足旅游者对高效、优质旅游产品的需求。而且旅游企业投资者也往往倾向于将其全部或部分利润汇回资本来源地，从而对旅游目的地的社会福利产生了较大的消极影响。

这种收入分配失衡现象对旅游目的地的社会福利的消极影响可以利用一般均衡模型来分析。首先，收入分配的过分悬殊会影响旅游目的地的基尼系数，从社会效用无差异函数方程式（9-6）~式（9-8）可知，这会影响社会效用无差异曲线的高度与形态，由于社会效用无差异曲线与基尼系数呈负向关系，那么社会效用无差异曲线就会由 U_2 下降为 U_3，pop_2 下降到 pop_3，达到新的均衡点 F，当存在严重的"漏出效应"时，旅游目的地所获取的真实收入会大幅度下降，pop_3 会进一步下移至 pop_4，从而与新的较低的 U_4 相切于 E 点，U_4 与 U_2 之间的垂直距离即为这种"收入分配失衡"对旅游目的地的社会福利的负面影响。从图9-1看，社会效用无差异曲线 U_4 还是处于旅游产业快速扩张以前的社会效用无差异曲线 U_1 上方，即旅游产业发展所带来的"收入分配失衡"对社会福利负面效应还是小于旅游产业快速扩张所产生的积极影响，从而使得旅游产业发展的总体社会福利为正。但是，如果这种负面效应足够大，也有可能会使旅游目的地的社会福利水平下降到旅游产业快速发展之前的水平，甚至会更低。如图9-1所示，如果由于收入分配失衡而导致旅游目的地所获取的真实收入会持续下降，pop_4 可能会进一步下移至 pop_5，从而与更低的社会效用曲线 U_5 相切于 G 点，这种社会福利水平要比旅游产业快速发展之前的社会福利水平 U_1 还要低得多。这个结论也可以在一定程度上解释"为什么部分旅游业较为发达的地区比非旅游地区还要更贫困与落后"的这种社会经济现象。

命题3：旅游产业的快速扩张虽然会提高旅游目的地社会福利水平，但收入分配失衡会对旅游目的地社会福利产生显著的负面影响。

第四节 研 究 设 计

一、旅游产业发展对收入分配失衡影响的测算方法

意大利经济学家基尼（Gini）最先提出衡量不同经济主体收入分配不均衡程度的基本指标——基尼系数，但该指标只能反映收入差别的总体分布状况，而不能反映其关键的影响因素；在此基础上，肖勒科斯（Shorrocks，1982）、保罗（Paul，2004）等学者对其又进行了深入的研究。本研究参照保罗（Paul，2004）、江庆（2010）等相关学者的研究方法，从收入来源角度，对旅游产业发展对收入分配产生的影响构建测算模型，以分析旅游产业发展的收入分配效应，论证本文所提出的命题1，将总体基尼系数分解为：旅游收入来源占旅游目的地总收入的比重和拟基尼系数：

$$G = \sum_{J=1}^{J} P_J \overline{G}_J \qquad\qquad (9-10)$$

其中，P_J 为旅游收入占总收入 TI 的百分比，$\overline{G}_J$ 表示拟基尼系数，和基尼系数不同的是，拟基尼系数的权重是个体收入在总收入中的排序，式（9-10）可再次分解为：

$$G = \sum_{J=1}^{J} P_J G_J R_J, \quad R_J = \frac{\mathrm{COV}(y_J,\ F)}{\mathrm{COV}(y_J,\ F_J)} \qquad\qquad (9-11)$$

其中，G_J 表示旅游目的地居民从旅游产业总收入这一收入来源 J 所获取收入形成的基尼系数，F 为不同旅游目的地 TI 的累积分布函数，F_J 为不同旅游目的地的旅游产业总收入 J 的累积分布函数，则 R_J 为旅游目的地的旅游产业总收入 J 与 TI 之间的基尼相关系数。从此可看出，旅游产业发展对 G 的影响主要体现在三个方面：一是旅游产业自身收入分配失衡形成的基尼系数；二是

旅游产业总收入在 TI 中的相对重要性；三是旅游总收入与 TI 的相关性大小。旅游产业总收入对 TI 分配不均衡的基尼弹性，即旅游产业发展对 G 的边际影响为：

$$E_J(G) = \frac{\partial G/G}{\partial J} = \frac{P_J G_J R_J}{G} - P_J \qquad (9-12)$$

式（9-12）表示在其他条件不变的前提下，旅游收入每变动 1% 对总体收入分配不均衡所带来的影响程度。

二、旅游地区社会福利水平测算指标的构建

保罗（Paul，2004）最先提出衡量社会福利的社会福利函数，但在由于计量上的内在缺陷，很多的实证研究中 GDP、TI 等成为其替代指标。但这些指标不能将闲暇、总体收入的分配状况、生态质量等有效地体现在社会福利当中。在后续研究中又相继提出新的指标体系，美国海外发展委员会最近提出了衡量社会福利的人口生活质量指数（PQLI）。本书采用 2004 年美国社会保健协会提出衡量社会福利的综合指标（ASHA），其计算公式为：

$$ASHA = \frac{a \times b \times c \times d}{e \times f} \qquad (9-13)$$

其中，a、b、c、d、e、f 分别为旅游目的地的就业率、识字率、预期寿命指数和人均 GNP 增长率、人口出生率及婴儿死亡率。它较为全面地反映社会福利的真实状况，本书拟利用该指标来综合测算旅游地的社会福利总水平。

三、旅游产业发展、收入分配失衡的社会福利效应实证研究模型设定

本书在理论分析中基于一般均衡理论，分析了旅游产业发展对旅游目的地收入分配的影响及其对社会福利的积极与负面影响，提出了命题 2 和

命题 3，为确认这种影响关系的大小，本研究对其建立如下实证计量分析模型：

$$ASHA_{it} = \phi_1 + \phi_2 \Delta LTGDP_{it} + \phi_3 E_k (G)_{it} + \phi_4 \Delta LGDP_{it} + \phi_5 \Delta LE_{it}$$
$$+ \phi_6 \Delta LCRIM_{it} + \phi_7 \Delta LACUL_{it} + \varepsilon_{it} \qquad (9-14)$$

其中，$ASHA_{it}$ 表示旅游目的地的社会福利水平；$E_k(G)_{it}$ 表示旅游目的地旅游产业发展对收入分配的负面影响值；ϕ_2 为该变量的系数，从理论上来看，该变量的系数应为负数，$\Delta LTGDP_{it}$ 表示旅游目的地旅游产业发展的变量，以旅游收入的对数表示，从理论分析可知，旅游收入与基尼系数之间存在多重共线性，那么在模型中该变量是以增量的形式出现，从理论上来看，该变量的系数应该为正数；$\Delta LGDP_{it}$、ΔLE_{it}、$\Delta LCRIM_{it}$、$\Delta LACUL_{it}$ 是分别从经济因素、生态因素、社会与文化因素的角度来设置控制变量，分别以旅游目的地的 GDP、生态环境质量、社会犯罪总量、公共文化组织数量的对数来表示，生态环境质量以姜勇（2007）提出的环境综合质量指数表示。由于这些变量可能会与收入分配存在多重共线性，都是以增量形式出现。从理论模型的分析中可知，ϕ_4、ϕ_5、ϕ_7 应该为正数，而 ϕ_6 应该为负数。ϕ_1 为常数项，ε_{it} 为随机扰动项。

第五节　实证分析

一、实证分析样本选择及相关变量说明

本研究实证分析样本选择主要基于如下几个标准：一是符合本研究理论分析部分提出的基本假设；二是满足实证计量分析中所需要的样本容量；三是实证分析中各种资料的可获取性。因此，本书课题组在实证研究中选择我国较为成熟的八大旅游区作为实证分析样本：四大世界自然与文化双重遗产

地——泰山、黄山、峨眉山－乐山大佛、武夷山风景名胜旅游区，以及张家界旅游区、三亚旅游区、阳朔旅游区、丽江旅游区。这些旅游区具有较多的共同特征，例如：旅游产业的发展历史较长，旅游产业发展较为成熟，能够获取相关旅游统计数据，旅游产业相对来说有较高的发展水平，旅游产业总收入占 GDP 的比重都达到 30% 左右，都作为旅游产品的"净输出地"和其他产品的"净输入地"，这些地区的旅游产业都受到当地政府的高度重视，将其作为当地社会经济发展的支柱产业来进行大力推进，符合本研究理论分析部分所提出的基本假设。各个样本数据时间跨度为 2008～2019 年，由于我国旅游经济统计数据的约束，不能获得详细的相关数据，本研究利用 8 个旅游区的时间序列数据组成面板数据来进行实证分析，以保证计量分析结果的稳健性，每个旅游区的 GDP、投资、人次、就业、投资、环境质量、识字率、出生率、旅游收入等数据来自各地市的统计年鉴、《中国旅游统计年鉴》和中经网统计数据库。关于旅游目的地社会福利这一变量是按照式（9－13）进行计算。关于各旅游目的地的基尼系数，部分是来自各旅游目的地管理部门，缺失年份数据是利用当地统计部门所做的农村与城镇居民收入分配的抽样调查资料，通过绘制洛伦兹曲线，再根据下列公式来进行计算：

$$G = P_1^2 \times \mu_1/\mu_2 \times G_1 + P_2^2 \times \mu_1/\mu_2 \times G_2 + P_1 P_2 |\mu_1 - \mu_2/\mu| \qquad (9-15)$$

其中，G 为旅游目的地的基尼系数，G_1、G_2 表示旅游目的地农村、城镇的基尼系数。P_1、P_2 为旅游目的地农村和城镇居民人数，μ_1、μ_2 为旅游目的地农村、城镇居民的人均收入，μ 表示旅游目的地所有居民的人均收入。关于旅游业本身的收入分配失衡的指标，本研究以各旅游地区的旅游企业经营规模为标准，等距抽样 100 家旅游企业作为实证调查样本，分别调研其 2008～2019 年度员工收入分配情况以分别计算 G_J。

二、旅游产业发展对收入分配影响的实证测算结果

分别计算不同旅游目的地旅游产业发展对地区收入分配影响的弹性系数，

具体计算结果如表 9-1 所示，其主要特征如下：首先，本研究所选取的八大旅游区旅游产业发展对收入分配影响的弹性系数均大于 1，其中，最小值为 1.242，最大值达到 2.388，即弹性系数均处于富有弹性的范围，这说明在样本观测期内，旅游产业发展对其收入分配差距扩大的影响程度要远远大于旅游产业规模本身的增长速度；其次，旅游产业发展对收入分配影响的弹性系数与旅游收入占 GDP 的比重存在正相关关系，从不同旅游目的地的比较来看，泰山、峨眉山、武夷山旅游收入占地区 GDP 的比重相对较小，故其弹性系数相对较小，而张家界、三亚、阳朔、丽江旅游区的旅游收入占 GDP 的比重相对较大，其弹性系数也相对较大；最后，在旅游产业快速发展进程中，旅游产业对收入分配影响的弹性系数也呈现出增长的趋势，例如：泰山由 2008 年的 1.242 增加到 2019 年的 1.482，黄山由 2008 年的 1.647 增加到 2019 年的 2.135，峨眉山由 2008 年的 1.247 增加到 2019 年的 1.499，张家界由 2008 年的 1.703 增加到 2019 年的 2.197，三亚由 2008 年的 1.906 增加到 2019 年的 2.388。这些都充分反映了旅游产业快速发展对旅游目的地收入分配失衡所带来的负面影响，也充分说明了本研究在理论探讨部分所提出的命题 1 成立。

表 9-1　　　2008～2019 年旅游产业发展对总体收入分配不均衡的边际影响结果

年份	泰山	黄山	峨眉山	武夷山	张家界	三亚	阳朔	丽江
2008	1.242	1.647	1.247	1.348	1.703	1.906	1.897	1.894
2009	1.389	1.746	1.361	1.445	1.754	1.957	1.931	1.917
2010	1.393	1.826	1.397	1.546	1.848	1.998	1.947	1.946
2011	1.402	1.976	1.411	1.643	1.998	2.192	2.118	2.102
2012	1.405	1.978	1.413	1.645	1.999	2.195	2.119	2.105
2013	1.406	1.981	1.416	1.647	2.003	2.197	2.121	2.109
2014	1.412	1.983	1.419	1.649	2.005	2.199	2.125	2.111

年份	泰山	黄山	峨眉山	武夷山	张家界	三亚	阳朔	丽江
2015	1.415	1.989	1.421	1.652	2.009	2.201	2.127	2.113
2016	1.417	1.991	1.423	1.655	2.013	2.203	2.129	2.115
2017	1.455	1.994	1.468	1.753	2.119	2.310	2.213	2.197
2018	1.469	2.100	1.483	1.787	2.158	2.349	2.245	2.227
2019	1.482	2.135	1.499	1.821	2.197	2.388	2.276	2.257

三、旅游产业发展、收入分配失衡的社会福利效应实证分析结果

基于计量回归方程（9－14）、社会福利指数、旅游目的地的旅游业发展对收入分配影响的实证计算结果，本书利用 MATLAB 软件对旅游产业发展及其收入分配失衡对不同旅游目的地的社会福利的影响进行计量分析，经协方差分析和霍斯曼检验（Hausman test）拒绝了随机效应的原假设，选用固定效应面板计量模型来进行实证分析，具体结果如表9－1所示。由于实证分析中控制变量较多，首先要分析旅游产业发展与社会经济文化影响变量之间的多重共线性，模型（1）和模型（2）分别是以旅游产业发展水平、收入分配失衡为因变量，以其他影响社会福利的社会、经济、文化、生态变量为解释变量进行计量分析来判别是否存在多重共线性：首先是看模型（1）和模型（2）的回归系数估计值的符号与大小是否违反基本的经济学理论。从回归结果来看，GDP、文化变量的系数均为负数，这显然与理论基础相背离，可以初步判断存在多重共线性；其次是看是否存在"接受单个方程 $\phi_i = 0$ 的原假设，而拒绝联合假设 $\phi_1 = \phi_2 = \phi_3 = \cdots \phi_6 = 0$"的现象。另外，通过统计指标判别多重共线性：方差扩大因子（VIP）和条件数（r）。当 VIP 大于或等于10，r 大于或等于20时，存在多重共线性。从模型（1）和模型（2）

的回归结果来看，*VIP* 值分别为 25.63 和 33.58，远远大于临界值 10，*r* 分别为 46.12 和 49.37，远远大于临界值 20。因此，这些变量之间存在多重共线性。

表 9 - 2　　旅游产业发展、收入分配失衡的社会福利效应计量回归结果

变量	模型（1）	模型（2）	模型（3）	模型（4）	模型（5）	模型（6）	模型（7）
常数	2.335** (2.165)	0.182** (2.292)	2.232 (1.503)	2.168* (2.780)	2.135* (2.653)	2.117* (2.671)	2.025* (2.994)
$E_k(G)_{it}$	0.582 (1.797)	—	−0.182 (−1.479)	−0.169 (−1.235)	−0.161** (−3.986)	−0.154** (−4.376)	−0.174** (−5.157)
$\Delta LTGDP_{it}$	—	−0.139* (−4.475)	1.634* (2.713)	1.502* (2.327)	1.452 (1.337)	1.402 (1.563)	1.315** (4.753)
$\Delta LGDP_{it}$	−2.684* (−2.501)	−0.275** (−5.587)	—	1.979** (4.673)	1.976** (5.329)	1.903 (1.274)	1.902** (5.307)
ΔLE_{it}	1.595** (2.405)	0.189 (1.423)	—	—	0.998** (4.661)	0.989** (4.712)	0.981** (2.139)
$\Delta LCRIM_{it}$	1.096 (1.405)	0.181** (2.835)	—	—	—	−0.287 (−1.249)	−0.286* (−2.371)
$\Delta LACUL_{it}$	−1.137** (−2.654)	−0.035** (−2.832)	—	—	—	—	0.604** (2.764)
调整 R^2	0.973	0.987	0.697	0.782	0.802	0.889	0.918
样本	96	96	96	96	96	96	96
F-统计量	5.437** (0.008)	5.993** (0.011)	1.793 (0.479)	1.967* (0.572)	2.409** (0.009)	8.602** (0.005)	9.577** (0.007)
条件数 *r*	46.12	49.37	—	—	—	—	—
VIP	25.63	33.58	—	—	—	—	—

注：括号中为 F-统计量，**、*表示在 5%、10% 的显著性水平上显著，个体效应与时期效应限于篇幅未列出。

对不同变量之间存在多重共线性的解决方法如下：①改变变量组合方式，如删除不显著或不符合经济意义的变量，利用比率法或差分法去进行模型设计；②采用岭回归减少系数估计均方误差；③补充相关信息。最好方法是改变解释变量的组合方式。考虑到数据资料的可获取性，本书采用差分和"分级回归"方法来进行分析以确保回归结果的稳健性。在模型（3）中只有旅游产业发展和收入分配失衡这两个变量，其回归系数分别为 1.634、-0.182，这与理论模型预期基本相一致，但显著性水平较差，其拟合优度仅为 0.697，F-统计量则在 1% 或 5% 的显著性水平上都不显著，即表明这两个变量不能完全解释旅游目的地的社会福利的变化情况。模型（4）~模型（7）分别增加了经济、生态、社会、文化因素等控制变量，随着控制变量的增加，回归结果统计显著性水平增强，拟合优度也由 0.782 增加到 0.918，F-统计量在 5% 的显著性水平上显著，这说明模型（7）能更好说明旅游产业发展、收入分配及其相关控制变量对旅游目的地社会福利产生的影响。

从模型（7）的结果来看，所有变量的系数都在 1% 或 5% 的显著性水平上显著，$\Delta LTGDP_{it}$、$\Delta LGDP_{it}$ 的系数分别为 1.315、1.902，且这两个影响系数相差不大，这充分说明旅游目的地的旅游产业发展对其社会福利产生了显著的积极影响，从而印证了理论分析中命题 2 的正确性，而且，旅游产业发展在旅游目的地的总体经济发展中占有十分重要的地位。收入分配变量 $E_k(G)_{it}$ 的系数为 -0.174，即旅游目的地收入分配失衡对社会福利效应产生显著的负面影响，那么，结合实证分析第二部分计算的旅游产业发展对收入分配负面影响的实证测算结果，就可以计算出旅游目的地旅游产业发展对社会福利所产生的间接负面影响，这就证明理论分析部分命题 3 的正确性，其他控制变量 ΔLE_{it}、$\Delta LCRIM_{it}$、$\Delta LACUL_{it}$ 的系数分别为 0.981、-0.286、0.604，即表明生态环境优化对旅游目的地产生了积极的社会福利效应，社会环境恶化则产生消极的社会福利效应，文化环境优化对旅游目的地产生了积极的社会福利效应。

第六节　结论及启示

本研究从旅游目的地收入分配失衡这一典型事实出发，将旅游收入、收入分配引入社会福利，构建了旅游收入、收入分配失衡及其社会福利之间的一般均衡模型，在对旅游产业发展、收入分配失衡的社会福利影响开展理论探究的基础上，作出相应理论假设；最后以泰山、黄山、峨眉山－乐山大佛、武夷山、张家界、三亚、阳朔、丽江为实证研究对象，选取 2008～2019 年作为样本观测期，进行实证分析以检验理论假设的正确性。本研究主要结论如下：首先，在样本期内，旅游目的地发展旅游产业会对其社会福利带来了显著的正面影响，旅游产业扩张促进其旅游总收入增加，对旅游目的地的经济增长有显著的正面影响，从而很大程度上提升了旅游目的地的社会福利水平。具体而言，旅游产业发展每提升 1%，其社会福利总水平会增加 1.315%。其次，随着旅游产业总体规模的不断扩张，旅游目的地收入分配失衡现象也日益严重。在旅游目的地发展旅游产业的进程中，旅游产业对收入分配影响的弹性系数呈不断增长的趋势，即旅游产业发展对旅游目的地收入分配失衡所带来的负面影响在不断加重，并且这种影响存在较强的时空差异。最后，由于旅游产业的快速扩张导致旅游目的地收入分配失衡，进而对旅游目的地社会福利产生一定程度间接负面影响，且其他控制变量生态、社会、文化因素等对旅游目的地社会福利的影响存在差异性。所以，在分析旅游产业发展的社会福利影响时，单纯地考虑旅游收入带来的积极影响而忽视了旅游产业发展中收入分配失衡对其社会福利产生的负面影响是远远不够的。

基于上述理论与实证分析结果，本研究得到如下启示：

第一，应不断提升旅游产业发展规模与质量以提升其社会福利总水平。近十几年来，我国旅游产业发展速度十分快，旅游产业为国民经济的支柱产业，与此同时，旅游产业在资源消耗、经济带动能力、就业机会创新、提升经济效益等方面有着较强的优势，对于旅游目的地消费能力扩张、文化事业繁荣、富民惠民等各个方面作用显著。对不发达地区来说，它会起到"扶贫富民"之效果，快速提升当地居民的社会福利；对发达地区来说，它会起到"锦上添花"的作用，对其生态环境优化、经济发展模式升级、社会文化繁荣、经济与产业结构优化等方面会带来巨大的推动作用，进一步提升经济发达地区的社会福利。本实证检验中也充分验证了上述观点，各主要旅游区旅游收入在其地区生产总值中占有十分重要的地位，旅游业发展有力地推动了其社会福利的提升。那么，各旅游区应进一步提升其旅游业发展的规模、质量，以提升其社会福利。

第二，旅游产业开发当中要有效处理好利益分配失衡问题。旅游区开发旅游产业为其带来可观的旅游收入、就业机会的增加及消费能力的提升。但从本书实证分析结论来看，旅游产业快速发展对当地收入分配失衡问题产生了较大推动作用。而这种收入分配失衡的消极影响又间接地影响了旅游产业发展本身所带来的积极社会福利效应。各主要旅游区所拥有的丰富旅游资源，尤其是民族、民俗、文化旅游资源的开发，带来了可观的经济效益。但由于旅游收入的分配机制存在问题，使当地居民在利益分配中没有享受到公平的待遇。虽然旅游产业给当地社区提供了相应的就业，但是，大部分是旅游区居民以出卖其劳动力所获得的廉价报酬，完全没有包含其所应该拥有的旅游资源的资产价值，最大受益者是旅游目的地政府或者外地的旅游产业开发商。因此，旅游目的地收入分配调节机制构建应成为旅游管理部门的中心工作。

第三，应进一步加强各旅游区的生态、社会、文化环境治理。旅游产业快速发展，使区域狭小的旅游区变得人满为患，无论是自然景观型的旅游目的地，还是人文景观型的旅游目的地，其生态、社会、文化环境的游客承载力都是有限的，大量旅游者的涌入会对其生态环境产生巨大的压力。近年来，随着旅游产业的发展，各主要旅游区面临着生态环境恶化、交通堵塞、文化异化等问题，这对旅游区社会居民的生产、生活带来较大的消极影响，也在很大程度上对旅游目的地的整体形象与深入发展产生负面影响。本书实证检验分别以旅游区的生态质量、社会、文化变量进行相应的回归分析，它们都具有较强的统计显著性，且与旅游收入变量存在着多重共线性，这充分显示，这些变量不仅对旅游产业发展产生了十分重要的影响，还和旅游区的社会福利水平提升息息相关。因此，加强对旅游区的生态、社会、文化环境治理力度是其实现旅游产业高效发展与社会福利提升的基本保障。

第十章

旅游城镇化水平动态演变
及其空间溢出效应研究

第一节　引　　言

中国城镇化发展迅速，城镇化率由 1978 年的
17.92% 跃升至 2021 年的 64.7%，然区域差距显
著、发展不平衡、不充分问题十分突出，如北京城
镇化率达 87.5%，而西藏城镇化率仅 35.73%[①]，
且粗放式城镇化发展模式无法适应转变经济增长
方式内在要求，建设内涵集约和"以人为本"为
核心特征的中国特色新型城镇化将成为中国经济

---

① 国家统计局. 中国统计年鉴：2021 [M]. 北京：中国统计出版社，2022.

高质量增长的迫切需求（赵磊，2020）。与此同时，随着我国社会经济的快速发展，旅游业成为中国国民经济的支柱产业，2019 年中国旅游总收入达到 6.63 万亿元，2020 年以来虽受到新冠肺炎疫情重创，2021 年仍达到 2.92 万亿元。[①] 旅游业逐步成为推动区域经济协调发展的重要力量，具有"低排放、低污染"特征的旅游业与城镇化深度融合，将城镇化推向一个新高度——旅游城镇化，具有高起点、跨越式发展等特点。欠发达地区依托丰富旅游资源与持续改善的交通条件，旅游业逐步成为支撑区域经济发展的重要产业，旅游城镇化加速提质升级，对社会经济发展的积极影响成效显著。在旅游业发达地区，旅游人数增加与城镇化规模加速提升，对生态环境提出更高要求，旅游城镇化给区域社会经济发展带来更多机遇与更大挑战，业已成为区域发展的重要推动力（麻学锋，2018）。

促进区域协调发展是中共十九大确定的国家七大战略之一，也是国民经济与社会发展"十四五"规划中区域发展的主基调，而缩小区域差距是实现区域协调发展的应有之义（肖金成，2019）。旅游城镇化可通过推动新型城镇化发展进而促进经济高质量增长。倘若旅游城镇化水平地区差距过大，势必会影响区域整体协调发展。因此，推动不同地区旅游城镇化协同发展是实现区域协调发展的重要举措，研究不同地区旅游城镇化实际发展水平、揭示其时空动态演变过程及其空间溢出效应具有极强的现实意义。中国旅游城镇化实际发展水平如何？是否存在空间相关性？其动态演变具有什么规律及特征？旅游城镇化发展水平本身是否存在外溢性？受到哪些因素影响？在考虑空间溢出效应后，影响因素是否会发生变化？这些问题都有待深入研究与探讨。

目前，国内外学者针对旅游城镇化已开展了大量研究，主要研究成果如下：首先，从研究内容来看，大多围绕着旅游城镇化的内涵、模式、驱动机

---

① 中华人民共和国文化和旅游部．中国旅游统计年鉴：2021［M］．北京：中国旅游出版社，2022.

制、特征、外在影响等方面展开。自穆林（Mullin，1991）首次提出旅游城镇化概念以来，旅游城镇化逐渐成为国内外学者和各级政府共同的研究热点，但针对旅游城镇化这一概念至今尚未形成共识，主要存在两种主流观点，第一种观点强调旅游的作用，持该观点的学者认为旅游城镇化是旅游活动向城镇集聚发展的动态过程，在这一过程中人口、资本及物质等生产要素不断向旅游依托地区积聚和扩散，进而带动城镇地域空间扩张、城镇规模扩大、城镇质量提升（黄震方，2001）；另一种观点则更强调城镇的作用，这部分学者认为地方政府出于地区综合实力提升、配套基础设施升级及生态环境全面修复等原因，城镇应强化其经济、文化、交通、政治等核心功能，并以此为基础提升其旅游功能，城镇自身旅游功能不断被挖掘并且获得广泛认同，在后续城镇的规划、建设及管理等方面逐渐向旅游产业发展倾斜，城镇的旅游"化"倾向成为不可阻挡的必然趋势（朱竑，2006）。与概念界定相对应，可将旅游城镇化划分为资本驱动型旅游城镇化与资源驱动型旅游城镇化两种基本类型（Schofield，1996）。

从驱动因素来看，不少学者提出地区资源丰富程度、资本及市场是促进或制约旅游城镇化发展的基础性和显著性因素（李柏文，2012；Gladstone，1998），值得一提的是，在以往的研究中，针对驱动因素的分析大多基于样本相互独立这一假设，忽略了旅游城镇化发展的空间相关性，未将空间效应纳入回归模型中；且针对旅游城镇化驱动因素（崔凤军，1998；王新越，2017；熊建新，2020；甄翌，2020）方面已有研究成果颇多，但对旅游城镇化的空间溢出效应研究还鲜有涉及。从特征来看，旅游城镇化除存在旅游就业迅猛增长、季节性雇用、就业层次较低等共有特征外，还会由于地区间的城镇性质、城镇规模、旅游产业成熟度等方面的不同而出现差异化特征（刘敏，2015）。而旅游城镇化的外在影响主要体现在人口、地区产业结构、土地利用及环境等方面（王冬萍，2013）。随着旅游城镇化的深入推进，环境问题日益凸显，研究重点开始聚焦于这一进程中所引致的生态环境问题，部分学者就旅游产业、城镇化及生态环境三者间交互耦合协调关系进行了探讨（向丽，2017；胡振鹏，2015），或引入不可转移生态足迹（甄翌，2020）、旅游环境承载力模型（崔凤军，1998）等反映旅游目的地在发展旅游城镇化过程中所承受的生态压力。

其次，从具体研究方法来看，王新越等（2017）在产业结构演变的城镇化响应系数基础上，进一步构建了旅游城镇化响应系数，并采用变异系数、相对发展率、静态不平衡差等指标，探究分析了旅游城镇化发展的时空差异；熊建新等（2020）则引入耦合协调度模型，以洞庭湖为例实证测度了区域旅游产业发展、城镇化及生态环境三者之间的耦合协调度；甄翌（2020）在活跃性概念的基础上提出了"旅游城镇化驱动活跃性"，并建立驱动活跃性指数模型分析了旅游城镇化驱动活跃性的变化规律特征，且进一步探究了其影响因素；熊建新（2020）利用 ArcGIS 软件，从地理空间演变格局视角分析了旅游城镇化发展的时空分异格局并厘清了其演化机理；张若曦（2020）运用主成分分析、回归分析等方法对不同尺度下中国区域和地级市旅游城镇化水平及其空间分异开展实证探究；王靓等（2021）在城镇化评价体系基础上，引入旅游业相关指标以突出旅游发展对地区城镇化的驱动作用，构建旅游城镇化综合评价指标体系，运用熵权法对不同评价指标进行权重赋值，并实证测算了旅游城镇化发展水平。

最后，从具体研究对象看，对连片区域的旅游城镇化研究，如以鄱阳湖地区（胡振鹏，2015）、洞庭湖区（熊建新，2020）、长江经济带（邓宗兵，2019；周成，2016；孙长城，2021）、皖南地区（荣慧芳，2019）、湘西地区（麻学锋，2018）为研究对象，对其旅游城镇实际发展水平、不同区域间的差异或内在耦合协调关系进行深入研究；或以典型旅游省、市、县为实证研究对象，如云南（赵书虹，2020；彭邦文，2016）、张家界（麻学锋，2019）、桂林（朱竑，2016）等地的旅游城镇化相关问题也是研究的热点。

综述国内外相关研究，不同学者针对不同研究对象，运用不同方法在旅游城镇化内涵、模式、驱动机制、特征、外在影响等方面取得了较为丰富的研究成果，从而为本研究奠定了坚实基础，但对于旅游城镇化内在运行机理、综合评价指标体系构建、实证测度、动态演变及其空间溢出效应等方面研究还有待深入。正基于此，本书首先在明晰旅游城镇化概念、厘清旅游城镇化内在运行机理基础上构建旅游城镇化多元评价指标体系，并利用熵值法实证测度其发展水平；其次，运用 Kernel-Density 估计方法探究旅游城镇化水平动态演变过程；再次，在明确旅游城镇化驱动因素及厘清旅游城镇化空间溢出效应产生机理基础上，引入空间杜宾模型探究旅游城镇化空间溢出效应；最后，基于中国 31 个省份 2000～2019 年旅游城镇化的面板数据，对全国及 31 个省份旅游城镇化水平、动态演变规律及特征开展实证研究，验证旅游城镇化发展本身是否存在区域间的外溢性，考察控制变量对本区域和邻近区域旅游城镇化水平分别产生何种影响，以及在考虑空间溢出效应后，其影响因素是否会发生变化，从而为旅游城镇化相关政策的制定和有效实施提供一定经验支持和决策依据。

第二节　理论基础、研究方法与数据来源

一、旅游城镇化的运行机理、评价指标及其动态演变评价方法

（一）旅游城镇化运行机理

旅游城镇化是以满足消费及享乐为目的，以城镇化为依托、生态环境为保障、旅游业为主导驱动而形成的一种特殊城镇化形态，在其发展过程中，旅游产业向城镇不断集聚，城镇后续建设向旅游需求逐渐倾斜，生态环境作

用程度日益凸显，部分地区实现由旅游客源地向旅游客源地及旅游目的地双重身份的转变。作为由旅游产业、城镇化及生态环境三个子系统共同构成的复合系统，要素间相互影响、相互制约、相互促进（崔凤军，1998；王新越，2017；熊建新，2020；张若曦，2020）；借助系统分析方法来阐明旅游城镇化运行机理，能更好地把握旅游城镇化整体结构和动态演变脉络（见图 10 − 1）。

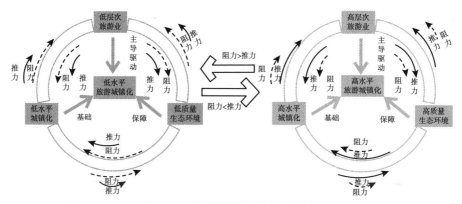

图 10 − 1　旅游城镇化内在运行机理

在旅游城镇化这一复合系统中，旅游产业是旅游城镇化发展的主导驱动，旅游业凭借其自身低污染、高起点、高回报、高产业关联度等特点，成为地区在发展旅游城镇化过程中的支柱产业之一，并且在旅游资源丰富地区，其支柱性作用更为显著。城镇化是旅游城镇化发展的基础，首先，旅游城镇化是在城镇化基础上由旅游驱动而形成的一种城镇化特殊形态，倘若没有城镇化的基础条件作为支撑，地区旅游城镇化发展将面临发展起点低、发展速度慢、发展经验不足等问题。其次，旅游目的地在城镇化过程中，会在交通、设施、生态等方面主动迎合旅游城镇化的发展（王靓，2021），进行相应的"旅游化"建设以满足与日俱增的旅游需求；生态环境是旅游城镇化实现可持续高质量发展的保障，不应将旅游城镇化仅仅视为旅游产业和城镇化二者的机械组合，还应关注生态环境在区域发展旅游城镇化进程中所提供的自然资源和物质资源，生态环境不仅孕育着旅游资源，提升区域旅游吸引力，更在一定程度上保障了旅游城镇化的发展质量，此外，旅游城镇化发展在一定程度上修复并展示了地区生态环境，但对于这一进程中可能引致的生态环境问题也应给予足够重视。总之，无论是旅游产业欠发达区域，还是城镇化基础薄弱区域，抑或是生态环境脆弱区域，旅游城镇化发展都会存在短板效应，进而阻碍其水平提升。

三个子系统除对旅游城镇化产生直接影响外，还通过彼此间相互作用进而产生间接影响，促进旅游城镇化由低水平向高水平发展。由于三个子系统并非简单直接关系，相互间既产生积极影响，又产生消极影响，可以从推力与阻力角度深入阐述旅游城镇化内在机理的动态演变。在旅游城镇化发展初期，旅游业发展、城镇化水平及生态环境质量都相对较低，形成"低水平旅游城镇化"，此时旅游城镇化内在要素阻力大于要素推力，要素间发展失衡。由于旅游业处于起步阶段，在发展经验、资金及技术支撑等方面都存在欠缺，区域旅游发展面临旅游要素缺乏、旅游绩效不高、旅游人力资本存量不足等问题，快速增加的外来人口流动带来社会治理隐患，外来文化对本地文化产生冲击，对生态资源的无计划开发，破坏地区生态环境，加大生态环境压力；城镇化为追求人口、经济、土地、社会等方面由农村向城镇的进一步转化，过度追求旅游资源的商业价值变现，从而挤占生态环境的地域空间并降低地区生态环境质量；此外，由于地区相应"旅游化"设施不足或缺乏市场前期积累，旅游供需出现阶段性不匹配；发展初期，由于资金、技术、人才等因素限制，地区生态环境禀赋本就不高，生态环境响应程度偏低，加上旅游和城镇化发展带来的环境压力，生态环境在很大程度上限制地区的旅游承载力、阻碍旅游发展规模及速度、放缓城镇化进程。

随着社会经济的发展，人们收入水平大幅提高，需求欲望向高层次发展，对旅游业、城镇化及生态环境发展提出更高要求，促使阻力弱化、推力提升，要素间不断实现协调均衡，旅游城镇化内在要素阻力小于要素推力，向高水平旅游城镇化发展。从旅游业子系统看，更高的经济发展水平拥有更加丰富的旅游要素、足量的旅游人力资本、强有力的资金及技术支撑、更高的旅游绩效，加速地区经济发展，实现产业升级。旅游就业门槛低、需求大，城乡交流互动多，可提升地区就业吸纳能力、缩小城乡差距、促进城镇功能结构向多元化发展，促进旅游目的地人口、经济、土地、社会城镇化的进一步转换，提升地区生态环境禀赋及加强旅游目的地生态环境响应，提高社会整体环保意识；从城镇化子系统看，城镇化水平的提高，刺激了潜在旅游消费需求产生，促进了旅游业与相关产业深度融合，且旅游目的地后续的城镇规划和建设也逐渐向旅游及生态环境倾斜，为其提供了政策支持；从生态环境子系统看，城镇化水平提升和旅游业发展不仅提升旅游目的地生态环境禀赋和生态环境响应，还缓解地区生态环境压力，且经济发展水平提升，使社会主体对生态环境提出更高要求，高质量生态环境要素又反哺地区旅游业及城镇化发展，提升地区居住适宜性，增强旅游吸引力，提升旅游业可持续发展能力。

（二）旅游城镇化评价指标构建

从旅游城镇化内在运行机理看，旅游城镇化内涵、外延及其演变动力因素与阻力因素，完全体现在旅游业、城镇化、生态环境内在子系统要素相互影响、相互联系、相互协作之中。故为合理构建旅游城镇化评价体系、科学评价其动态演变，必须综合考虑旅游业、城镇化和生态环境三大子系统的内在要素及内在结构优化。基于此，本研究以旅游城镇化运行机理为依据，参考相关研究成果（熊建新，2020；王靓，2021；邓宗兵，2019），以《中共中央 国务院关于加快推进生态文明建设的意见》为指导，依据《国家新型城镇化规划（2014—2020年）》的新型城镇化评价框架，遵循科学性、可得性、可比性、典型性等基本原则，充分考虑中国旅游业、城镇化和生态环境实际发展情况，并结合现有统计体系和统计资料，且为避免人为地造成各子系统权重失衡，从旅游产业、城镇化及生态环境各选取 8 个代表性指标构成综合评价指标体系。其中，旅游业从旅游规模、旅游效益 2 个维度选取指标，旅游规模体现在旅游人次、旅游人力资本、旅游物力资本方面；旅游绩效则体现为旅游产业的收益情况；城镇化参考大多学者观点从人口、经济、土地、社会城镇化 4 个维度选取指标；生态环境则从环境保护、环境压力 2 个维度进行指标选取（见表 10 – 1）。

表 10 – 1　　　　　　　　　　旅游城镇化综合评价指标体系

目标层	准则层	指标层	属性	权重
旅游产业	旅游规模	国内旅游人次（万人次）	正	0.043
		入境旅游人次（万人次）	正	0.041
		限额以上住宿从业人员	正	0.039
		限额以上餐饮从业人员	正	0.044
		星级饭店客房数	正	0.040
	旅游绩效	国内旅游收入（万元）	正	0.039
		国际旅游外汇收入（万美元）	正	0.042
		旅游收入占 GDP 比重（%）	正	0.041
城镇化	人口城镇化	城镇人口比重（%）	正	0.044
		第二、第三产业从业人口比重（%）	正	0.045
	经济城镇化	第二、第三产业产值占 GDP 比重（%）	正	0.045
		城镇居民人均可支配收入（元）	正	0.044
	土地城镇化	建成区面积占辖区面积比重（%）	正	0.039
		人均城市道路面积（平方公里）	正	0.044
	社会城镇化	千人拥有卫生技术人员数（人）	正	0.044
		人均拥有公共图书馆藏量（册）	正	0.043
生态环境	环境保护	环境污染治理投资占 GDP 比重（%）	正	0.041
		生活垃圾无害化处理率（%）	正	0.043
		水资源总量（亿立方米）	正	0.044
		森林覆盖率（%）	正	0.034

目标层	准则层	指标层	属性	权重
生态环境	环境压力	人均用水量（立方米/人）	负	0.044
		工业废水排放量（万吨）	负	0.028
		地区 GDP 增速（%）	负	0.044
		二氧化硫排放总量（吨）	负	0.044

注：受数据可获得性限制，旅游从业人数选取餐饮及住宿从业人数部分代表整体；为体现特殊年份影响星级饭店客房数用星级客房实际出租率进行处理；在选取生态环境指标时，部分指标发展趋势与已选取指标相同的未加以选择。

（三）旅游城镇化水平及动态演变的评价方法

1. 熵值法

在确定各指标权重时，主要有主观赋权和客观赋权两种方法，前者过于依赖主观判断，故本研究选用客观赋权中的熵值法来进行数据处理，通过信息熵原理来确定旅游产业、城镇化、生态环境及旅游城镇化各指标的权重并测算其实际发展水平，客观真实地反映研究对象。本研究数据来源为省际面板数据，为实现不同年份间比较，借鉴杨丽，孙之淳（2015）等学者的研究方法，加入时间变量，对熵值法进行相应的改进，保证分析结果的合理化。

2. Kernel-Density 估计

本研究采用非参数估计的 Kernel-Density 估计对旅游城镇化发展动态演变趋势进行分析。该方法对模型依赖性较弱且具有良好的统计性质，可利用连续密度函数曲线实现对随机变量分布形态的描述（Kemp，1987）。

$$f(x) = \frac{1}{Nh}\sum_{i=1}^{N} K\left(\frac{X_i - x}{h}\right) \qquad (10-1)$$

在式（10-1），$f(x)$ 表示旅游城镇化水平密度函数，N 表示观测值个数，$K(.)$ 为核函数，X_i 表示独立同分布的观测值，x 为均值；h 为带宽，其值越大，在 x 附近邻域越大，函数曲线越光滑，估计精度也会随之降低，因此，为保证核密度曲线的优美应选择较小的带宽。

$$\begin{cases} \lim\limits_{x \to \infty} k(x), \ x = 0 \\[2ex] k(x) \geqslant 0; \ \int_{-\infty}^{+\infty} k(x)\,\mathrm{d}x = 1 \\[2ex] \sup k(x) < +\infty; \ \int_{-\infty}^{+\infty} k^2(x)\,\mathrm{d}x < +\infty \end{cases} \quad (10-2)$$

核函数是一种加权函数，一般要满足上述条件，主要包括三角核函数、四角核函数、高斯核函数、Epanechnikov 核函数等。本研究选择 Gauss 核函数测度中国旅游城镇化的绝对差异，并运用核密度估计曲线对中国旅游城镇化的分布动态和演变趋势进行直观展示，具体分析其时序演变趋势的分布位置、形态及其延展性等特性。其中，分布位置反映旅游城镇化水平的高低；分布形态反映旅游城镇化水平区域差异大小及极化程度，具体而言，差异大小由波峰高度和宽度表征，空间极化程度由波峰数量反映（师博，2021）。

二、旅游城镇化空间溢出效应的产生机理及其评价方法

（一）旅游城镇化空间溢出效应的产生机理

旅游城镇化空间溢出效应是指在区域间存在空间相关性这一假设前提下，本区域影响因素不仅对本区域旅游城镇化产生作用，还会对周边地区旅游城镇化发展产生作用，即带来示范效应、规模效应、"搭便车效应"等正向空间溢出效应（严立冬，2021），或"吸虹效应"等负向空间溢出效应。旅游城镇化空间溢出效应产生的内在机理如下：首先，随着旅游城镇化的发展，本区域的社会、经济、文化、生态因素产生聚集效应，从而会对自身旅游城

镇化产生正向或负向影响，而这一影响进一步对周边区域旅游城镇化产生正向或负向传导效应（溢出效应 a）；其次，本区域的社会、经济、文化、生态因素会直接对邻近区域旅游城镇化产生一定程度的正向或负向影响（溢出效应 b）；最后，本区域的社会、经济、文化、生态因素还可通过影响周边地区同类型的各种内生变量，进而通过周边地区内生变量对周边地区旅游城镇化产生正向或负向影响（溢出效应 c）。在进行空间效应分析时，除溢出效应外还存在直接效应，直接效应则指本区域的社会、经济、文化、生态因素对本区域旅游城镇化所产生的影响之和，直接效应产生路径也有两条：首先是本区域的社会、经济、文化、生态因素直接对本区域旅游城镇化的正向或负向影响（直接效应 a）；其次是本区域的社会、经济、文化、生态因素促进或阻碍相邻区域旅游城镇化发展进而对本区域旅游城镇化所产生的正向或负向反馈效应（直接效应 b）。直接效应与间接效应两者加总效果则是总效应，表示各社会、经济、文化、生态因素对整体旅游城镇化的总体影响（王凯，2022）。

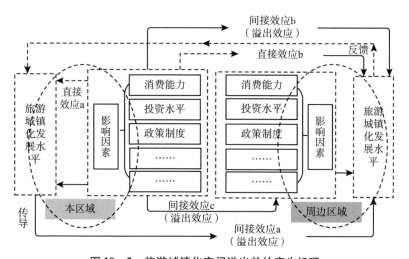

图 10 - 2　旅游城镇化空间溢出效的产生机理

（二）旅游城镇化空间溢出效应评价方法

1. 空间相关性分析

本研究利用空间计量模型评价旅游城镇化的空间溢出效应，在开展分析之前，需先对研究对象进行空间相关性检验。在旅游城镇化发展过程中，资源的流动及交换在区域间不可避免地产生，从而一个地区的旅游城镇化发展往往会在一定程度上对其他地区产生影响，显现出显著的空间溢出效应，且空间溢出效应的强烈程度会随区域间距离远近而发生相应变化，距离越近则表现越强烈。通常用莫兰指数（Moran's I）来检验变量空间依赖程度的大小，分析系统整体的数据分布特征（邓宗兵，2020），公式如下：

$$I = \frac{n \sum_{i=1}^{n} \sum_{j=1}^{n} W_{ij}(x_i - \bar{x})(x_j - \bar{x})}{\sum_{i=1}^{n} \sum_{j=1}^{n} W_{ij} \sum_{i=1}^{n} (x_i - \bar{x})^2} = \frac{\sum_{i=1}^{n} \sum_{j=1}^{n} W_{ij}(x_i - \bar{x})(x_j - \bar{x})}{S^2 \sum_{i=1}^{n} \sum_{j=1}^{n} W_{ij}}$$

$$(10-3)$$

2. 空间溢出效应实证计量模型构建

托布勒（Tobler）的地理学第一定律指出所有事物与其他事物之间均存在一定的关联关系，且较近的事物相对于较远的事物其关联性更强（Tobler，1970）。同理，旅游城镇化各要素在地区间的流动并非相互独立的，某个地区旅游产业、城镇化水平、生态环境质量可能会受其他地区影响。因此，在设定模型时，倘若忽略各省份之间的空间关联性，采用传统计量回归方法进行分析，可能会造成模型设定错误进而导致估计结果出现偏差。故本书引入空间计量方法，综合考虑空间关联性因素，重新审视各省份旅游城镇化发展水平及其影响因素，深层次探讨其中机理。目前，空间计量模型依据空间交互效应的不同可分空间滞后（SAR）、空间误差（SEM）及空间杜宾（SDM）

模型。其中，空间杜宾模型是空间滞后和空间误差的一般形式，且同时具备空间自相关和空间交互效应的研究优点。基于此，本研究设定的基础模型如下：

$$f(x_{it}) = \alpha + \rho W_{ij} f(x_{it}) + \beta X + \theta W_{ij} X_{it} + \mu_i + \lambda_t + \varepsilon_{it} \quad (10-4)$$

其中，$f(x_{it})$ 表示表示 i 地区 t 时期旅游城镇化水平，ρ 和 θ 分别为因变量、自变量空间滞后回归系数，β 解释变量回归系数，X_{it} 为一组自变量，即旅游城镇化的影响因素，W_{ij} 为空间权重矩阵，本书选取邻接矩阵来开展研究，μ_i 和 λ_t 分别为空间固定效应和时间固定效应，ε_{it} 表示随机干扰项，倘若 $\theta = 0$，$\rho = 0$ 且 $\beta \neq 0$，为空间误差模型（SEM），反映误差项空间交互效应；若 $\theta = 0$，$\beta = 0$ 且 $\rho \neq 0$，则为空间滞后模型（SAR），以测度因变量之间的内生空间交互效应；当 $\beta \neq 0$ 且 $\theta \neq 0$ 时，模型为一般的空间杜宾模型（SDM），同时包含内生及外生空间交互效应。具体模型选择需根据 Wald 检验和 LR 检验结果来加以判断。

在具体自变量选取时，参考已有研究成果，结合数据可得性与完整性，选取如下变量作为影响因素，选择依据如下：①消费能力用社会消费品零售总额衡量。消费作为生产最终目的，消费能力提升可带动人口、资金等要素流动，激发市场潜在需求，形成更高层次消费，提升地区旅游城镇化发展潜力。②交通条件用交通运输、仓储和邮政业增加值反映。交通运输的便利快捷程度是衡量旅游业发展现代化的主要标志（王兆峰，2013），交通发展水平与旅游业集中程度、城镇化发展速度呈正相关关系，交通越发达越能推动旅游城镇化发展（张涛，2003）。③旅游吸引力用旅游总人次表征。旅游城镇化主要依靠旅游资源发展旅游产业来推动人口及产业集聚，促进城镇空间扩张及重构（王恩旭，2016），在这一进程中旅游资源吸引力大小至关重要。④政策制度用财政支出表征。一方面，政府通过行政手段及制度规划给予一定政策扶持，以监管者身份引导和保障旅游城镇化实现健康发展（张涛，2003）；另一方面，也可能因为政府不恰当干预引发投资过度进而整体资本回报率降低、市场机制失灵、资源未能实现充分利用等问题,阻碍旅游城镇化发展(赵善梅,2018)。⑤投资水平用全社会固定资产投资表征。资本介入对旅游城镇化形成与发展过程中的基础设施建设、旅游资源的前期挖掘及旅游产品的打造等均尤为重要(刘姗,2020)。

三、研究对象与数据来源

本研究以中国 31 个省份为研究对象,以 2000~2019 年为时间段构建省级面板数据。数据主要源于各省份的统计年鉴,以及《中国统计年鉴》《中国能源统计年鉴》《中国旅游统计年鉴》《中国环境统计年鉴》《中国旅游统计年鉴》和国民经济发展公报等。对极少数省份个别年份缺失的基础数据采用加权平均法、插值法等进行赋值补缺。

第三节　实证分析结果

一、旅游城镇化水平测度及动态演变特征

本研究根据上述测算方法,基于旅游城镇化综合评价体系测算出 2000~2019 年全国及各省份旅游城镇化水平,主要结论如下:

(1)从全国层面看,中国旅游城镇化发展水平由 2000 年的 0.225 上升到 2019 年的 0.415(见图 10-3),在观测期内呈现出持续快速上升的趋势,旅游城镇化建设卓有成效,但增长速度表现出明显的阶段性特征,受到旅游产业、城镇化、生态环境三个子系统的相互制约、相互影响、相互促进,其动态演变特征及其原因如下:第一,旅游城镇化在 2000~2002 年增速较慢,该

时期中国旅游产业及城镇化子系统虽有一定程度增长，分别由 2000 年的 0.074、0.320 增加到 2002 年的 0.086、0.333，但此时生态环境子系统正处于"环境库兹涅茨曲线"初期，即这一阶段旅游城镇化更注重发展提速，忽视了发展质量进而也忽视了生态环境保护，从而生态环境质量随旅游城镇化进程不断恶化，由 2000 年的 0.276 下降到 2002 年的 0.274。第二，在 2003 年，旅游城镇化增速进一步放缓，原因在于在生态环境继续恶化的同时，旅游产业在 2003 年受"非典"疫情影响，国内外旅游人次及旅游收入均出现一定程度减少，导致大量省份旅游产业水平发生倒退，全国整体旅游产业水平增速大大降低，由 2002 年的 9.29% 下降至 2003 年的 0.27%，发展水平由 2002 年的 0.0865 增加至 2003 年的 0.0867，增值接近于 0，城镇化此时也未出现较大幅度增长，因此对旅游城镇化水平增长未起到明显提速作用。第三，在 2004～2005 年旅游城镇化增速又加快，原因在于"非典"疫情结束后的 2004 年，旅游产业增速达到 19.96%，为观测期内增速最大值，在 2005 年旅游产业增速为 11.41%，且在 2005 年城镇化增速也达到观测期最大值 7.96%，因为当年中国人口城镇化增速大幅度提升，其增速相较上年提升超过 10%。第四，2006 年旅游城镇化增速又放缓，原因在于旅游产业、城镇化水平增速放缓的同时，生态环境仍在继续恶化，该年的旅游产业，城镇化增速分别为 9.76%、2.59%，生态环境降幅为 1.82%，旅游产业虽增长速度仍较快，但由于实际值偏小，故增值不大，从而旅游城镇化整体增速放缓。第五，2008 年发生的国际金融危机，导致不少省份来华旅游人次大幅减少造成地区旅游产业增速放缓，中国旅游产业整体增速由前一期的 9.76% 下降至 5.97%，但此时的城镇化处于稳定增长阶段，而生态环境由于经济发展已到"环境库兹涅茨曲线"所揭示的临界点或者说"拐点"，地区环境质量逐渐得到改善，生态环境处于快速增长阶段，发展水平由前一年的 0.281 上升至 0.296，故金融危机对旅游城镇化水平增速影响不大，其发展比较平稳。第六，在 2011 年生态环境指数增速放缓，仅为 0.13%，原因在于 2011 年作为

"十二五"的开端,为实现"十二五"时期经济社会发展的良好开局,促进经济长期的平稳快速发展,工业发展提速,全国规模以上工业主营业务收入较上年增长27.2%,与此相应的工业废水排放量也出现大幅度增长,进而生态环境质量提升速度明显放缓,但旅游产业、城镇化还处于平稳增长阶段,增速分别为7.87%、3.19%,故旅游城镇化增速较前一期仅稍稍放缓。第七,2013年出台"八项规定""六项禁令"致使公务旅游消费急剧下降,商务旅游消费明显放缓或增速放缓,该年星级酒店实际出租率明显下滑,对旅游业发展造成较大负面影响,旅游产业增速在该年及后两年增速均明显放缓,增速由2012年的7.06%下降至2013年的4.98%,2014年及2015年增速分别下降至2.15%、2.14%,此时城镇化及生态环境均处于平稳增长阶段,故旅游城镇化增速也受到一定程度影响,其当年增速及后两年增速均放缓,分别为4.51%、2.23%和2.02%。第八,2015年开始,后期旅游城镇化增速又加快,原因在于2015年举办世界旅游互联网大会,以"旅游+互联网"为主要特点的"智慧旅游"成为新的经济增长点,旅游产业开始进入新的发展阶段,其增速大幅提升,2016年旅游产业增速达7.68%,此时城镇化及生态环境增速均较为平稳,故旅游城镇化也开始进入快速发展阶段(见图10-3)。

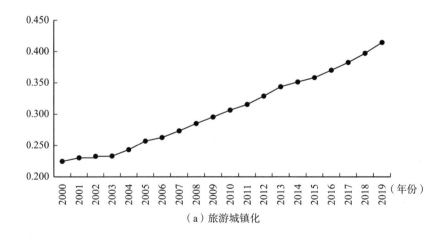

(a)旅游城镇化

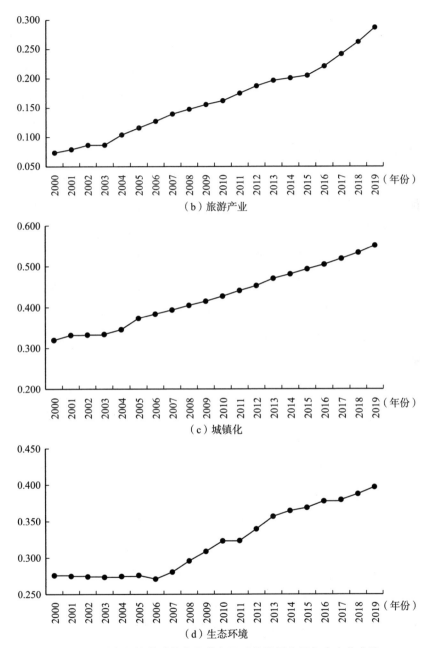

（b）旅游产业

（c）城镇化

（d）生态环境

图 10 - 3　中国旅游城镇化及其各子系统发展水平年度变化曲线

（2）从省份层面看（见表10-2），第一，各省份旅游城镇化发展趋势同区域层面基本保持一致，均呈上升趋势，但增长速度在旅游城镇化发达省份和旅游城镇化欠发达省份间存在区别。具体而言，旅游城镇化发达省份如北京、广东、浙江等旅游城镇化增速是一个缓慢递减的过程，即期初发展迅猛，但由于基础较好积累到一定程度达到临界点之后，后期增速开始下降；而旅游城镇化相对欠发达地区则刚好相反，其增速是一个逐渐提升的过程，在期初发展基础差、底子薄、缺乏经验从而旅游城镇化增速较慢，随着旅游城镇化进程深入，后期增速逐渐提升。第二，从演变过程看，省份之间旅游城镇化不均衡性总体上大大缩小。在期初有 67.8% 的省份旅游城镇化水平处于 0.201~0.300 区间，仅上海和北京发展水平处 0.301~0.400 区间，还有少部分省份为旅游城镇化欠发达地区，如新疆、甘肃等 7 个地区发展水平仅在 0.101~0.200 区间段，说明各省份旅游城镇化发展极不均衡，省份间差距较大。至 2007 年，旅游城镇化水平仅甘肃、新疆两个省份位于 0.101~0.200 区间，处于 0.201~0.300 区间段的省份越来越多，天津、上海、江苏、浙江、山东 5 个省份旅游城镇化水平达到 0.301~0.400 区间段，而广东（0.410）、北京（0.430）已经突破 0.400 关口，但此时，旅游城镇化最发达地区仍是北京。至 2013 年，已无省份旅游城镇化水平位于 0.101~0.200 区间段，大多省份位于 0.301~0.400 区间段，上海、江苏、浙江、山东 4 个省份旅游城镇化水平也达到了 0.401~0.500 区间段，此时，最发达的省份已经由北京（0.500）转移至广东（0.517）。发展至 2019 年，31 个省份旅游城镇化水平整体以 0.401~0.500 区间为主，占比达 51.61%，小部分省份位于 0.301~0.400 区间段，而北京、浙江其水平也相继达到 0.501~0.600 区间，此时最发达省市仍为广东，达到 0.590。

（3）为更直观揭示旅游城镇化空间动态演变，刻画其动态演变规律，运用核密度估计对中国旅游城镇化整体形态及变化进行可视化描述。根据曲线图分布位置、分布形态、分布延展性及波峰数量，对旅游城镇化变化特征进

表 10 - 2 各省份主要年份旅游城镇化发展水平

省份	2000 年	2007 年	2013 年	2019 年
北京	0.323	0.430	0.500	0.535
天津	0.286	0.318	0.384	0.415
河北	0.191	0.245	0.317	0.403
山西	0.203	0.252	0.335	0.418
内蒙古	0.171	0.223	0.318	0.367
辽宁	0.246	0.291	0.368	0.401
吉林	0.209	0.233	0.280	0.370
黑龙江	0.210	0.221	0.295	0.335
上海	0.315	0.391	0.423	0.471
江苏	0.270	0.340	0.426	0.479
浙江	0.285	0.381	0.462	0.519
安徽	0.207	0.237	0.339	0.415
福建	0.241	0.298	0.371	0.460
江西	0.235	0.260	0.331	0.438
山东	0.248	0.331	0.414	0.463
河南	0.205	0.254	0.316	0.399
湖北	0.225	0.249	0.334	0.397
湖南	0.199	0.267	0.339	0.427
广东	0.276	0.410	0.517	0.590
广西	0.222	0.245	0.331	0.449
海南	0.227	0.240	0.299	0.343
重庆	0.212	0.258	0.326	0.398
四川	0.225	0.279	0.359	0.446
贵州	0.165	0.217	0.292	0.431
云南	0.221	0.275	0.331	0.434

省份	2000 年	2007 年	2013 年	2019 年
西藏	0.230	0.246	0.283	0.326
陕西	0.203	0.253	0.343	0.429
甘肃	0.153	0.181	0.239	0.325
青海	0.189	0.224	0.245	0.313
宁夏	0.195	0.230	0.268	0.318
新疆	0.179	0.197	0.269	0.338

行多维描述。其中，分布位置表示旅游城镇化水平高低、分布形态即波峰高度和宽度反映区域差异大小、分布延展性代表旅游城镇化极值地区与其他地区的差距，波峰数量反映旅游城镇化极化程度，实证分析结果如下（见图 10-4）：第一，从密度分布曲线位置看，观测期内中国整体旅游城镇化水平密度分布曲线中心和变化区间均逐渐向右平移，波峰不断向右延绵，这更为直观反映出旅游城镇化发展水平在 2000~2019 年整体呈上升态势，进一步论证了图 10-3 的结论，观测值由期初 0.225 上升到期末 0.415。第二，从主峰分布形态看，中国旅游城镇化整体分布的主峰峰值呈波动下降演变过程，主峰宽度呈"下降"趋势，峰型逐渐由"尖峰"向"宽峰"转变，密度分布曲线水平跨度逐渐扩大，表明在样本期内旅游城镇化集中程度下降，从具体观测值看，2000 年各省份旅游城镇化水平分布在 0.153~0.323 区间段，2019 年旅游城镇化水平则分布在 0.313~0.590 区间段，表明后期旅游城镇化水平分布集中程度有所下降。第三，从分布延展性看，旅游城镇化整体分布曲线一直存在右拖尾现象，原因在于样本期内，各省份旅游城镇化发展水平存在一定差距，个别省份旅游城镇化水平相对较高，如北京、上海、广东等。但值得注意的是，其分布延展性呈"收敛"特征，拖尾期逐渐缩短，说明随着时间的推移，旅游城镇化欠发达地区水平有大幅度提升（例如：贵州

观测期内年均增长率达 5.24% ，内蒙古、广西、甘肃等省份年均增长率均超过 4% ），不断接近旅游城镇化发展平均水平。第四，从波峰数量看，考察期内全国旅游城镇化发展一直呈"多峰"状态，但期初主峰和侧峰间距离相对较大，旅游城镇化发展多极化现象明显，随着时间的推移，主峰与次峰的峰值均逐渐上升，但二者之间距离不断缩小，即旅游城镇化欠发达地区发展速度逐渐加快，极化现象在样本期内一定程度得到缓和。

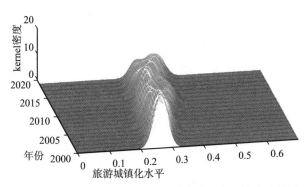

图 10 - 4　2000 ~ 2019 年我国旅游城镇化发展核密度估计

二、旅游城镇化空间溢出效应的实证分析结果

（一）空间相关性分析

为了检验旅游城镇化发展水平是否存在空间效应，本研究运用 Stata 软件对 2000 ~ 2019 年中国旅游城镇化发展进行全局空间自相关系数测算。由表 10 - 3 可知，Moran's I 指数在观测期内介于 0.253 ~ 0.417 之间，均为正值且通过 1% 的显著性水平检验，表明中国旅游城镇化存在显著空间正相关性，即各省份旅游城镇化发展会产生空间交互效应，并非相互独立，一个地区旅游城镇化发展与其他周边地区的旅游城镇化发展存在相关关系，说明我国相继出台的西部大开发战略、中部崛起战略、长三角一体化发展、长江经济带

发展、推进京津冀协同发展等政策的提出与实施，加强了地区间联系，促进了旅游城镇化发展；同时也说明传统研究中样本相互独立这一基本假设与旅游城镇化发展的现实情况并不相符，故下文将引入空间计量模型来进行探究。

表 10 – 3　　　　2000~2019 年我国旅游城镇化全局 Moran's Ⅰ 指数值

年份	I	z	p-value	年份	I	z	p-value
2000	0.417	3.814	0.000 ***	2010	0.261	2.523	0.006 ***
2001	0.347	3.255	0.001 ***	2011	0.320	3.009	0.001 ***
2002	0.309	2.95	0.002 ***	2012	0.324	3.035	0.001 ***
2003	0.253	2.452	0.007 ***	2013	0.278	2.653	0.004 ***
2004	0.269	2.619	0.004 ***	2014	0.258	2.479	0.007 ***
2005	0.322	3.039	0.001 ***	2015	0.263	2.519	0.006 ***
2006	0.292	2.786	0.003 ***	2016	0.275	2.622	0.004 ***
2007	0.306	2.893	0.002 ***	2017	0.294	2.788	0.003 ***
2008	0.315	2.964	0.002 ***	2018	0.300	2.837	0.002 ***
2009	0.298	2.823	0.002 ***	2019	0.301	2.842	0.002 ***

注：*** 为 1% 的显著性，** 为 5% 的显著性，* 为 10% 的显著性。

（二）空间溢出效应计量模型选择

在空间计量模型中，尽管空间杜宾模型 SDM 同时包含了内生及外生空间交互效应，相较于空间滞后模型 SAR 和空间误差模型 SEM 而言更具一般性，但严谨起见，SDM 能否简化为 SAR 或 SEM，还需根据 Wald 检验和 LR 检验结果来进行判断（Burridge，1981）。相关检验及参数估计结果如表 10 – 4 所示。Wald 检验结果显示，SAR 模型和 SEM 模型均在 5% 的水平下通过显著性检验；LR 检验结果也表明 SAR 模型和 SEM 模型均在 5% 的水平下通过显著性检验，即拒绝了 SDM 模型能简化为 SAR 模型或 SEM 模型这一原假设，故

SDM 为最优模型。此外，Hausman 检验通过 1% 显著性水平检验，且时间固定效应和空间固定效应均通过 1% 的显著性检验，故应选择双固定效应模型。综上所述，本研究最终采用双固定效应 SDM 模型来进行分析。

表 10 – 4   **模型适用性检验**

检验方法	统计量	P 值
Wald test spatial lag	13.43	0.0197 **
LR test spatial lag	14.45	0.0130 **
Wald test spatial error	14.84	0.0111 **
LR test spatial error	12.62	0.0272 **
Hausman test	101.76	0.0000 ***
时间固定效应	1154.68	0.0000 ***
空间固定效应	59.33	0.0000 ***
模型选择	双固定效应 SDM 模型	

注：*** 为 1% 的显著性，** 为 5% 的显著性，* 为 10% 的显著性。

（三）空间溢出效应计量模型估计结果

根据上文模型适用性检验结果，接下来将以双固定效应 SDM 模型展开分析，并列出 SAR 和 SEM 模型回归结果作为对比，来保证模型稳健性。由表 10 – 5 可知，各影响因素的回归系数数值虽存在差异，但其作用方向及显著性基本保持一致，分析结果具有很强的稳健性。各影响因素均在一定程度上影响地区旅游城镇化发展。此外，空间自回归系数 ρ 为 0.179，且在 1% 的显著性水平下通过 z 检验，说明旅游城镇化在观测期内存在显著正向空间溢出效应，即本省旅游城镇化水平提升会对相邻省旅游城镇化发展产生积极促进作用，空间及地理因素通过反馈传导机制，对省际旅游城镇化发展起着重要作用，再一次打破了传统研究中样本相互独立这一基本假设，应将空间效应纳入旅游城镇化的计量回归模型中。但需注意的是，勒萨热 LeSage 指出运用点估计直接考察空间溢出效应会存在估计偏误的问题（吴昊玥，2021），其回归系数并不能准确度量并完全反映自变量对因变量所产生的效应，仅能判断其作用方向及显著性水平（王为东，2018），故下文将进一步对空间效应进行分解，借助间接效应、直接效应及总效应来综合反映。

表 10 - 5   旅游城镇化空间溢出效应及其影响因素模型估计结果

变量	SAR	SEM	SDM
$\ln x_1$	0. 123 *** (5. 30)	0. 143 *** (5. 88)	0. 151 *** 5. 92)
$\ln x_2$	0. 0330 ** (2. 74)	0. 0335 ** (2. 83)	0. 0358 ** (2. 96)
$\ln x_3$	0. 0225 *** (3. 33)	0. 0229 *** (3. 46)	0. 0249 *** (3. 61)
$\ln x_4$	− 0. 127 *** (−5. 13)	− 0. 131 *** (−5. 19)	− 0. 126 *** (−4. 89)
$\ln x_5$	0. 0713 *** (6. 38)	0. 0705 *** (6. 20)	0. 0666 *** (5. 89)
$W \times \ln x_1$			− 0. 160 *** (−3. 51)
$W \times \ln x_2$			0. 00911 (0. 35)
$W \times \ln x_3$			0. 0129 (0. 93)
$W \times \ln x_4$			− 0. 0486 (−0. 95)
$W \times \ln x_5$			0. 0479 ** (2. 03)
ρ	0. 169 *** (3. 19)	0. 187 *** (3. 52)	0. 179 *** (3. 15)

续表

变量	SAR	SEM	SDM
Sigma	0.00223 *** (17.70)	0.00224 *** (17.54)	0.00218 *** (17.72)
R²	0.526	0.495	0.112
LogL	1007.9241	1008.8344	1015.1467
AIC	−2001.848	−2003.669	−2006.293
BIC	−1970.84	−1972.661	−1953.137

注：模型括号内为 z 检验值；数据处理由 stata16.0 完成。 *** 为 1% 的显著性， ** 为 5% 的显著性， * 为 10% 的显著性。

(四) 空间溢出效应分析

基于模型估计结果的方差﹣协方差矩阵，对自变量产生的总效应、直接效应以及空间溢出效应（间接效应）进行计算与分解，并具体分析各影响因素的空间溢出效应及直接效应。

（1）从空间溢出效应看，各控制变量回归分析结果如下：消费能力的间接效应系数在 1% 的显著性水平下显著为负，说明本地区消费能力提升对周边地区旅游城镇化发展起阻碍作用，即消费能力存在较为明显的负向空间溢出效应。具体而言，本地区消费能力每提高 1%，将导致周边地区旅游城镇化水平降低 0.155%，其原因可能在于：消费能力往往与一地的收入水平、经济实力、产业结构、社会保障等呈正相关，故本地区消费能力提升可能会对周边地区要素产生"虹吸效应"，从而制约了周边地区旅游城镇化的发展。交通条件和旅游吸引力的间接效应系数虽为正，但未能通过显著性检验，表明本地区交通条件的改善及旅游吸引力的提升主要是促进自身旅游城镇化水平的提升，对周边地区旅游城镇化发展未能产生显著作用。政策制度的间接效应系数虽为负，但未能通过显著性检验，表明本地区的政策制度对周边地区旅游城镇化暂时未产生明显作用，其原因可能在于：在发展过程中地方政府为追求自身利益最大化，本地区实行地方保护主义，造成政策壁垒，人为地割裂了区域间联系，造成资源配置效率低下，最终导致对自身旅游城镇化发展也产生了负向影响。因此，未来应在协调好政府与市场两者关系的前提下，加强区域间的战略合作，为本地及周边地区旅游城镇化的优质协调发展创造良好制度条件。投资水平的间接效应系数为0.069，且通过1%的显著性检验，即本地区投资增加对周边地区旅游城镇化发展起推动作用，本地区因增加投资而带来的生态环境改善、交通网络完善、旅游吸引力的提升等均能对周边地区产生溢出效应进而带动周边地区旅游城镇化发展。

表10-6　旅游城镇化发展影响因素的空间溢出效应、直接效应及总效应

变量	空间溢出效应		直接效应		总效应	
	系数	Z值	系数	Z值	系数	Z值
$\ln x_1$	-0.155***	-3.06	0.146***	5.62	-0.00917	-0.16
$\ln x_2$	0.0176	0.54	0.0359***	2.97	0.0535	1.39
$\ln x_3$	0.0203	1.22	0.0264***	3.83	0.0467**	2.31
$\ln x_4$	-0.0782	-1.39	-0.129***	-5.16	-0.207***	-3.44
$\ln x_5$	0.0689***	2.61	0.0690***	6.48	0.138***	4.85

（2）从直接效应看，各控制变量回归分析结果如下：首先，消费能力的直接效应系数为0.146，且通过了1%的显著性水平检验，说明消费能力的提升在一定程度上可促进本地区旅游城镇化水平提升，消费旺了，经济才会是"一池活水"，同理，只有地区消费能力提升，旅游城镇化才能实现更高水平发展，整体消费能力的提升不仅能增加已有消费者的消费需求，还能激发潜在消费者的消费需求，刺激其追求更高层次消费。交通条件的直接效应系数为正，且通过在1%水平下通过显著性检验，说明交通条件的改善对本地区旅游城镇化发展的直接效应显著为正，两者呈正相关关系。旅游吸引力对本地区旅游城镇化发展的直接效应显著为正，说明地区旅游吸引力越高，旅游

城镇化水平越发达，旅游吸引力对本地旅游城镇化发展有着显著正向影响，这与现实情况也相契合，旅游资源的不可转移性造成了旅游活动的移动性和异地性，进而带动了人口、资金等向旅游目的地的流动，促进地区旅游城镇化向更高水平发展；政策制度的直接效应在1%的显著性水平下为负，说明现有政策制度限制了本地区旅游城镇化的发展，未能给地区发展旅游城镇化创造良好的制度环境，其原因可能在于地方政府的不恰当干预引发投资过度、资本回报率低、市场机制失灵等问题；投资水平对本地区的直接效应在1%的显著性水平下为正，这说明投资力度越大越能推动本地区旅游城镇化向更高水平发展，无论是发展前期旅游资源的挖掘、城镇化基础设施的完善还是发展后期旅游产品的改造升级、生态环境的修复等均离不开资本的支持。综上所述，与表10-5相比，在考虑空间效应分解后，各影响因素对本地区旅游城镇化水平的作用方向及显著性水平未发生明显变化。

第四节 结论及启示

一、结论

本研究在明晰旅游城镇化概念，厘清旅游城镇化内在运行机制的基础上，构建多指标评价体系，运用熵值法对2000～2019年旅游城镇化水平进行测度，并进一步结合核密度估计及空间计量模型对中国旅游城镇化发展水平的动态演变及其空间溢出效应进行探究，主要研究结论如下：

第一，从旅游城镇化的实证测度结果看，中国旅游城镇化建设卓有成效，全国及31个省份旅游城镇化水平在观测期内均呈上升趋势。在全国层面，旅游城镇化水平由2000年的0.225上升到2019年的0.415，年均增长率达

2.72%；同时，旅游城镇化发展作为三个要素系统组合而成的复合体，其发展存在显著的短板效应，某个子系统发展不完善时会对旅游城镇化整体发展水平带来较大的负面影响，且旅游城镇化发展具有明显的脆弱性特征，极易受到社会、经济、政治、自然灾害等外部环境影响，如2003年的"非典"疫情、2008年的国际金融危机、2013年出台的"八项规定""六项禁令"，2015年兴起的"智慧旅游"以及2020年之后新冠肺炎疫情等都让旅游城镇化发展产生了较大的影响。在省份层面，不同地区旅游城镇化水平增速存在明显差异，旅游城镇化发达地区（北京、上海、浙江等）年均增长率较低，增速在期初发展迅猛，但在后期开始大幅度下降，其增速是缓慢递减的过程；而在旅游城镇化欠发达地区（贵州、广西、吉林等）年均增长率反而较高，期初基础差且缺乏经验，故增速较慢，在后期逐渐提升，其增速是一个逐渐提升的过程。

第二，从旅游城镇化演变过程看，在观测期内，中国整体旅游城镇化密度分布曲线中心逐渐向右平移。主峰峰值呈波动下降过程，宽度呈"上升"趋势，峰型逐渐由"尖峰"向"宽峰"转变，密度分布曲线水平跨度逐渐扩大，说明旅游城镇化水平集中程度下降，期初31个省份旅游城镇化水平分布在0.153~0.323区间段，至期末旅游城镇化水平则分布在0.313~0.590区间段。此外，旅游城镇化整体分布曲线一直存在右拖尾现象，但拖尾期逐渐缩短，即随着时间的推移，欠发达地区水平有大幅度提升，不断接近旅游城镇化平均水平。从波峰数量看，全国旅游城镇化在样本期内一直呈"多峰"状态，主峰与次峰的峰值均逐渐上升，但二者之间距离不断缩小，极化现象在后期一定程度得到缓和。

第三，从旅游城镇化发展的空间相关性看，观测期内，全局Moran's I指数值均为正值，介于0.253~0.417之间，即在样本观察期内一直存在较显著空间正相关性，我国相继出台的西部大开发战略、中部崛起战略、长三角一体化发展、长江经济带发展、推进京津冀协同发展等政策的提出与实施，加强了省份间的联系；在局部层面，空间聚类图表明各省份旅游城镇化发展在空间上存在集聚效应，绝大部分省份位于 H-H 和 L-L 集聚板块。

第四，从旅游城镇化发展的空间溢出效应看，首先，中国旅游城镇化发展水平在样本期内存在较为显著的正向空间溢出效应。其次，无论是否考虑空间效应分解，各控制变量均在一定程度影响本地区旅游城镇化水平，且其作用方向及显著性水平未发生显著变化。其中，消费能力、交通条件、旅游吸引力及投资水平对旅游城镇化发展起正向促进作用，而政策制度则对旅游城镇化发展起负向阻碍作用。最后，本地区各控制变量对周边地区旅游城镇化的作用方向及显著性水平各不相同。具体而言，消费能力的间接效应系数在 1% 显著性水平下为负；而交通条件和旅游吸引力的间接效应系数虽为正，但未能通过显著性检验；此外，政策制度的间接效应系数虽为负，但作用程度不明显；而投资水平的间接效应系数则在 1% 的显著性水平下为正。

二、启示

通过理论与实证分析结果，可得到如下几个方面的启示。

第一，注重旅游城镇化内在子系统协调发展。一方面，从理论分析来看，旅游城镇化是由旅游产业、城镇化及生态环境三个子系统共同构成的复合系统，子系统间存在相互影响、相互制约和相互促进的关系；另一方面，从实证分析来看，我国旅游城镇化建设卓有成效，旅游城镇化水平从 2000 年的 0.225 发展至 2019 年的 0.415，但无论是旅游业欠发达阶段还是城镇化基础薄弱阶段抑或是生态环境脆弱阶段，旅游城镇化发展都存在较大短板效应，这说明旅游城镇化单个子系统发展不完善时对旅游城镇化所带来的负面影响不容忽视。因此，城镇发展规划、旅游产业发展规划及生态环境保护与提质三者间，应保证发展思路和发展目标的一致性，以满足旅游目的地当前及未来需求为出发点，注重旅游城镇化整体效能提升，保证旅游城镇化持续高质量发展。

第二，注重旅游城镇化发展过程中旅游业发展模式创新。旅游产业凭借其低污染、高起点、高回报、高产业关联度等特点，成为旅游目的地的旅游城镇化发展的主导驱动力，且在旅游资源丰富地区旅游产业的支柱性作用更为显著；但与此同时，旅游产业还存在较大的脆弱性，极易受到政治、经济、自然灾害等外在因素冲击，进而对旅游城镇化发展也造成一定程度负面影响，这说明旅游城镇化发展也存在脆弱性这一特征。后疫情时代旅游需求持续低迷，应充分认识到"旅游+"这一旅游城镇化发展模式的脆弱性，积极谋求旅游业发展模式创新，一方面，政府部门应多措并举加大对旅游业扶持力度，以保障旅游业后续实现快速恢复和平稳发展，尽可能缩短旅游经济恢复周期。另一方面，旅游业发展主体应依托现有资源禀赋、区位特点等积极寻求创新发展，破解仅依托旅游业的"单腿走路"困局，谨防"旅游资源诅咒"效应（庞世明，2021），向产业适度多元化方向发展，改变以往一味追求"旅游+"模式，注重打造"+旅游"发展模式，以提升地区经济抗风险能力。此外，地区在发展旅游业时还可借助互联网实现数字化旅游，打造数字化旅游产品，构建成熟的旅游危机应对机制，构建旅游高质量服务体系，提高自身竞争力。

第三，注重旅游城镇化区域均衡发展。核密度估计结果表明：旅游城镇化整体分布曲线右拖尾期逐渐缩短，欠发达地区旅游城镇化水平得到大幅度提升，不断接近旅游城镇化平均水平，极化现象在后期得到一定程度的缓和；另外，观测期内旅游城镇化的 Moran's I 指数值均为正值，也就是说旅游城镇化在观测期内存在较为显著的空间正相关性，旅游城镇化区域差异缩小，其原因一方面在于旅游城镇化欠发达地区自身积极谋创新求发展，另一方面在于旅游城镇化空间相关性和溢出效应的存在，旅游城镇化发达地区对周边地区产生辐射带动作用。因此，地区在旅游城镇化进程中不可"孤城而为"，加强地区间联动作用，构建旅游城镇化协同联动机制，充分发挥旅游城镇化发达地区的辐射作用，以点带面、串点成线，促进旅游城镇化相对欠发达地区提质增效；而定位相似的地区之间也可"报团取暖"，联合探索旅游城镇化发展路径，统一部署，形成推进旅游城镇化高质量发展合力，寻求区域一体化发展，争取在更大空间范围内推动中国旅游城镇化整体水平提升，进一步缓解旅游城镇化极化效应。

第四，注重多重因素驱动本地旅游城镇化发展。实证结果表明，各控制变量作用方向及显著性水平对自身旅游城镇化水平的影响在空间效应分解前后均未发生显著变化，故应对驱动旅游城镇化发展的各因素齐抓并举，助力自身旅游城镇化不断向高水平发展。具体而言，要继续提升地区居民消费能力、完善地区交通条件尤其是旅游景区的可进入性、提升地区旅游吸引力打造高级别旅游景点及加大地区投资水平，以进一步发挥这些因素对旅游城镇化水平提升的正向驱动作用；由于现有政策制度对旅游城镇化产生了显著的负向阻碍作用，故应对现有制度环境进行优化，在旅游城镇化发展进程中，既要避免政府的"不作为"又要防止政府的"乱作为"，不断理顺政府与市场两者间的关系，消除"政府万能"或"市场万能"等错误观念，要始终遵循"两条腿走路"的方针，以期实现"有效的市场"和"有为的政府"这一理想状态。

第五，注重发挥旅游城镇化的正向空间溢出效应。地区在制定本地旅游城镇化发展战略时，不仅需考虑相关举措带来的本地效应，还需考虑相关举措由于空间溢出机制而产生的"乘数效应"，综合考虑影响因素在地区间的空间互动关系，探索地区间旅游城镇化发展的合作交流机制，实现地区间的良性互动。如进一步提升旅游吸引力及交通条件的空间溢出效应，这两因素虽存在正向空间溢出效应，但作用程度不明显，故应完善现有交通条件，打造内联外畅的交通网络，增强地区间人才、资本、技术等要素自由流动，提升本地居民和外来游客对交通出行的幸福感和满意度，进一步缩小区域间地理空间距离，在游客出行时间既定条件下实现跨地区旅游；充分发挥投资水平正向空间溢出效应，旅游城镇化发达地区开展投资时应以追求整体利益最大化取代追求地区自身利益最大化的狭隘旅游城镇化发展模式，充分发挥自身示范效应带动周边地区发展，寻求旅游城镇化发展后期规模效应；而旅游城镇化暂时落后地区也应避免一味"搭便车心理"，不能仅依仗周边区域辐射寻求突破式发展，更多应加大投资靠自身实现"弯道超车"；此外，注重消除消费能力负向溢出效应，对旅游城镇化欠发达地区在资金、技术、人才等方面给予强有力的支持，缓解本地区消费能力提升对周边地区所引发的"虹吸效应"。最后，反对地方保护主义，突破政策壁垒加强区域间战略合作并形成相应政策引导，切实提高资源配置效率，为旅游城镇化发展创造良好制度条件，谋求政策制度对周边地区发展的正向溢出效应。

参考文献

一、中文部分

[1] 曹翔，郭立萍．中国旅游业发展导致了资源诅咒效应吗？[J]．旅游学刊，2017（5）：14 – 25．

[2] 岑伟波．中国内地游客对香港的经济影响分析 [J]．当代港澳研究，2013（11）：21 – 34．

[3] 陈明华，岳海珺，郝云飞，等．黄河流域生态效率的空间差异、动态演进及驱动因素 [J]．数量经济技术经济研究，2021，38（9）：25 – 44．

[4] 闫敏．论中国旅游经济增长的特征与及其投入产出分析 [J]．经济与管理，2003（7）：56 – 59．

[5] 崔凤军，刘家明．旅游环境承载力理论及其实践意义 [J]．地理科学进展，1998（1）：86 – 91．

[6] 邓涛涛，刘璧如，马木兰．旅游产业依赖与全要素生产率增长：基于"资源诅咒"假说的检验 [J]．旅游科学，2019，33（1）：1 – 17．

[7] 邓宗兵，何若帆，陈钲，等．中国八大综合经济区生态文明发展的区域差异及收敛性研究 [J]．数量经济技术经济研究，2020，37（6）：3 – 25．

[8] 邓宗兵，宗树伟，苏聪文，等．长江经济带生态文明建设与新型城镇化耦合协调发展及动力因素研究 [J]．经济地理，2019，39（10）：

78 - 86.

[9] 丁玮蓉, 丁洁瑜, 王红建. 企业特征、政府补贴与上市旅游企业绩效: 基于旅游产业外部性的理论分析 [J]. 旅游学刊, 2020, 35 (10): 43 - 56.

[10] 董雪旺. 关于旅游产业地位的思考 [J]. 旅游学刊, 2004 (6): 28 - 32.

[11] 窦开龙. 民族地区旅游业发展的民生效应研究: 以西北 5 大旅游目的地为例 [J]. 黑龙江民族丛刊, 2012 (6): 60 - 66.

[12] 段正梁, 危湘衡. 旅游企业多元化并购类型与长期绩效的关系: 以2002 ~ 2008 年中国旅游上市公司为例 [J]. 旅游学刊, 2013 (2): 55 - 61.

[13] 范金. 可持续发展下的最优经济增长 [M]. 北京: 经济管理出版社, 2002 (10): 212 - 243.

[14] 范业正. 从生活福利与旅游富民看旅游民生 [J]. 旅游学刊, 2010 (7): 33 - 36.

[15] 高春利. 重庆市旅游产业发展效应分析 [J]. 重庆工商大学学报 (自然科学版), 2013 (1): 40 - 45.

[16] 高文华, 张大尧. 图书馆: 支撑文化和旅游公共服务体系融合发展创新实践 [J]. 图书馆建设, 2020 (6): 158 - 168.

[17] 葛夕良. 旅游税收的效应与我国旅游税制的完善 [J]. 宏观经济研究, 2008 (8): 28 - 34.

[18] 郭为, 王静, 李承哲, 等. 不患寡而患不均乎: 发展旅游能促进共同富裕吗?: 基于 CFPS (2010 ~ 2018) 数据的分析 [J]. 旅游学刊, 2022, 37 (10): 12 - 25.

[19] 郭晓冬, 李莺飞, 林真如. 基于协调发展度模型的省域旅游经济与生态环境耦合关系定量研究: 以福建省为例 [J]. 开发研究, 2016 (1): 54 - 57.

［20］韩春鲜. 基于旅游资源优势度差异的新疆旅游经济发展空间分析［J］. 经济地理，2009（4）：871 – 875.

［21］郝芳. 城乡居民恩格尔系数与旅游消费水平关系分析［J］. 商业时代，2014（20）：12 – 13.

［22］何东进，洪伟，胡海清，等. 武夷山风景名胜区景观空间格局变化及其干扰效应模拟［J］. 生态学报，2004，24（8）：1603 – 1610.

［23］候迎. 海南省旅游发展对居民主观福利的影响研究［J］. 特区经济，2015（11）：137 – 140.

［24］胡美娟，丁正山，李在军，等. 生态效率视角下旅游业生态福利及驱动因素：以常州市为例［J］. 生态学报，2020，40（6）：1944 – 1955.

［25］胡振鹏，黄晓杏，傅春，等. 环鄱阳湖地区旅游产业 – 城镇化 – 生态环境交互耦合的定量比较及演化分析［J］. 长江流域资源与环境，2015，24（12）：2012 – 2020.

［26］黄丽球. 景区经济发展与政府财政收入相互关系研究：以常熟市虞山尚湖旅游景区为例［J］. 现代营销（下旬刊），2018（7）：106.

［27］黄震方. 发达地区旅游城市化现象与旅游资源环境保护问题探析：以长江三角洲都市连绵区为例［J］. 人文地理，2001（5）：53 – 57.

［28］霍翔. 试析黄山市旅游业对非景区居民消费水平的影响［J］. 安徽警官职业学院学报，2012（5）：108 – 113.

［29］简玉峰. 旅游产业发展、收入分配失衡及其社会福利效应［J］. 湖南商学院学报，2014（8）：76 – 82.

［30］江庆，中国地方政府总体财力不均等程度及其分解：1997 ~ 2005［J］. 南方经济，2010（8）：3 – 15.

［31］姜勇. 江苏省小康社会环境质量综合指数考核与评价体系的建立［J］. 江苏环境科技，2007，20（5）：57 – 60.

［32］蒋隆林. 森林旅游生态环境保护问题解析［J］. 现代园艺，2017（10）：

170 - 171.

[33] 匡林. 旅游业政府主导型发展战略研究［M］. 北京：中国旅游出版社，2001.

[34] 黎洁. 旅游卫星账户的起源、内容与研究进展［J］. 地域研究与开发，2009（1）：58 - 61.

[35] 李柏文. 中国旅游城镇化模式与发展战略研究［J］. 小城镇建设，2012（1）：14 - 19.

[36] 李江帆. 旅游产业与旅游增加值的测算［J］. 旅游学刊，1999（5）：16 - 18.

[37] 李龙梅. 山西省旅游经济发展时空差异与影响因素研究［D］. 西安：陕西师范大学，2013.

[38] 李秋雨，朱麟奇，刘继生. 中国入境旅游的经济增长效应与空间差异性研究［J］. 地理科学，2017，37（10）：1552 - 1559.

[39] 李维维，虞虎，王新歌，等. 消费需求与国内旅游消费需求的周期性波动同步吗：基于 MS-VAR 模型时变特征的分析［J］. 商业经济与管理，2018（1）：49 - 60.

[40] 李文龙. 旅游交通建设对草原社会生态环境影响探究［J］. 物流科技，2017（5）：122 - 123.

[41] 李永平. 旅游产业、区域经济与生态环境协调发展研究［J］. 经济问题，2020（8）：122 - 129.

[42] 梁季，陈少波. 基于投入产出模型看新冠肺炎疫情对我国税收收入的影响：以旅游业为例［J］. 税务研究，2020（12）：107 - 114.

[43] 林璧属，张希，赵韶芬，等. 武夷山封闭式管理对利益相关者的影响研究［J］. 旅游学刊，2006（7）：33 - 37.

[44] 林积泉，邹伟，姜佳，等. 海岛旅游开发生态影响及保护对策研究［J］. 环境科学与管理，2017（2）：168 - 175.

［45］林倩茹，罗芳．旅游业发展对当地居民生活的影响分析：以黄山市为例［J］.中国集体经济，2014（6）：69-70.

［46］林水富，杨国荣，魏勇生，等．乡村旅游社区农户福利感知实证研究：以宁德世界地质公园周边5个乡村旅游社区为例［J］.福建农林大学学报（哲学社会科学版），2017，20（3）：86-93.

［47］刘长生，董瑞甜，简玉峰．旅游业发展产业协同与荷兰病效应研究：基于胡焕庸线的思考［J］.地理科学，2020，40（12）：2073-2084.

［48］刘春济．中国旅游产业结构变迁对旅游经济增长的影响［J］.旅游学刊，2014，29（8）：37-49.

［49］刘芳，段文军．桂林市旅游发展与经济增长关系的实证研究［J］.梧州学院学报，2016（4）：10-14.

［50］刘霁雯，冯学钢．我国居民收入差距与平均旅游消费倾向关系经验分析［J］.华东理工大学学报（社会科学版），2010（6）：57-66.

［51］刘佳，陆菊．中国旅游产业生态效率时空分异格局及形成机理研究［J］.中国海洋大学学报（社会科学版），2016（1）：50-59.

［52］刘佳，陆菊，刘宁．基于DEA-Malmquist模型的中国沿海地区旅游产业效率时空演化、影响因素与形成机理［J］.资源科学，2015（12）：43-55.

［53］刘敏，刘爱利，孙琼，等．国内外旅游城镇化研究进展［J］.人文地理，2015，30（6）：13-18.

［54］刘姗．全域旅游背景下旅游城镇化响应强度时空演变及影响机制：以中国西部地区12个省份为例［J］.地域研究与开发，2020，39（1）：94-99，106.

［55］刘益．旅游业对扩大我国最终消费的影响评估及对策分析［J］.旅游学刊，2010（9）：27-31.

［56］隆学文，马礼．坝上旅游扶贫效应分析与对策研究：以丰宁县大滩为

例［J］. 首都师范大学学报（自然科学版），2004（1）：74 - 80.

［57］卢东宁，郑将伟. 基于 VECM 的旅游业发展对居民收入影响研究：以延安市为例［J］. 新疆农垦经济，2020（11）：78 - 85.

［58］罗贝尔·朗加尔. 旅游经济学［M］. 北京：商务印书馆，1998.

［59］罗明义. 旅游业的民生功能探讨［J］. 旅游学刊，2010，25（7）：5 - 7.

［60］罗文斌，徐飞雄，贺小荣. 旅游发展与经济增长、第三产业增长动态关系［J］. 旅游学刊，2012（10）：20 - 26.

［61］麻学锋，崔盼盼. 集中连片特困区城镇化对旅游产业成长响应的实证分析：以大湘西为例［J］. 中央民族大学学报（哲学社会科学版），2018，45（1）：66 - 75.

［62］麻学锋，刘玉林. 基于三要素的张家界旅游城镇化响应测度及影响机制［J］. 地理科学，2018，38（8）：1346 - 1356.

［63］麻学锋，吕逸翔. 张家界城镇居民幸福水平对旅游城镇化集聚的响应识别及测度［J］. 自然资源学报，2020，35（7）：1647 - 1658.

［64］麻学锋，孙根年. 20 年来张家界旅游发展的民生福利考察［J］. 统计与信息论坛，2011（7）：66 - 71.

［65］马瑞，郑冬婷. 旅游发展对居民生活质量的影响［J］. 广西民族师范学院学报，2019，36（1）：75 - 78.

［66］马兴超，马树才. 旅游发展能够降低城乡收入差距吗？：来自浙江省县级层面的实证［J］. 经济体制改革，2017（1）：18 - 25.

［67］马仪亮. 中国旅游卫星账户 2007 延长表编算研究［J］. 旅游学刊，2014（1）：47 - 54.

［68］马月琴，甘畅，王凯. 旅游产业集聚与旅游生态效率的关系：基于中国省域面板数据的实证分析［J］. 福建师范大学学报（自然科学版），2021，37（2）：99 - 107，116.

［69］毛军，石信秋. 旅游产业发展的减贫效应与空间政策选择［J］. 中国软

科学，2021（2）：90-97.

［70］ 孟雅茹，由亚男. 新疆旅游地居民幸福感影响因素指标体系构建：以吐鲁番高昌区为例［J］. 湖北文理学院学报，2020，41（8）：59-66，84.

［71］ 庞莉华，刘益. 我国城乡居民旅游消费与国民消费水平的关系研究［J］. 经济论坛，2017（3）：96-100.

［72］ 庞丽，王铮，刘清春. 我国入境旅游和经济增长关系分析［J］. 地域研究与开发，2006，44（3）：35-39.

［73］ 庞世明，孙梦阳，宋志伟. "资源诅咒"、旅游供给多样性与可持续旅游发展［J］. 旅游学刊，2021，36（5）：12-13.

［74］ 彭邦文，武友德，曹洪华，等. 基于系统耦合的旅游业与新型城镇化协调发展分析：以云南省为例［J］. 世界地理研究，2016，25（2）：103-114.

［75］ 乔波，严贤春，王伟，等. 社区参与型生态农业旅游及其扶贫效用研究［J］. 资源与产业，2008，10（3）：56-59.

［76］ 任佳燕，刘赵平. 用旅游卫星账户测度旅游的经济影响［J］. 中国统计，1999（10）：24-25.

［77］ 荣慧芳，陶卓民，刘琪，等. 皖南地区旅游产业-城镇化-生态环境耦合协调的时空演变［J］. 水土保持研究，2019，26（4）：280-285.

［78］ 尚长春，王越. 广西旅游业发展对 CPI 波动的影响机制研究［J］. 统计与管理，2021，36（4）：10-15.

［79］ 申鹏，张晓宇，孙小钧，等. 民族地区旅游经济发展对城乡居民收入差距的影响：基于面板门限模型的分析［J］. 贵州民族研究，2020，41（7）：145-152.

［80］ 师博，何璐，张文明. 黄河流域城市经济高质量发展的动态演进及趋势预测［J］. 经济问题，2021（1）：1-8.

［81］ 斯蒂芬·L. J. 史密斯. 游憩地理学：理论与方法［M］. 吴必虎，译.

北京：高等教育出版社，1992.

[82] 苏建军. 旅游发展推动城市工业经济"去工业化"研究 [J]. 社会科学家，2019 (1)：87 - 95.

[83] 苏建军，孙根年，徐璋勇. 旅游发展对我国投资、消费和出口需求的拉动效应研究 [J]. 旅游学刊，2014，29 (2)：25 - 35.

[84] 孙长城. 长江经济带旅游业 - 城镇化 - 生态环境非协调性耦合识别及时空演变研究 [D]. 重庆：重庆理工大学，2021.

[85] 孙琼. 历史文化街区居民对旅游开发经济影响的感知研究：以南锣鼓巷为例 [J]. 社会科学家，2016，231 (7)：81 - 86.

[86] 孙元欣. 上海旅游消费结构与贡献度的宏观分析 [J]. 华东经济管理，2009 (12)：1 - 3.

[87] 谭鹏成. 入境旅游：基于福利恶化型增长视角的分析 [J]. 黑龙江对外经贸，2008 (12)：34 - 38.

[88] 唐健雄. 乡村旅游的民生效应探讨 [J]. 旅游学刊，2010 (9)：6 - 7.

[89] 唐健雄，蔡超岳，刘雨婧. 旅游发展对城市生态文明建设的影响及空间溢出效应：基于我国284个地级及以上城市的实证研究 [J]. 生态学报，2023 (7)：1 - 18.

[90] 唐晓云. 古村落旅游社会文化影响：居民感知、态度与行为的关系：以广西龙脊平安寨为例 [J]. 人文地理，2015，22 (1)：135 - 143.

[91] 田里，光映炯. 旅游展演与活态保护的互动与发展路径：以云南纳西族东巴文化为例 [J]. 广东社会科学，2015 (5)：194 - 201.

[92] 汪宇明. 彰显旅游民生价值，提升旅游业发展质量 [J]. 旅游学刊，2010 (8)：7 - 8.

[93] 王冬萍，阎顺. 旅游城市化现象初探：以新疆吐鲁番市为例 [J]. 干旱区资源与环境，2003 (5)：118 - 122.

[94] 王恩旭，吴荻. 旅游驱动型城市旅游城镇化效率时空差异研究 [J]. 南

京社会科学，2016（10）：29-35.

[95] 王靓，罗雯婷，李亚娟．民族地区旅游城镇化水平评价体系构建研究：以恩施土家族苗族自治州为例 [J]．华中师范大学学报（自然科学版），2021，55（1）：137-146.

[96] 王君，侯晓斌．旅游经济学视阈下对公共文化服务的思考：基于供需矛盾与实现路径 [J]．经济问题，2022（11）：90-95.

[97] 王凯，刘依飞，甘畅．旅游产业集聚对旅游业碳排放效率的空间溢出效应 [J]．生态学报，2022（10）：1-10.

[98] 王雷震，张帆，李春光．旅游对区域经济发展贡献度定量测度方法及其应用 [J]．系统工程理论与实践，2006（5）：54-62.

[99] 王钦安，王晓娜．安徽省旅游业发展及经济带动效应提升研究 [J]．南宁师范大学学报（自然科学版），2020，37（2）：83-91.

[100] 王为东，卢娜，张财经．空间溢出效应视角下低碳技术创新对气候变化的响应 [J]．中国人口·资源与环境，2018，28（8）：22-30.

[101] 王霞，毛晓蒙，刘明．中国旅游业发展对经济增长的影响：基于空间杜宾模型的实证分析 [J]．统计学报，2020，1（4）：37-49.

[102] 王新越，刘二恋，候娟娟．山东省旅游城镇化响应的时空分异特征与类型研究 [J]．地理科学，2017，37（7）：1087-1094.

[103] 王永明，王美霞．张家界旅游发展与居民收入的互动效应及影响因素 [J]．经济地理，2015，35（3）：197-202.

[104] 王玉珍．旅游资源禀赋与区域旅游经济发展研究：基于山西的实证分析 [J]．生态经济，2010（8）：41-45.

[105] 王兆峰，杜瑶瑶．长江中游城市群交通-旅游产业-生态环境的耦合协调评价研究 [J]．长江流域资源与环境，2020，29（9）：1910-1921.

[106] 王兆峰，罗瑶．旅游驱动下的张家界交通运输响应机制分析 [J]．地理科学，2015，33（11）：1397-1403.

［107］王兆峰，余含．基于交通改善的湘西旅游城镇化响应时空分异与机制研究［J］．经济地理，2013，33（1）：187－192．

［108］魏小安，韩健民．中国旅游产业政策体系研究［M］．北京：中国旅游出版社，2004．

［109］吴昊玥，黄瀚蛟，何宇，等．中国农业碳排放效率测度、空间溢出与影响因素［J］．中国生态农业学报（中英文），2021，29（10）：1762－1773．

［110］吴学品，李骏阳．旅游业增长与通货膨胀的关系：来自海南岛的证据［J］．旅游学刊，2012（11）：66－71．

［111］向丽．长江经济带旅游产业－城镇化－生态环境协调关系的时空分异研究［J］．生态经济，2017，33（4）：115－120．

［112］肖金成．"十四五"时期区域经济高质量发展的若干建议［J］．区域经济评论，2019（6）：13－17．

［113］熊建新，王文辉，贺赛花，等．洞庭湖区旅游城镇化的时空分异及演化［J］．经济地理，2020，40（5）：210－219．

［114］熊建新，王文辉，贺赛花，等．洞庭湖区旅游城镇化系统耦合协调性时空格局及影响因素［J］．地理科学，2020，40（9）：1532－1542．

［115］熊晓红．乡村旅游生态环境双重效应及其正确响应［J］．技术经济与管理研究，2012（11）：93－95．

［116］熊鹰，李彩玲．张家界市旅游－经济－生态环境协调发展综合评价［J］．中国人口·资源与环境，2014（11）：246－250．

［117］熊元斌，蒋昕．旅游业可持续发展的路径依赖及其创新选择［J］．商业经济与管理，2011（2）：92－98．

［118］徐玮．浅析我国现阶段旅游扶贫效益的影响因子［J］．商业文化（上半月），2012（1）：201．

［119］徐文海，曹亮．国际旅游服务贸易问题研究（文献述评）［J］．国际

贸易问题，2012（8）：101－107．

[120] 徐秀美，罗明．旅游产业发展对物价变动影响的计量经济分析：以丽
江为例［J］．时代经贸，2012（26）：55－57．

[121] 闫敏．旅游业与经济发展水平之间的关系［J］．旅游学刊，1999
（5）：9－15．

[122] 严立冬，刘昊昕，邓远建，等．农业生态资本投资水平及其空间溢出
效应研究［J］．中国地质大学学报（社会科学版），2021，21（6）：
77－90．

[123] 严泽鹏．国际旅游胜地视角下的农村公共文化服务对策研究：以桂林
市为例［J］．武汉职业技术学院学报，2017（5）：110－114．

[124] 杨承玥，刘安乐，明庆忠，等．资源型城市生态文明建设与旅游发
展协调关系——以六盘水市为实证案例［J］．世界地理研究，2020，
29（2）：366－377．

[125] 杨洪，贺喜，袁开国．湖南地质公园旅游开发研究［J］．经济地理，
2014，34（8）：180－185．

[126] 杨丽，孙之淳．基于熵值法的西部新型城镇化发展水平测评［J］．经
济问题，2015（3）：115－119．

[127] 杨懿，杨先明．旅游地"荷兰病"效应：旅游负面经济影响研究新视
角［J］．财经理论与实践，2015，36（5）：133－138．

[128] 杨懿．旅游地"荷兰病"效应发生机制的系统动力学分析［J］．湖湘
论坛，2019，32（3）：102－111．

[129] 杨智勇．旅游消费与经济增长的互动效应实证分析［J］．内蒙古财经
学院学报，2006，343（2）：45－50．

[130] 依邵华．旅游业的负面经济效应分析［J］．桂林旅游高等专科学校学
报，2004（5）：11－12，27．

[131] 于丽曼，王妙，朱颖．天津旅游经济影响研究［J］．河南社会科学，

2008（1）：37 - 39.

[132] 余菲菲，胡文海，荣慧芳. 中小城市旅游经济与交通耦合协调发展研究：以池州市为例［J］. 地理科学，2015，33（9）：1116 - 1122.

[133] 余虹，余靖，鲁可荣. 乡村旅游与农村公共卫生环境建设［J］. 中国农村卫生事业管理，2011（10）：1037 - 1039.

[134] 余洁，李树民，张祖群. 自然文化遗产地控制旅游建设用地的补偿机制［J］. 中国人口·资源与环境，2007，17（4）：128 - 139.

[135] 袁智慧，李佳宾. 海南省旅游业发展对经济增长的拉动效应研究［J］. 中国农业资源与区划，2018，39（8）：230 - 235.

[136] 查瑞波，骆培聪，伍世代，等. 零售额作用下香港入境旅游对物价的多元影响［J］. 经济地理，2018，38（12）：197 - 202，233.

[137] 查瑞波，孙根年，董治宝，等. 引入调节变量的入境旅游对消费物价影响分析：基于1999～2014年香港季度数据的实证研究［J］. 地理科学，2016（7）：1050 - 1056.

[138] 翟志宏. 旅游卫星账户对我国现行旅游统计的影响和意义［J］. 旅游学刊，2016（4）：8 - 11.

[139] 张大鹏，聂亚珍，王巧巧，等. 旅游业促进资源枯竭型城市经济振兴了吗？［J］. 资源与产业，2021，23（6）：64 - 70.

[140] 张吉林. 旅游业，一个产业化组织的过程［J］. 财贸经济，1999（2）：61 - 64.

[141] 张年，张诚. 旅游经济 - 交通运输 - 生态环境耦合协调发展研究：以江西省为例［J］. 资源开发与市场，2016，32（11）：1367 - 1371.

[142] 张若曦，张亚涛，保继刚. 多尺度视角下中国旅游城镇化水平分析［J］. 城市问题，2020（5）：11 - 19.

[143] 张淑文，陈勤昌，王凯. 旅游产业集聚与区域旅游经济增长的关系：基于2001～2017年中国省际面板数据［J］. 热带地理，2020，40

（1）：154 – 163.

[144] 张涛．旅游业内部支柱性行业构成辨析 [J]．旅游学刊，2003 （4）：24 – 29.

[145] 张伟丽，叶民强．基于环境因素的区域最优经济增长路径研究 [J]．河南社会科学，2005，23 （4）：612 – 616.

[146] 张晓．我国环境保护中政府特许经营的公平性讨论：以自然文化遗产资源为例 [J]．经济社会体制比较，2007 （3）：133 – 139.

[147] 赵嘉．中国旅游市场发展非线性增长效应实证研究 [J]．经济管理，2011 （5）：110 – 122.

[148] 赵磊．旅游发展与经济增长：来自中国的经验证据 [J]．旅游学刊，2015 （4）：33 – 49.

[149] 赵磊，潘婷婷，方成，等．旅游业与新型城镇化：基于系统耦合协调视角 [J]．旅游学刊，2020，35 （1）：14 – 31.

[150] 赵磊，王佳．中国旅游发展与经济增长 [J]，旅游科学，2015，29 （1）：24 – 29.

[151] 赵黎明．发展乡村旅游改善农村民生 [J]．旅游学刊，2010 （9）：8 – 9.

[152] 赵善梅，吴士炜．基于空间经济学视角下的我国资本回报率影响因素及其提升路径研究 [J]．管理世界，2018，34 （2）：68 – 79.

[153] 赵书虹，陈婷婷．云南省旅游驱动型城市旅游产业与城镇化耦合协调驱动因素分析 [J]．旅游科学，2020，34 （3）：78 – 93.

[154] 甄翌，麻学锋，李志龙．旅游城镇化不可转移生态足迹演变及驱动因素 [J]．生态学报，2020，40 （21）：7908 – 7920.

[155] 甄翌，王彩霞．旅游城镇化驱动活跃性测度及影响因素研究 [J]．旅游学刊，2020，35 （7）：61 – 72.

[156] 郑芳，侯迎，王昊．旅游集聚对居民经济福利的影响研究：以海南省 [J]，2013 （2）：103 – 110.

[157] 郑元同. 乐山旅游经济发展与世界自然文化双遗产保护研究 [J]. 经济体制改革, 2005 (5): 138 – 146.

[158] 中国统计年鉴编辑委员会. 中国统计年鉴 2017 [M]. 北京: 中国统计出版社, 2017.

[159] 钟伟. 旅游业扩张对旅游城市经济影响的均衡分析: 一个理论模型 [J]. 现代城市研究, 2016 (8): 106 – 111, 132.

[160] 周成, 冯学钢, 唐睿. 区域经济 – 生态环境 – 旅游产业耦合协调发展分析与预测: 以长江经济带沿线各省市为例 [J]. 经济地理, 2016, 36 (3): 186 – 193.

[161] 朱海艳. 城市规模门槛下的旅游发展与经济增长关系 [J]. 旅游科学, 2021, 35 (2): 17 – 29.

[162] 朱竑, 贾莲莲. 基于旅游 "城市化" 背景下的城市 "旅游化": 桂林案例 [J]. 经济地理, 2006 (1): 151 – 155.

[163] 邹文涛, 刘湘洪, 卢尚玉, 等. 国际旅游岛政策对海南城乡居民消费结构的影响 [J]. 特区经济, 2015 (12): 140 – 144.

[164] 左冰. 去工业化: 旅游发展对桂林工业部门的影响研究 [J]. 旅游科学, 2015 (2): 25 – 39.

[165] 左冰. 中国旅游经济增长因素及其贡献度分析 [J]. 商业经济与管理, 2011 (10): 82 – 90.

二、外文部分

[1] Adamou A, Clerides S. Prospects and limits of tourism-led growth: The international evidence [J]. Review of Economic Analysis, 2010, 2 (3): 287 – 303.

[2] Alam M S, Paramati S R. The impact of tourism on income inequality in developing economies: Does Kuznets curve hypothesis exist? [J]. Annals of Tourism Research, 2016, 61 (11): 111 – 126.

[3] Anisimov A P, Ryzhenkov A Y. Specially protected nature territories and the development of ecological tourism [J]. Environmental Policy and Law, 2013, 43 (6): 325 – 333.

[4] Arayan P K U N. Economic impact of tourism on Fiji's economy: Empirical evidence from the computable general equilibrium model [J]. Social Science Electronic Publishing, 2012, 10 (4): 419 – 433.

[5] Arslanturk Y, Altunoz O. Practice-trips: Efficiency and quality perceptions of prospective tour guides [J]. Procedia-Social and Behavioral Sciences, 2012, 62 (9): 832 – 836.

[6] Arslanturk Y, Balcilar M. Time-varying linkages between tourism receipts and economic growth in a small open economy [J]. Economic Modelling, 2011, 28 (3): 664 – 671.

[7] Ashworth G, Page S J. Urban tourism research: Recent progress and current paradoxes [J]. Tourism Management, 2011, 32 (1): 1 – 15.

[8] Bajo E, Croc E, Marinelli N. Institutional investor networks and firm value [J]. Journal of Business Research, 2020, 112 (2): 65 – 80.

[9] Balaguer J, Cantavella-Jorda M. Tourism as a long-run economic growth factor: The Spanish case [J]. Applied Economics, 2002, 34 (3): 877 – 884.

[10] Biagi B, Brandano M, Lambiri D. Does tourism affect house prices? Some evidence from Italy [J]. Working Paper Crenos, 2012, 21 (2) 62 – 74.

[11] Blake A, Arbache J, Sinclair T, et al. Tourism and poverty relief [J]. Annals of Tourism Research, 2008, 35 (1): 107 – 126.

[12] Bodie Z, Kane A. Essentials of investments [M]. 7th ed. New York: McGraw Hill, 2008.

[13] Brau R, Lanza A, Pigliaru F. How fast are small tourism countries growing?

Evidence from the data for 1980 – 2003 ［J］. MPRA Paper, 2007, 17 (2) 33 – 45.

［14］ Brown C B. Tourism, crime and risk perception: An examination of broad-cast media's framing of egative ruban sentiment in the Natalee Holloway case and its impact on tourism demand ［J］. Tourism Management Perspectives, 2015, 16 (10): 266 – 277.

［15］ Burridge P. Testing for a common factor in a spatial autoregression model ［J］. Environment and Planning A, 1981. 13 (7), 795 – 800.

［16］ Carrascal I A, Fernandez F M. Tourism and income distribution: Evidence from a developed regional economy ［J］. Tourism Management, 2015, 48 (6): 11 – 20.

［17］ Carrera E J S, Risso W A, Brida J G. Tourism's impact on long-run Mexican economic growth ［J］. Economics Bulletin, 2008, 3 (21): 1 – 8.

［18］ Chang, C L, Khamkaew T, Mcaleer M. IV estimation of a panel threshold model of tourism specialization and economic development ［J］. Tourism Economics, 2012, 18 (1): 5 – 41.

［19］ Chao C C, Hazari B R, Laffargue J P, et al. A dynamic model of tourism, employment and welfare: The case of HongKong ［J］. Pacific Economic Review, 2010, 14 (2): 232 – 245.

［20］ Chao C C, Hazari B R, Laffargue J P, et al. Tourism, Dutch disease and welfare in an open dynamic economy ［J］. Japanese Economic Review, 2006, 57 (4): 501 – 515.

［21］ Chesney M, Hazari B R. Illegal migrants, tourism and welfare: A trade theoretic approach ［J］. Pacific Economic Review, 2003, 8 (3): 259 – 268.

［22］ Clarke H R, Ng Y K. Tourism, economic welfare and efficient pricing ［J］. Monash Economics Working Papers, 1993, 20 (4): 613 – 632.

[23] Colin C, Galloway B M. The economic growth impact of tourism in small island developing states—evidence from the Caribbean [J]. Tourism Economics, 2019, 25 (7): 85 – 104.

[24] Copeland B R. Tourism, welfare and de-industrialization in a small open economy [J]. Economical, 1991, 12 (58): 515 – 529.

[25] Cortes J, Isabel, Durbarry R, et al. Estimation of outbound italian tourism demand: A monthly dynamic EC-LAIDS model [J]. Tourism Economics, 2009, 15 (3): 547 – 565.

[26] Cowell F A. Measurement of inequality [J]. LSE Research Online Documents on Economics, 2000, 10 (1): 87 – 166.

[27] Deng T, Ma M. Resource curse in tourism economies? An investigation of China's world cultural and natural heritage sites [J]. Asia Pacific Journal of Tourism Research, 2014, 19 (7): 809 – 822.

[28] Drgou T, Bulut U. Is tourism an engine for economic recovery? Theory and empirical evidence [J]. Tourism Management, 2018, 67 (8): 425 – 434.

[29] Dritsakis N. Tourism as a long-run economic growth factor: An empirical investigation for greece using a causality analysis [J]. Tourism Economics, 2004, 10 (3): 305 – 316.

[30] Fayissa B, Nsiah C. The impact of tourism on economic growth and development in Africa [J]. American Economics, 2010, 14 (4): 807 – 818.

[31] Firouzjaie N A. Factors affecting the change of agricultural land use to tourism: A case study on the Southern Coasts of the Caspian Sea, Iran [J]. Agriculture, 2022, 12 (1) 1 – 19.

[32] Foucat V. Community-based ecotourism management moving towards sustainability, in Ventanilla, Oaxaca, Mexico [J]. Ocean & Coastal Management, 2002, 45 (8): 511 – 529.

[33] George A A, Tsionas M. The estimation and decomposition of tourism productivity [J]. Tourism Management, 2018, 65 (8): 131 –142.

[34] Gladstone D L. Tourism urbanization in the United States [J]. Urban Affairs Review, 1998, 34 (1): 3 –27.

[35] Gómez C M, Lozano J, Rey-Maquieira J. Environmental policy and long-term welfare in a tourism economy [J]. Spanish Economic Review, 2008, 10 (1): 41 –62.

[36] Gregory M N, David R, Weil D N. A Contribution to the Empirics of Economic Growth [J]. Quarterly Journal of Economics, 1992, 23 (2): 407 –437.

[37] Gunduz L, Hatemij A. Taylor & Francis Online: Is the tourism-led growth hypothesis valid for Turkey? [J]. Applied Economics Letters, 2005, 12 (8): 499 –504.

[38] Hadi M A, Roddin R, Razzaq A, et al. Poverty eradication through vocational education (tourism) among indigenous people communities in malaysia: Pro-poor tourism approach (PPT) [J]. Procedia-Social and Behavioral Sciences, 2013, 93 (1): 1840 –1844.

[39] Hansen B. Inference when a nuisance parameter is not identified under the null hypothesis [J]. Econometrics, 1996, 17 (64): 413 –430.

[40] Hazari B R, Nc A. An analysis of tourist' consumption of non-traded goods and services on the welfare of domestic consumers [J]. International Review of Economics and Finance, 1993, 2 (1): 43 –58.

[41] Holzner M. Tourism and economic development: The beach disease? [J]. The Vienna Institute for International Economic Studies, 2010, 32 (4): 922 –933.

[42] Hubert G, et al. Landscape as framework for integrating local subsistence and ecotourism: A case study in Zimbabwe [J]. Landscape and Urban Plan-

ning, 2001, 53 (1 – 4): 173 – 182.

[43] Incera C A, Fernandez M F. Tourism and income distribution: Evidence from a developed regional economy [J]. Tourism Management, 2015, 48 (6): 11 – 20.

[44] Jamalinesari S, Soheili H. The relationship between the efficiency of working capital management companies and corporate rule in tehran stock exchange [J]. Procedia-Social and Behavioral Sciences, 2015, 205 (9): 499 – 504.

[45] Katircioglu S T. Revisiting the tourism-led-growth hypothesis for Turkey using the bounds test and Johansen approach for cointegration [J]. Tourism Management, 2009, 30 (1): 17 – 20.

[46] Kemp C D, Silverman B W. Density estimation for statistics and data analysis [J]. Journal of the Royal Statistical Society: Series D (The Statistician), 1987, 36 (4): 420 – 421.

[47] Khaled A, Osman A, Baher I, et al. The conservation of the waterfront of Saida: A model for tourism and culture-led revitalization in valuable areas [J]. 2017, 22 (3): 676 – 689.

[48] Khan A, Bibi S, Ardito L, et al. Revisiting the dynamics of tourism, economic growth, and environmental pollutants in the emerging economies-sustainable tourism policy implications [J]. Sustainability, 2020, 12 (6): 1 – 23.

[49] Kumar J, Hussain K. Evaluating tourism's economic effects: Comparison of different approaches [J]. Procedia-Social and Behavioral Sciences, 2014, 144 (20): 360 – 365.

[50] Lee C C, Chang C P. Tourism development and economic growth: A closer look at panels [J]. Tourism Management, 2008, 17 (29): 180 – 192.

[51] Lin V S, Yang Y, Li G. Where can tourism-led growth and economy-driven

tourism growth occur? [J]. Journal of Travel Research, 2018, 58 (5): 760 – 773.

[52] Li S. Taxing tourism and subsidizing non-tourism: A welfare-enhancing solution to "Dutch disease"? [J]. TourismManagement, 2011, 32 (5): 1223 – 1228.

[53] Liu G R. The Empirical Study of the relations between insurance industry development and economic growth in Shanghai [J]. Journal of East China University of Science and Technology (Social Science Edition), 2007, 86 (1): 53 – 56.

[54] Lu C, Min P, Yang J, et al. Research on interactions between the economy and environ-ment in tourism development: Case of Qingyang, China [J]. Sustainability, 2018, 10 (11): 4033 – 4056.

[55] Ma C W, Fang X, Hu X C. Will the development of tourism improve housing prices? An empirical analysis of International tourism island, hainan [J]. Journal of Chongqing Technology and Business University (Social Science Edition), 2019, 36 (5): 47 – 53.

[56] Madan S, Rawat L. The impacts of tour is on the environment of Mussoorie, Garhwal Himalaya, India [J]. Environmentalist, 2000, 20 (3): 249 – 255.

[57] Majeed M T, Mazhar M. Managing economic growth through tourism: Does volatility of tourism matter? [J]. Decision, 2021, 48 (1): 49 – 69.

[58] Mayer M, Müller M, Woltering M, et al. The economic impact of tourism in Six German National Parks [J]. Land scape and Urban Planning, 2010, 97 (2): 73 – 82.

[59] Misso R, Andreopoulou Z S, Cesaretti G P, et al. Sustainable development and green tourism: New pract-ices for excellence in the digital era [J]. J Int Bus Entrep Dev, 2018, 11 (1): 65 – 74.

[60] Mohd R M, Irshad A B, Narayan A, et al. Tourism industry-sustainable economic growth and its management [J]. Zenith International Journal of Multidisciplinary Research, 2019, 9 (2): 11 – 21.

[61] Mondal M R. Tourism as a livelihood development strategy: A study of Tarapith Temple Town, West Bengal [J]. Asia-Pacific Journal of Regional Science, 2020, 4 (3): 795 – 807.

[62] Muchapondwa E, Stage J. The economic impacts of tourism in Botswana, Namibia and South Africa: Is poverty subsiding? [J]. Natural Resources Forum, 2013, 37 (2): 80 – 89.

[63] Mullins P. Tourism urbanization [J]. International Journal of Urban and Regional Research, 1991, 15 (3): 326 – 342.

[64] Needham M D, Szuster B W. Situational influences on normative evaluations of coastal tourism and recreation management strategies in Hawaii [J]. Tourism Management, 2011, 32 (4): 732 – 740.

[65] Nepal R, Irsyad M A, Nepal S K. Tourist arrivals, energy consumption and pollutant emissions in a developing economy-implications for sustainable tourism [J]. Tourism Management, 2018, 72 (6): 145 – 154.

[66] Ogutu Z A. The impact of ecotourism on livelihood and natural resource management in eselenkei, Amboseli Ecosystem, Kenya [J]. Land Degradation and Development, 2002, 13 (3): 251 – 256.

[67] Oh C O. The contribution of tourism development to economic growth in the Korean economy [J]. Tourism Management, 2005, 26 (1): 39 – 44.

[68] Onetiu A N, Predonu A M. Economic and social efficiency of tourism [J]. Procedia-Social and havioral Sciences, 2013, 92 (10): 648 – 651.

[69] Ongan S, Demiroz D M. The contribution of tourism development to the Ion-run Turkish economic growth [J]. Journal of Economics, 2005, 53 (1):

880 – 894.

[70] Papyrakis E, Gerlagh R. Resource abundance and economic growth in the United States [J]. European Economic Review, 2007, 51 (4): 1011 – 1039.

[71] Perova A. Methods of placement of business tourism centers in large cities as means providing traffic safety (on the example of Petersburg) [J]. Transportation Research Procedia, 2017, 20 (1): 487 – 492.

[72] Schofield P. Cinemato graphic images of a city: Alternative heritage tourism in Manchester [J]. Tourism Management, 1996, 17 (5): 333 – 340.

[73] Seetanah B. Assessing the dynamic economic impact of tourism for island economies [J]. Annals of Tourism Research, 2011, 38 (1): 291 – 308.

[74] Selami Ö, Hikmet E, Kazım K. The effects of European economic crisis on the tourism travel companies in turkey [J]. Procedia Social and Behavioral Sciences, 2012, 58 (12): 987 – 994.

[75] Selimi D N, Sadiku D L, Sadiku D M, et al. The impact of tourism on economic growth in the Western Balkan Countries: An empirical analysis [J]. International Journal of Business and Economic Sciences Applied Research, 2017, 10 (2): 19 – 25.

[76] Sengupta J K, Jati K, Juan R, et al. Exports and economic growth in Asian NICS: An economic analysis for Korea [J]. Applied Economics, 1994, 26 (1): 41 – 51.

[77] Shiaty R E, Taalab M, Osama I. Evaluating the performance of the outdoor spaces in healing eco-tourism [J]. Procedia Environmental Sciences, 2016, 34 (1): 461 – 473.

[78] Shi W, Luo M, Jin M, et al. Urban-rural income disparity and inbound tourism: Spatial evidence from China [J]. Tourism Economics, 2020, 26

(7): 1231-1247.

[79] Shorrocks A F, Imbens G. Inequality decomposition by factor components [J]. Econometric, 1982, 50 (1): 193-211.

[80] Silverman B W. Density estimation for statistics and data analysis [J]. Chapman and Hall, Onden, 1986 (39): 296-297.

[81] Tkalec M, Vizek M. The price tag of tourism: Does tourism activity increase the prices of goods and services? [J]. Tourism Economics, 2016, 22 (1), 93-109.

[82] Tobler W R. A computer movie simulating urban growth in the detroit region [J]. Economic geography, 1970, 46 (2): 234-240.

[83] Tong H. Threshold models in nonlinear time series analysis [M]. New York: Springer, 1983.

[84] Urtasun A, Isabel G. Tourism agglomeration and its impact on social welfare: An empirical approach to the Spanish case [J]. Tourism Management, 2006, 27 (4): 901-912.

[85] Valadkhani A, et al. Analyzing the efficiency performance of major Australian mining companies using bootstrap data envelopment analysis [J]. Economic Modelling, 2016, 57 (9): 26-35.

[86] Villanthenkodath M A, Ansari M A, Xuan V V, et al. Does tourism development and structural change promote environmental quality? Evidence from India [J]. Procedia Social and Behavioral Sciences, 2022, 4 (30): 5163-5194.

[87] Vukoja B, Vukoja A. Perspective of BIH tourism as a segment of world tourism [J]. Manage-ment Studies, 2020, 8 (3): 217-235.

[88] Vytautas S, Kristina B. The impact of economic factors on the development of rural tourism: Lithuanian case [J]. Procedia Social and Behavioral Sci-

ences, 2014, 156 (26): 280 – 285.

[89] Wang L, Fang B, Law R. Effect of air quality in the place of origin on out-bound tourism demand: Disposable income as a moderator [J]. Tourism Management, 2018, 68 (10): 152 – 161.

[90] Wearing S. Pro-poor tourism: Who benefits? Perspectives on tourism and poverty reduction [J]. Annals of Tourism Research, 2008, 35 (2): 616 – 618.

[91] Weygandt J J, Kimmel P D, Kieso D E. Financial accounting (5thed.) [M]. West Sussex: John Wiley & Sons, 2006.

[92] Weygandt J J. Principles of financial accounting [M]. McGraw-Hill, 2005.

[93] Yokoyama H. Export-led industrialization and the dutch disease [J]. The Developing Economies, 1989, 36 (5): 150 – 169.

[94] Zeng D Z, Zhu X W. Tourism and industrial agglomeration [J]. Japanese Economic Review, 2011, 21 (5): 120 – 135.

[95] Zhu F H. A study of harmonious relationship between tourism based on green development ideal and Increase of People's Consumption [J]. Journal of Yichun University, 2019, 41 (2): 29 – 33.